深度融合：

中华优秀传统文化进课程教学的实践探索

主编　郑敏芳

厦门大学出版社
XIAMEN UNIVERSITY PRESS
国家一级出版社
全国百佳图书出版单位

图书在版编目（CIP）数据

深度融合：中华优秀传统文化进课程教学的实践探索 / 郑敏芳主编. -- 厦门：厦门大学出版社，2023.8
ISBN 978-7-5615-8923-6

Ⅰ．①深… Ⅱ．①郑… Ⅲ．①中华文化-教学研究-中小学 Ⅳ．①G633.302

中国版本图书馆CIP数据核字(2022)第254171号

出 版 人　郑文礼
责任编辑　林　鸣
美术编辑　李夏凌
技术编辑　朱　楷

出版发行　厦门大学出版社
社　　址　厦门市软件园二期望海路 39 号
邮政编码　361008
总　　机　0592-2181111　　0592-2181406(传真)
营销中心　0592-2184458　　0592-2181365
网　　址　http://www.xmupress.com
邮　　箱　xmup@xmupress.com
印　　刷　湖南省众鑫印务有限公司

开本　710 mm×1 000 mm　1/16
印张　16.75
字数　266 千字
版次　2023 年 8 月第 1 版
印次　2023 年 8 月第 1 次印刷
定价　88.00 元

厦门大学出版社
微信二维码

厦门大学出版社
微博二维码

编委会

序

文化中国　自信中国

一所学校特色的创建，根在源始，茂于课程，成以育人。

上海市中国中学创建于1933年，是全国唯一一所以"中国"命名的中学，一所兴起于先辈"欲救亡图存，非教育不足以言此"之家国情怀的中学，一所耕耘教育已有90年的中学，一所贯穿初中与高中学段的完全中学。中国中学从其名、其志，到其行、其制，皆有很多独特文化内涵，而中国中学的特色，也正是承于往，而开未来。

中国中学的特色，以课程为脉络，承时代之使命，启课堂之新风。培根铸魂，课程之体；开智增慧，课程之用。这本书呈现的，就是中国中学在深度融合视域下中华优秀传统文化教育课程的体系和实践。

在我看来，中国中学以中华优秀传统文化教育为特色的课程设计，遵循三个层面的落地，即在"知、情、志"三个层面上，让学生对中华优秀传统文化"知识有钻研、成就有热爱、传承有使命"。

所谓"知"，即深化于学科的融合。在本书中可以看到，中华优秀传统文化教育课程的分类维度，和学科与"中华优秀传统文化"的结合度息息相关。中国中学把语文、历史、思政等学科作为中华优秀传统文化元素相对显性的"核心学科"，把体育和艺术作为中华优秀传统文化元素有重点的"融纳学科"，把数学、英语等学科作为中华优秀传统文化元素相对隐性的"关联学科"，通过"全员、全学科、全覆盖"的全校教研支撑，将中华优秀传统文化贯通于课堂内外，实现了国家课程与校本课程的深度融合，深化了对中华优秀传统文化的认知与钻研。

其中，"新六艺"是中国中学独具特色的校本课程模块，它以中华美德为先，全面覆盖德智体美劳，将中国古代哲学、中国戏剧、中华武术、中西美学对比、非遗技艺传习等内容，涵盖其中，与各学科相辅相成。

所谓"情"，即焕发于学习体验的升级。中国中学的课程设置遵循学生

的认知发展阶段，从高一年级的"广泛接触、全面发展"，过渡到高二年级的"提升兴趣、发展特色"，最终发展到高三年级的"规划人生、受益终身"，让学生在对中华优秀传统文化的学习中真正有感、有思、有得。

另外，中国中学的课程形态丰富、路径多样，同样有利于焕发学生对中华优秀传统文化的热情。除了课堂教学之外，中国中学还以在线学习、社会实践、课题研究、创新实验室、项目式学习、学生社团、节庆赛事等多种途径，实现中华优秀传统文化教育课程的立体性。

所谓"志"，即着眼于家国情怀的认同。对家国情怀的认同，体现在很多课程之中。比如，《论语》的思辨式阅读，在高一年级进行《论语》等儒家经典文本的阅读，开展辩证式解读与撰写学习感受，并排练课本剧延展学生对传统文化的认知；又如，历史学科把从《学科教学指南》中梳理出来的知识点以场景再现、人物代入、学生辩论等方式，围绕多民族国家统一策略、科举制的选择等相关内容开展比较式学习，多角度地提炼历史经验和教训，古为今用，发展历史理解、历史价值观的学科核心素养；再如，思政学科以"行走的思政课"为载体，在上海市龙华烈士纪念馆（上海市龙华烈士陵园）、中共一大会址纪念馆等场馆开展现场教学，提升学生的家国情怀，增强其政治认同。

除了交织于课程体系的"知""情""志"素养维度外，在本书中我们还可以看到中国中学引导学生个体经验与中华优秀传统文化之间展开的"对话"。

价值观对话，即通过经典与元典学习，让学生了解中国古代哲人是如何进行价值取舍、如何论辩自我与社会的关系的。

思维对话，即中华优秀传统文化中的科学思维，比如，天文数理、农工应用、工程建筑，以及中医药经验等，都是学生通过深入了解、中外对比，形成思维对话的学习内容。

审美对话，即中国的古典艺术、文学意象、文人生活方式等，都是世界美学中不可超越的瑰宝，以此融入课程，使学生在浸润中国美学的同时，建立中华优秀传统文化根基。

这种"对话"是关于文史哲的"对话"。学生可以在校园里品读《论语》《红楼梦》等百本经典，感受先哲精神光辉；在"诗歌国度"中探寻语文学科蕴藏的"中国文脉"；在"丝路文化""诸子百家"等长课程、短课程、云课程、微课程中，领悟先贤的所思所行并汲取精神养分。

　　这种"对话"是关于科学的"对话"。"二十四节气"课让学生一窥地理学科里的天文规律与物候特征，"木牛流马"的故事帮助学生发现隐含的物理杠杆定律，祖冲之的割圆术则让学生可以更好地理解数学学科中圆周率的计算方法。

　　这种"对话"是力与美的"对话"。《古本易筋经》让学生一览体育学科中强调的锻炼规范；从"菁菁者莪"的《诗经》到飘逸脱尘的李白，学生学习吟诵、通晓音律、传承情怀、感受浪漫；从服饰起源学生一窥脱离野蛮、走向文明的起点，从夏商周到元明清的服饰演变，学生领略华服之美，种下一颗传承传统服饰的赤子之心……

　　这样的"对话"也是学生与其所处空间的"对话"。中华优秀传统文化元素渗透于学校的楼宇、墙廊、步道、橱窗、标识、绿化、景观等方方面面，让课程随处进行。中国中学还建立起文创实验场馆、文化实践基地、学生文化社团、文化节庆赛事、网络文化教育、文化课题研究六大中华优秀传统文化教育平台，如校内的菁莪苑、格致轩、艺馨阁、精武馆、天工坊等。

　　以中华优秀传统文化为内容，以价值观对话、思维对话、审美对话为导向，中国中学着力培养学生成为有用之人、理性之人与情趣高尚之人，而这正是责任教育最重要的人本内核。这样的"对话"也涓滴细流，逐渐汇成学生人格与修养的长河。

　　总的来说，中国中学通过深度融合中华优秀传统文化的一体化设计，丰富了国家课程的校本化实施，形成一系列特色课程；提供了独特的校园生活体验，让学生深度学习中华优秀传统文化精粹，体验中华优秀传统文化成就；同时，使学生浸润中华优秀传统文化之美，形成强烈的文化自信与主动学习的驱动力。

　　深度融合视域下中华优秀传统文化教育课程实践，撬动的是学校"文化中国"的氤氲生态。个中巧思，请诸君共阅之。

　　是为序。

中国教育学会副会长

上海教育学会会长

2022年12月

目 录

第一章

理论探索

深度融合视域下中华优秀传统文化教育课程实践

上海市中国中学创建于1933年，是全国唯一一所以"中国"命名的中学。建校以来，中国中学不断强化"与国同名、与时俱进"的办学责任，胸怀为厚植文化自信提供"中国"样本的崇高使命，为建设中华优秀传统文化教育特色高中而不懈努力。

中国中学定位于中华优秀传统文化教育特色高中，既源于悠久的校史基础，又立足新的时代坐标，有着历史传承的必然性和扎实的创建基础。总体而言，这一建设历程涵盖了奠基责任教育办学传统、推进传统文化教育活动、探建文化教育特色课程、全面开启特色高中建设等四个阶段。本章将探索这一思考的理论依据，介绍中国中学深度融合视域下中华优秀传统文化教育课程实践。

"菁菁者莪，在彼中阿。既见君子，乐且有仪。"《诗经·小雅》中的这一诗句，寓意人才的培养如同植物生长，需要在肥沃的土壤上久久为功。中华优秀传统文化正是万千学子成长的沃土！作为全国唯一一所以"中国"命名的中学，上海市中国中学始终坚持"责任教育"办学思想，践行"智勇仁恕"校训，怀着传承弘扬中华优秀传统文化、培养堂堂正正中国人的崇高使命，将文化理解与传承教育落地为素养目标，并转化为系统化的育人体系，不断探索和创新中华优秀传统文化教育与学校育人体系深度融合实践，为解决"中华优秀传统文化如何进教材、进课堂、进头脑"的重大教育命题提供了校本经验。

第一节　背景与历程

一、政策背景

文以载道，文以化人。文化作为一种客观、潜隐、软性的力量，始终在人类经济社会发展、民族形成演进的历程中发挥着不可替代的作用。[1]中华优秀传统文化积淀着中华民族最深沉的精神追求，是中华民族生生不息、发展壮大的丰厚滋养。党和国家高度重视中华优秀传统文化的传承与弘扬，自1993年《中国教育改革和发展纲要》中强调"要重视对学生进行中国优秀文化传统教育"以来，出台了系列政策文件（仅2000—2022年即达50余份），皆明确指出了中华优秀传统文化教育在传承中华优秀传统文化中的重要作用，尤其强调了将中华优秀传统文化教育系统融入课程和教材体系，落实中华优秀传统文化"进教材、进课堂、进头脑"的重大意义。

2021年，教育部印发《中华优秀传统文化进中小学课程教材指南》，指出"中华优秀传统文化进中小学课程教材，是强化中华优秀传统文化铸魂育

---

① 张清林.文化力量的哲学阐释［J］.西安交通大学学报（社会科学版），2013，33（5）：94-99.

人功能，落实以中华优秀传统文化涵养社会主义核心价值观，实现中华优秀传统文化传承发展系统化、长效化、制度化的重要举措"①，着力破解中华优秀传统文化"如何进"这一实践难题，对于有效开展中小学中华优秀传统文化教育，对于永续中华民族的根与魂，坚守中华民族的共同理想信念，培养青少年做堂堂正正的中国人，都具有重要而深远的意义。

二、实践问题

自2014年教育部发布《完善中华优秀传统文化教育指导纲要》与2017年中共中央办公厅颁发《关于实施中华优秀传统文化传承发展工程的意见》后，中华优秀传统文化教育已成为我国新的时代课题。近年来，中华优秀传统文化的教育教学实践呈现遍地开花之势。2020年，北京市教育科学研究院对全国31个省（自治区、直辖市）进行中华优秀传统文化教育现状的调研，对象涵盖校长、教师、教研员、学生、高校专家等多个相关群体。调研结果显示，中华优秀传统文化教育的必要性得到了绝大部分教育工作者的高度认同，在教育实践中，教师能够积极主动寻找、开发中华优秀传统文化教育资源，努力探索中华优秀传统文化教育的有效途径。②中华优秀传统文化教育形式也呈现多元化、特色化的发展态势，传统文化类校本课程与传统文化主题学习活动普遍开展，相关学者在对全国120所中小学调研后发现，有107所学校开设了校本课程，且可以分为"道"、"器"与综合三大类。③与此同时，很多学校也在积极探索国家课程教材中的中华优秀传统文化内容，努力将中华优秀传统文化融入现有教育体系。不管是开设校本课程还是挖掘学科教学中的中华优秀传统文化内容，课程与教学都逐渐成为开展中华优秀传统文化教育的主要载体和途径。

然而，与中华优秀传统文化的重要意义和国家政策要求相比，当前中华优秀传统文化的学校教育仍存在一系列亟待解决的实践问题。

---

① 中华人民共和国教育部.教育部关于印发《中华优秀传统文化进中小学课程教材指南》的通知[EB/OL].（2022-09-01）[2022-12-01]. http://www.moe.gov.cn/srcsite/A26/s8001/202102/t20210203_512359.html.

② 李晓蕾.中华优秀传统文化教育现状的调查分析：基于全国31个省（自治区、直辖市）的调查数据[J].湖南师范大学教育科学学报，2020，19（5）：16-25.

③ 丁奕然，吕立杰.学生满意当下的传统文化类校本课程吗：基于全国百所中小学的调查研究[J].湖南师范大学教育科学学报，2020，19（3）：102-108.

一是从课程教学方面来看，中华优秀传统文化的学校教育存在片面化、分割化、碎片化等问题，学生感知到的课程质量仍旧不足，中华优秀传统文化铸魂育人功能未能充分发挥。在某些方面，中华优秀传统文化仍存在被简单"塞进""补进""加进"等现象，未能有机"融入"现有教育体系，有些内容安排也呈现出碎片化、系统性不足等倾向。[①]在课程建设层面上，课程质量整体偏低，缺乏系统性的顶层设计。灌输式、堆砌式教学方法与学生认知发展规律相背离。在评价方面，学界指出，文化是人存在的根与魂[②]，在学生发展核心素养框架中，传统文化素养是人文底蕴、责任担当、实践创新等的重要内容，是中国学生必备的人文素养与传承素养；只有掌握中华优秀传统文化知识，并将其转化为"信念与信仰"，并且"体认与践行"，才具备了最基本的传统文化素养。[③]青少年传统文化素养是青少年在接触、学习和运用中华优秀传统文化过程中形成的综合性素养。然而，如何开展对学生传统文化素养的评价，从而发挥评价的导向、激励功能，依然缺乏有效探索。

二是从教师角度来看，关于中华优秀传统文化教育的共识凝聚不足、方法指引缺乏，导致教师在教学设计中围绕学校育人体系同向同构激发的动能弱、效能低。虽然广大一线教师对中华优秀传统文化教育重要意义的认知度和政策知晓度较高，但他们对中华优秀传统文化内涵的认知与理解有待深化，他们的优秀传统文化素养和传统文化教育的意识、能力也需要进一步提升。

三是从学校发展的角度来看，中华优秀传统文化教育与学校育人体系之间依然存在"两张皮""二重性"的问题，未能发挥学校文化传承和文化发展的双向功能。基于整体论、系统论的视角，推动中华优秀传统文化教育与学校课程体系、课堂教学、队伍建设、教科研工作、校园文化建设、信息化发展等的深度融合，尚需积极探索和实践。

三、学校探索

"养其根而俟其实，加其膏而希其光。根之茂者其实遂，膏之沃者其光

———

① 田慧生，张广斌，蒋亚龄.中华优秀传统文化融入课程教材体系的理论图谱与实践路径[J].教育研究，2022（4）：52-60.

② 林崇德.中国学生核心素养研究[J].心理与行为研究，2017，15（2）：145-154.

③ 赵学德.如何构建中华优秀传统文化课程[J].人民教育，2014（12）：38-40.

晔。"中国中学赓续1933年建校以来的责任教育传统，始终把培养雅韵悠长、具有中华优秀传统文化精神气质的优秀学生作为办学责任，在教学实践中长期探索中华优秀传统文化教育。回溯九十载办学历史，学校开展中华优秀传统文化教育具备历史传承的必然性和扎实的创建基础。

从创建开始，学校就以"欲救亡图存，非教育不足以言此"诠释"天下兴亡，匹夫有责"的"责任教育"办学思想，并开设国文、本国史、本国地理等课程弘扬中华优秀传统文化，奠定了"天下兴亡，匹夫有责"的文化传统。改革开放后，学校把中华优秀传统文化作为"责任教育"的重要内涵，以思政课程作为"责任教育"的主要载体，结合永嘉路校址周边的资源，引导学生通过文化寻访去探索宋庆龄、巴金等爱国人士的精神气质。20世纪90年代，学校开展了"传统文化寻访系列活动"。2006年，在成为徐汇区实验性示范性高中后，以基础教育课程改革为契机，以参与中国社科院国家级重点课题"中国古代汉语的地域体系研究"为引领，以文史哲课程为先导，探索在课程实施中传承中华优秀传统文化。2012年，成为上海市非遗技艺传承基地后，学校进一步整合15门市级以上非遗技艺传承课程，在全市率先推出"中国情怀"课程群。

自2015年开始，学校基于校史和发展现状，提出了"中国心、世界眼、未来梦"的育人目标，以"中华优秀传统文化教育"作为办学特色申报创建上海市特色普通高中。2017年，在成为市级特色高中项目校后，学校进一步明确"优质初中、特色高中、一流完中"的办学目标。在"中国情怀"课程群基础上学校创设了"新六艺"校本课程群，逐渐构建起"文化中国"课程体系，并创新一系列实践路径，不断彰显出中华优秀传统文化教育的办学特色。

第二节　理念与目标

中华优秀传统文化教育关键在于"如何进"，并表现为两个具体的实践问题：中华优秀传统文化与学校课程系统如何深度融合及教学、评价问题，中华优秀传统文化教育如何全面融入学校育人体系及实施路径问题。因此，中国中学主张：中华优秀传统文化"进教材、进课堂、进头脑"，即充分融入现有学校育人体系是传承发展中华优秀传统文化最有效的实践路径。学校以"文化中国，志存天下"作为中华优秀传统文化教育办学特色的愿景表达及理念指南，立足国家战略和校史校情，回应中华优秀传统文化教育与育人实际割裂的现实问题，基于系统整体认识论和深度融合理念方法论，聚焦中华优秀传统文化教育与育人体系深度融合这一核心目标，展开特色育人探索实践。

一、系统整体认识论

学校是一个系统，课程体系构建与特色高中建设是一个系统工程，中国中学以"整体实践"为基本思路，从系统性、全局性的角度谋篇布局。

第一，以校园文化为起点，构建浸润式文化育人体系。一方面，打造中华优秀传统文化校园空间，在校园楼宇、墙廊、步道、橱窗等十个方面植入中华优秀传统文化元素，形成中华优秀传统文化教育的"校园十景"。同时，逐渐建立起文创实验场馆、文化实践基地、学生文化社团、文化节庆赛事、网络文化教育及文化课题研究等六大中华优秀传统文化教育平台。另一方面，建设校园制度文化，成立中华优秀传统文化特色创建领导小组和五个中心，建立起三年发展规划、特色高中建设项目规划及"学科教学指南""教学手册"等制度体系。

第二，聚焦师资培养，打造一支"群、兼、特"相结合的师资队伍。鼓励教师积极参与项目式学习、单元设计、学科统整等专题培训；安排30余位教师向名家拜师或进入高校深造，通过师徒式带教和学历提升等方式获得成长；倡导教研联动文化，以教促研，以研促教，教学和研究、教研和科研联动，以"全员、全学科、全覆盖"的思路开展校本教研。

第三，基于学校具体制度，进行纵横联动。纵向上，初高联动，以初高中整体发展思路为导向，设计研学衔接课程，贯通初高中特色育人渠道；横向上，内外联动，中国中学主动牵头，以上海师范大学学区为主阵地，通过

构建"U-S"（大学—学校）、"S-S"（学校—学校）、"S-F"（学校—家庭）等联动机制，实现学区内课程资源共建、共享，形成育人大格局。

二、深度融合理念方法论

在系统整体建设的框架下，基于对学校各层面的充分调研，中国中学提出"无边界、有机性"的深度融合理念，进一步细化中华优秀传统文化特色育人体系。

深度融合理念是指将中华优秀传统文化资源和元素，无边界有机融入学校教育教学全领域、全过程、全环节，实现中华优秀传统文化教育与学校育人体系的双向优化、整体推进，以充分发挥中华优秀传统文化铸魂育人功能。中华优秀传统文化教育的深度融合，就是要充分发掘中华优秀传统文化资源，与学校课程进行目标和内容，学习和教学，评价和管理等各要素的交融、嵌入，从而构建中华优秀传统文化教育课程体系和实践体系，以实现学校的人才培养目标。学校系统是一个一体化的功能系统，任何新活动的引进，都会改变当前的系统运行状态。在研析中华优秀传统文化教育与学校育人体系融合理念不足、融合策略缺失、融合实践零散等问题的基础上，学校充分认识到了特色高中建设与特色课程开发须基于全校生态系统的改革和创新。学校在坚定落实国家课程基本规定的基础上，充分考虑当下学生的个性需求和学校的独特传统，凸显办学特色。从局部开发转向系统整体建设，在学校系统能容纳的空间中，将特色教育渗透到学校教育所有环节中，秉持深度融合理念，将中华优秀传统文化教育与学校原有育人体系相融合，从全域层面探索整体实践路径。

以深度融合理念为指导，中国中学形成了三大校本主张：第一，内容融合——主张古今联通、发展包容，实现中华优秀传统文化与革命传统、社会主义先进文化、现代科技文明的融合；第二，系统融合——主张学校教育是一个整体系统，实现中华优秀传统文化教育与学校育人体系的统一、与课程体系的深度融合是重点；第三，发展融合——主张为学生创造有意义的学习经历和文化经历，实现学生核心素养、学科核心素养和传统文化特色素养三大素养共同发展的有机统一。

三、课程领导力驱动

基于系统整体认识论和深度融合理念方法论，中国中学遵循"定向—立基—践行"的系统逻辑，通过目标体系、课程体系和保障体系的构建，逐渐建立起中华优秀传统文化教育特色学校的"四梁八柱"。当前一些学校的中华优秀传统文化教育，还存在简单化、分割化和重器轻道、重知轻情等问题。从课程视角来看，这些问题表现背后的深层原因都是中华优秀传统文化教育与现有课程割裂、分立乃至冲突。唯有走向课程深度融合，才能破解上述问题。从国际视角来看，随着世界各国课程改革的深入，针对分科化、碎片化等现实课程问题的课程融合理论已经兴起。芬兰、澳大利亚、我国香港等许多国家和地区相继将其作为课程改革的重要动向之一，因此，在中华优秀传统文化教育体系的构建中，学校重点聚焦课程体系的构建与优化，提出中华优秀传统文化教育的课程深度融合理念。

课程领导是深化课程改革、培养核心素养的关键环节，而有效的课程领导，需要不断提升课程领导力。课程领导力聚焦的是学校课程，观照的却是学校系统全域。因而，课程领导力是一种系统力，既体现为课程的理解、决策、规划、转化、执行、评价、管理等动态过程，又体现为课程的顶层设计、中层转化、基层执行等互通环节。对一所学校而言，课程领导力是学校变革和特色发展的方法论，需要定准国家战略和学校历史有机契合的学校特色，着力从课程目标、框架、实施等方面，推动学校优质特色发展。

四、目标体系定向

中国中学秉持"培养什么样的人、怎样培养人、为谁培养人"的使命自觉，赋予"责任教育"办学思想和"智勇仁恕"校训文化新的时代内涵，形成了从办学思想、校训文化、育人目标到德育目标，再到行为规范教育目标、教师发展目标、学校发展目标一以贯之、多层次、立体化的教育目标体系，其中，育人目标、教师发展目标和学校发展目标尤其体现定向、引航功能。

第一，育人目标——将学生培养成坚定文化自信，具有"中国心、世界眼、未来梦"的现代责任公民。学校根据党的十九大报告中指出的"深入挖掘中华优秀传统文化蕴含的思想观念、人文精神、道德规范，结合时代要求继承创新"要求，贯彻习近平总书记"不忘本来、吸收外来、面向未来"的指示精神，结合学校历史，提出了培养具有"中国心、世界眼、未来梦"的现代责任公民的育人目标。以"中国心"为核心，培养学生中华优秀传统文化的精神气质；"世界眼"在"中国心"的基础上，拓宽学生"人类命运共同体"的国际视野；"未来梦"则是在"中国心"和"世界眼"的支撑下，培养兼具全面发展与特色发展的社会主义事业建设者和接班人。"中国心、世界眼、未来梦"三维一体，既传续学校"责任教育"传统，又是学生发展核心素养的特色表征，形成坚定文化自信、厚植文化素养的中国中学学子特质。

第二，教师发展目标——努力成为师德高尚、师能高超、中华优秀传统文化教育特色素养高显的"三高型"教师。学校以"为每位教师发展搭建平台"为理念，以实践、反思、研究和合作为动力，力求建设一支师德、师能、特色素养三维一体的"三高型"教师队伍。

第三，学校发展目标——将学校建设成以"优质初中、特色高中"为内涵的一流完中学校。一流完中建设既是中华优秀传统文化的传承传播空间，又是育人目标和教师发展目标实现的场景。学校发展目标具体表现为"一个目标、两个心、三个意识、四个保证"："一个目标"即一流完中，体现学校的办学性质，彰示中国中学创建特色高中的独特性；"两个心"即爱心和责任心，爱心是人性的起点，责任心是立身处世的根本，凸显学校文化育人的属性；"三个意识"即质量意识、效率意识、创新意识，质量是基础，效率是生命，创新是活力；"四个保证"即党员带头、教师敬业、学生勤奋、员工尽职，凸显学校的文化凝聚力。

学生、教师、学校"三维并举"目标体系的构建与学校系统整体实践的一体化路径相吻合，为中华优秀传统文化教育特色学校建设确立了具体方向。

第三节　课程与教学

　　课程的构建和实施是中华优秀传统文化教育的关键。学校的课程，首先必须坚定落实国家课程的基本规定；其次必须充分考虑学生的个性需求和学校的独特传统，凸显学校的办学特色。基于这种认识，中国中学以高质量实施国家课程为基础，以高质量实施校本课程为补充，探索以中华优秀传统文化教育为特色的"深度融合，整体实践"的课程建设之路。

一、课程体系

　　中国中学秉持深度融合策略，主张课程理念融合、课程结构融合、课程实施融合、课程评价融合，逐渐构建起"文化中国"课程体系。

　　"文化中国"——"文"是素养；"化"是过程，是变化和创新。学校以"文化中国"作为课程理念，在育人过程中既注重继承中华民族优良的文化传统，发扬家国情怀的爱国主义精神，又着眼中华优秀传统文化中的革命文化、社会主义先进文化，还吸纳先进的现代科技文化，让学生在潜移默化中汲取中华优秀传统文化的精髓，提升人文气质和精神内核。与此同时，"文化中国"课程群建设既凸显了中华优秀传统文化教育是对中华民族从古至今优秀文化的传承与创新、对现代先进文化的学习和吸纳，也突出了中国中学独特的校名和校史。以此为基础构建"融合中华优秀传统文化教育的国家课程，具有鲜明办学特色的校本课程，实现初高中一体贯通"的课程框架。根据"三度"（中华优秀传统文化与课程的内容关联度、元素显示度、教学可融度）原则，首先，在课程属性上，把学校课程分为国家课程和"新六艺"校本课程群、两个子系统及基础性课程、综合实践活动课程、校园文化专题课程等；其次，在课程类型上，根据功能与要求，进一步分为必修课程、选择性必修课程和选修课程；最后，在过程评价上，通过学分制方式体现评价改革（见图1.1）。

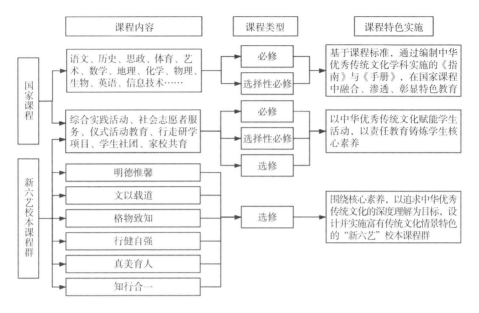

图1.1　上海市中国中学课程框架

（一）国家课程子系统的基础性课程

以学科德育方面积累的资源为基础，根据"三度"原则把基础性课程进行再分类：语文、历史、思政为"核心关联课程"，体育、艺术与健康等学科为"重要关联课程"，数学、地理、化学、物理、生物、英语、信息技术等学科为"其他载体课程"。同时，在具体学科中根据"三度"原则进行相对区分。对强关联课程和内容采取"强化元素，充分展示"总策略；对弱关联课程和内容采取"创设情境，自然渗透"策略；各学科均制定了具体策略和学科任务，形成以课堂实践推进问题研究、以案例推广辐射实践经验、以辐射反馈提升探索研究的循环。

学校以中华优秀传统文化为内容、载体和路径，推动国家课程校本化特色实施。在课堂教学中，引导、鼓励教师根据不同的课程分类，采取针对性的教学策略。比如，针对"核心学科"和"核心内容"，根据高中生基于理性认知提升的需求，在文史哲学科课堂教学上采用双线建构的模式，采取展现、演示、强化等策略，以情感体验为方式、以理性提升为目标做强课程标准基础下的特色教学。

以《论语》的思辨式阅读为例，在高一年级进行《论语》等儒家经典文本的阅读，安排学生采用"每日一诵""每日一解""每日一悟"的方式进行《论语》诵读、辩证式解读和撰写学习感受，并排练课本剧延展对中华优秀传统文化的认知；历史学科把从《学科教学指南》中梳理出来的知识点以场景再现、人物代入、学生辩论等方式，围绕多民族国家统一策略、科举制的选择等相关内容开展比较式学习，多角度地提炼历史经验教训，古为今用，发展历史理解、历史价值观的学科核心素养；思政学科以"行走的思政课"为载体，在上海市龙华烈士纪念馆（上海市龙华烈士陵园）、中共一大会址纪念馆等场馆开展现场教学，提升学生的家国情怀，增强其政治认同。

对"关联学科"和"关联内容"，采取"创设情境，提炼精神"的策略，参照《学科教学指南》和《教学手册》精心设计教学情境，力求在传授知识的同时，大力弘扬中华优秀传统文化，帮助学生提炼传统文化的人文和科学精神。以黄勇老师的空中课堂"二项式定理"为例，首先，在引入课题环节介绍了我国古代的"杨辉三角"；其次，与二项式定理的知识点建立联系，让学生了解我国古代数学家在研究二项式定理上取得的成就要比外国数学家早一千多年；最后，在探究二项式系数性质的教学环节，进一步引导学生从特殊到一般先做出猜想，再进行严格论证，在此教学过程中培养学生积极思考、大胆猜想、勇于创新的精神。

（二）综合实践活动课程

综合实践活动课程以打造中华优秀传统文化教育范本为课程任务，采取"主题牵引，综合嵌入"策略，突出课程的综合性、跨学科性。综合实践活动课程依据具体内容分属国家课程子系统的拓展研究性课程和校本课程，分别依据各学科课程标准及校本实践活动课程要求，系统整理了中华优秀传统文化的学习活动类型，构建了朗读与背诵、分析与探究、欣赏与品味、交流与讨论、查找与举例、创作与改变、翻译与解释、摘抄与积累、考察与访谈、编辑与编选、演唱与表演、创作与展示等12个学习单元。根据具体内容，进一步将12个学习单元分别划入学科拓展、社会实践、研修研学、家校共育等大类。学校在军训学农、志愿服务等综合实践课程中，也充分融合中华优秀传统文化的元素。以军训学农课程为例，作为全国国防特色学校，中国中学在军训中开展"'国之重器'名称背后的传统文化"专题课程，以讲座、参观、主题绘画和"玉兔号"官方微博留言等多种方式，为学生系统整理我

国重大工程"玉兔""墨子""蛟龙"等名称背后的传统文化，把矢志爱国的文化精神核心提炼给学生。2018年以来，学校把"春秋游"整合为"行走中国"系列课程。通过近五年的迭代与提升，"行走社区""行走徐汇""行走场馆""行走中国"四个系列的课程已初具雏形。

（三）"新六艺"校本课程群

受古代"六艺"启发，以此为基础，延续其精髓，经过历年的设计积累，学校系统打造了"新六艺"校本课程群，内含"明德惟馨""文以载道""格物致知""行健自强""真美育人""知行合一"六个课程模块，对应"德智体美劳"五育并举目标，体现"以德为先，六艺协同"的设计理念。

"新六艺"校本课程群的每个课程模块都包含2～3个课程群，5门左右具体课程，共计63门校本课程。"明德惟馨"课程模块有"见贤思齐"等3个课程群，含"中国哲学思想初探"等10门校本课程；"文以载道"课程模块有"梨园春秋"等3个课程群，含"校史中的戏剧文化"等12门校本课程，学生已结合语文教材和校史故事，自编、自导、自演了《新编孔雀东南飞》《"中国"1933》等多部戏剧；"格物致知"课程模块有"仁心仁术"等2个课程群，含"二十四节气与中医养生观"等11门校本课程；"行健自强"课程模块有"龙争虎斗"等3个课程群，含"易筋经导引"等10门校本课程；"真美育人"课程模块有"谈美雅鉴"等2个课程群，含"中西方传统美学比较"等8门校本课程；"知行合一"课程模块有"天工开物"等3个课程群，含"古玉文化：和氏璧复原计划"等12门校本课程，学校作为上海市非遗技艺传习基地，围绕非遗技艺的传承，开展相应的历史文化课程。

"新六艺"校本课程群的深度融合策略为"知行合一，进阶实施"，体现为中华优秀传统文化衔接课程（初中至高中）、通识课程（高一）、进阶课程（高二）、高校贯通课程（高三）的进阶路径。初中学段，制定初高中一体化的特色衔接课程15门。高一以"广泛接触、全面发展"为目标开展通识课程。学生通过两周一门短课程，一学年中广泛接触20余门线下中华优秀传统文化经典课程，并可于寒暑假期间在60余门线上课程中进行选修。高二学生以"提升兴趣、发展特色"为目标开展进阶课程。学生通过校内选修课及线上课程，进一步在感兴趣的2～3门课程中深入发展。高三学生以"规划人生、受益终身"为目标开展高校贯通课程。学校分别与复旦大学哲学学院、上海市历史博物馆、上海市龙华烈士纪念馆等20多个高校和场馆签约。学生可以借助这些资源进一步深造，把优秀传统文化素养固化为终身受益的文化自觉。

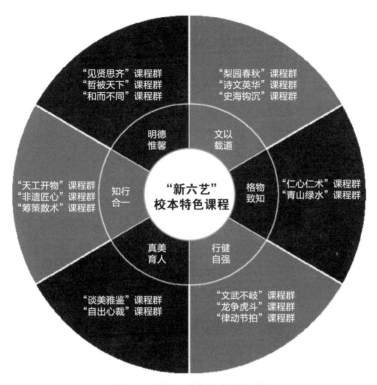

图1.2 "新六艺"校本课程群

（四）校园文化专题课程

校园文化专题课程从文化的理解、认同、践行三个维度，构建了高中阶段"三年养德"基础上"高一养正、高二养性、高三养志"的"四养"德育活动课程目标。以此为依据，学校将已有的文化专题课程以"文化浸润，时空拓展"为策略，逐步拓展为领域丰富的专题序列："中中十二时辰"一日课程序列，含"合瑟于晨""行操以憩""时令餐飨""午时之华""以社结友"等时段专题；"中中廿四节气"年度课程序列，含"立秋逢君""辞旧迎新""龙华祭扫""琼林赠礼"等节令专题；"中中文化节"课程序列，含浸润中华优秀传统文化的"艺术节""体育节""科技节""读书节"等校园节日专题。

学校以中华优秀传统文化作为符号系统重新构建校园文化生活。人人、处处、时时都能在校园里感受到中华优秀传统文化的魅力。以"一日"为例，中国中学的学生每天都能伴随着传统音乐的晨曲踏入校园，在课堂上感知中华优秀传统文化元素，在广播操时间体验易筋经导引法，在午间聆听师生带来的中华优秀传统文化微演讲，开展校本中医穴位眼保健操活动，在课后参与具有中华优秀传统文化特色的学生社团，充分体验各种各样的活动内容；以"一年"为例，从接到富有传统特色的录取通知书开始，学生每年都会以二十四节气为线索逐步体验小寒迎新岁、端午赛龙舟等127项节气系列活动；以夏至时节的初三、高三"琼林赠礼"离校仪式为例，从聆训开礼到仕冠礼成，最后学生用中草药制成香囊，在折桂墙上祈愿自己的未来。

二、课程评价

课程评价是检验课程实施质量的核心环节之一。学校以中华优秀传统文化理解与传承为核心指向，确立文化"理解—认同—践行"三维课程实施目标要素。同时，结合育人目标、教师发展目标和学校发展目标的"三维并举"目标体系，开发"三维进阶"评价体系（见表1.1）。

表1.1 中华优秀传统文化教育评价体系

评价对象	评价指标	评价标准	评价方式举例
学生	文化理解：认知、领悟、体认 文化认同：接纳、兴趣、信念 文化践行：遵循、传播、创作	初阶（高一） 中阶（高二） 高阶（高三）	学科评价与学业质量分析（他评） 传统文化素养问卷测量（第三方） 成长手册（讲演/会演/文创/服务等） 综合素质评价系统（综评）
教师	传统文化素养：理解—认同—践行 传统文化特色教育素养 传统文化教科研素养	"三高型"教师专业进阶序列	校内外课程展示（他评） 绩效评估方案（组评、校评） 教科研成果（立项、发表数据）
课程	传统文化深度融合"三度" 课程资源丰富性 课程满意度	初阶：规范课程 中阶：优质课程 高阶：推广课程	课程开发申报表（自评、组评） 课程实施评价表（生评、组评） 课程反思（自评）

根据国家课程子系统的基础性课程、综合实践活动课程、"新六艺"校本课程群及校园文化专题课程和不同课程类型的特点，突出课程评价的标准性、发展性、激励性功能，立足于促进师生潜能激发和个性发展任务，构建起学生、教师和课程同步评价"三维进阶"体系。在学生评价上，把"传

统文化素养特色指标"纳入"上海市普通高中学生综合素质评价信息管理系统"，对学生进行学分制和发展性评价。根据学生在校内外教育教学活动中的参与度、表现力等方面给予基础学分，同时还提供了考核学分激励学生的内在潜力，激发他们以更大的热情参与活动，以更高的标准要求自己。如在起始年级的国防训练中，拥有良好行为表现及积极参与各项活动的学生往往会成为优秀营员的人选，而这一荣誉也将为他们赢得考核学分。每学年学校还开展以行为规范为主要评价标准的"美德少年"评选，在荣誉争创中帮助学生树立正确的价值取向。在教师评价上，把参与国家课程和校本课程纳入绩效考核。在课程评价上，定期采用问卷调查、师生座谈等方式，构建促进课程不断优化和完善的机制。

第四节　实施与保障

学校在系统整体实践的基础上，通过文化建设、制度建设、平台建设、队伍建设、教研联动、初高联动、内外联动等七大支持系统，构建多轮驱动的"内涵式"保障体系，为中华优秀传统文化教育特色实践提供内生驱动力。

一、文化建设

为发挥文化的浸润式育人功能，学校以2008—2013年初高中整体搬迁新校区为起点，以2017年启动特色高中建设为契机，以爱心和责任心为文化基质，在楼宇、墙廊、步道、橱窗、标识、绿化等方面植入中华优秀传统文化元素，打造了既具有审美功能又凸显中华优秀传统文化底蕴的校园景观。从"少年中国说"的文化墙，到"一斋"（俯仰斋）、"一轩"（尔雅轩）、"一坊"（天工坊）、"一馆"（巧艺馆）、"一阁"（岐黄阁）和"一书院"（菁莪书院）等雅致的学习空间，学生漫游其中，移步换景，处处都能感受文化的气息。同时，每个学习空间都根据学习功能进行设计布置，电子班牌、黑板报、

橱窗展示、"校史墙"、"书画墙"等，各公共场所、微空间都承载着文化元素、文明礼仪，立体环绕式地开展着中华优秀传统文化教育。

二、制度建设

制度是特色学校建设和治理的关键抓手。自2017年以来，学校聚焦中华优秀传统文化教育主线，成立了中华优秀传统文化特色创建领导小组和五个中心，建立起三年发展规划、特色高中建设项目规划及《中国中学特色高中建设课程建设方案》《中国中学特色高中建设学科基础课程教学指南》《学科教学指南》《教学手册》等制度体系。以德育工作为例，学校在近三年中陆续完善了20余项德育工作制度，规范了入学教育、示范班级评选、优秀学生评选等工作流程。学校从行为规范基本管理制度、行为规范奖惩制度、行为规范考核评比制度等三大方面，制定并不断完善了《中国中学学生手册》《中国中学教职工行为规范》《中国中学师德规范》等30余项具体制度，保证了从学生到全体教职工，在教育、教学、宣传、检查、评比、考核等各学习和工作环节上均能做到有"法"可依。

三、平台建设

平台既是载体和形式，又是内容和内涵。中国中学逐渐建立起文创实验场馆、文化实践基地、学生文化社团、文化节庆赛事、网络文化教育、文化课题研究六大中华优秀传统文化教育平台，以校内的菁莪书院、格致轩、艺馨阁、精武馆、天工坊等为依托，对接校外的传统文化体验与实训基地（安徽）、爱国主义体验与实训基地（钱学森图书馆）、民间艺术体验与实训基地（大世界）等，培养学生的人文、科学、艺术、体育素养和工匠精神。学校注重开展实践活动推进中华优秀传统文化教育的实施。借助上海师范大学学区主任单位、特色高中创建和大中小思政一体化等平台，学校把学区、社区、场馆、高校等场所广泛应用于学生实践，其中，钱学森图书馆、上海市龙华烈士纪念馆、上海市历史博物馆等场馆极大丰富了活动形式和实践空间，提升了教育实效。

四、队伍建设

师资队伍既是内在目标，又是根本保证。聚焦"三高型"教师培养，学校逐步打造了一支"群、兼、特"相结合的师资队伍。学校教职工群体通过素养课程、专家讲座等方式"卷入"，如为全体教师开设了"学中华传统之礼　做尚德明理之人""中国传统服饰礼仪""情动国韵　舞聚初心""解读'论语'"等系列讲座，用中华优秀传统文化滋养教师温恭自虚、执事有恪的品格，结合中华优秀传统文化的办学特色提升师德师能。学校鼓励教师积极参与项目式学习、单元设计、学科统整等专题培训，共同构建"新六艺"校本课程群，逐步扩大了在课程实施过程中的"兼职"教职工队伍。学校安排30余位教师向名家拜师或进入高校深造，通过师徒式带教和学历提升等方式，这些教师中的大部分已经成功转型为特色教师。区班主任带头人蒋凌雪老师，于三年前开始探索用传统文化礼仪和规范管理班级，用三年时间完成了区班主任"工作坊"主持人、上海市十佳班主任到德育正高级教师的突破。

五、教研联动

以教促研、以研促教，教学和研究、教研和科研联动，为中华优秀传统文化教育提供持续动力。在充分调研的基础上，学校确定语文、历史、生物、体育等学科作为试点，持续开展教研活动，以点带面、重点突破。在"新课程、新教材"（以下简称"双新"）背景下，学校以"全员、全学科、全覆盖"的思路，组织各教研组梳理教材与中华优秀传统文化内在知识的联系点和学科融合点，全覆盖编写《学科教学指南》和《教学手册》。在编制过程中，既完成了办学特色与教学设计的融合，也探索了教学主体与学习主体的融合。教师发挥教学主体对课程文化、学习方法、学习资源的引导作用；学生发挥学习主体的认知作用，通过项目化学习，成为知识意义上的主动建构者。教学双方围绕《学科教学指南》的编制和完善，形成了和谐互动、相互促进和教学相长的良好局面。

近年来，学校以中华优秀传统文化教育为研究主题，先后主持和参与了

10余项科研项目。学校建立三级教科研体系，实施全员全学科行动。其中，课题组和校级管理层为核心，发挥课题设计、管理、激励的领导力作用；年级组、学科组和职能部门为课题子项目组，发挥在学科、综合实践活动课程等方面的教育策略构建作用；全体教师结合自己的工作和任教学科积极参与，探索具体路径和方法。仅以行为规范教育和研究为例，教师在《中小学班主任》《中国教师报》《现代教学》等报刊发表了多篇经验总结和学术论文，参与国家级课题一项，开展市级课题一项、区级课题三项，并完成班级管理的专著一部；培养了具有区域影响力的德育正高级教师一名，区班主任骨干两名，形成了一个区域班主任"工作坊"。

六、初高联动

作为一所完中，中国中学的特色高中建设并非局限于高中，而是将初高中一体化纳入特色建设体系。这为完中如何创建特色高中提供了中国中学的探索范例。第一，学校把文化建设、德育工作、课程设置、核心素养发展、校园环境等要素进行通盘考虑、一体规划，打通初高中整体发展。第二，针对两个学段分别设计中华优秀传统文化教育的重点内容，如初中阶段以增强学生对中华优秀传统文化的理解力为重点，高中阶段以增强学生对中华优秀传统文化的理性认识和实践研究为重点。第三，发挥学生主体性，引导高中生通过研学课程实现初高中衔接。针对研学场馆，高中生先行从自己的课题中提炼出研学任务，帮助初中生设计研学任务单，课程成果被上观新闻、新民晚报等媒体争相报道。通过这种高中衔接初中的方式，全校师生共同体验中华优秀传统文化的深厚内涵。

七、内外联动

作为上海师范大学学区的主任单位，中国中学将特色高中建设纳入更广泛的学区范围，实现学区内教育资源的共建共享。这为在学区化空间中如何创建特色高中提供了中国中学的探索范例。第一，探索"U-S"（大学—学校）联动，借助上海师范大学优质教育资源和文化资源，同时，反哺上海师范大学人才培养；第二，探索"S–S"（学校—学校）联动，与学区内世界外国语小学、世界外国语中学等优势互补、联研联育；第三，探索"S–F"（学校—家庭）联动，把学校教育、家庭教育与社会教育三个方面互相融通，形成育人大格局。近年来，仅高校专家、国家级非遗传承人就有40余人次走进中国中学，已有120多门课程在其中实施，三年中承办200多场各级、各类活动，近万名校内外师生、家长在学习空间中提升自我、成就梦想。

文化建设、制度建设、平台建设、队伍建设、教研联动、初高联动、内外联动七大支持系统均体现了中华优秀传统文化教育与学校育人体系的深度融合，打通了学科界限、学段界限、科组界限、学校界限和时空界限五大界限，贯彻了特色育人整体实践、深度融合的根本路径。

第五节　成效与展望

一、育人成效

中国中学中华优秀传统文化教育育人成效体现在以下三个方面。

一是学生在丰富情境中实现多维素养的综合提升。学生实现核心素养、学科核心素养、传统文化特色素养融合发展，坚定文化自信，成长为具有"中国心、世界眼、未来梦"的现代责任公民。学生自主申立、运行67个社团，2018年至今获得市级及以上比赛荣誉231项。学生各类文化讲演、会演、调研、服务共计2万余人次，开发各种文创产品超过200件套。

二是教师在融合中实现专业素养的自我突破。师德高尚、师能高超、中华优秀传统文化教育特色素养高显的"三高型"教师涌现。项目化"修—教—研—评"四维一体培训模式全员参与，形成特色推进的校内核心师资团队（34人），以中华优秀传统文化教育为主题的市区级教科研项目获得21个立项，中华优秀传统文化深度融合的国家课程在区级及以上展示超200节，

"新六艺"校本课程群展示500余节，教师仅2020年就发表论文100余篇。

三是学校在特色创建中实现文化的传承。中国中学中华优秀传统文化教育的办学特色日益鲜明，得到家长、学区和教育界的广泛认同。2021年1月，学校在市特色高中第一轮评审中成功晋级。学校先后成为全国非遗项目传承基地、传统文化国际交流基地、市区级传统文化展示基地、上海师范大学学区传统文化课程基地等。2017年以来，学校共获得区级及以上集体性各类奖项、荣誉50余次。学校的实践探索成果广泛应用于学区内各校，开展学区教研、展示、观摩等活动30次；"新六艺"校本课程群向学区辐射，合作单位16个，课程项目35个，受惠社区居民超过2万人次。同时，构建"一校特色，无界同享"格局，与20多个高校、国家级基地和场馆签约，初步形成"成果示范辐射带"。青海、云南、江苏等地教师把相关成果及案例带回家乡学校。学校先后接待本市、长三角、云南、贵州等省市与地区和日本、韩国、美国、芬兰等国家的中学师生40批次，并被解放日报、文汇报、上海教育等媒体先后报道30余次。

二、未来展望

"与国同名、与时俱进"，以高质量实施国家课程为基础，坚持五育并举，建设一所以中华优秀传统文化教育为特色的高品质示范学校，中国中学责任在肩；"为党育人、为国育才"，培养坚定文化自信、具有"中国心、世界眼、未来梦"的现代责任公民，引领学生在德智体美劳全面发展的基础上实现特色发展，为学生坚定理想信仰、发展人文底蕴和科学规划人生奠基，中国中学使命崇高。

怀着这样的责任感和使命感，学校的全体教师都积极投入中华优秀传统文化教育的实践和研究，形成了一系列的实践性成果，我们从中选取了学科课程和活动课程的一些导引、指南与案例汇编成本书。后续各章节汇聚的成果：一是语文、历史、思政、体育、艺术、数学、地理、化学、物理、生物、英语、信息技术等12门学科的导引，具体是展示各学科对《中华优秀传统文化进中小学课程教材指南》的理解和应用、梳理各学科涉及的知识内容、探索在课堂教学中融合特色的策略与方法等引导性的内容和框架；二是按照语文、英语、艺术、物理、体育、数学与信息、生物与化学、历史思政与地理等8个学科组，编制了具体的《学科教学指南》，各学科组都呈现了融合中华优秀传统文化教育的单元教学设计案例，以体育学科为例，体育组教师研制了足球、乒乓球、龙舟、技巧啦啦操等具体教学单元的教学指南及相关案例；三是"映客社""博古社""稷下辩论社""墨韵社""中中之声广播社""岐黄学社"等16个学科和实践社团活动的教学设计案例。这些成果是探索性的，又是鲜活的；是相对零散的，又是具有操作性的。

中华优秀传统文化教育与学校育人体系深度融合的创造性探索和实践，是一个长期的过程，不可能一蹴而就，更是一个艰苦的过程，没有完成时，只有进行时。学校需要继续坚持系统论，探索家校社网协同、学校学区协同、学教评管协同的一体化共育模式和实践路径；需要结合校史校情进行深度的校本化理解，为学生创造有意义的、丰富的文化学习经历；需要牢牢抓住"课程—教学—评价"这个关键闭环，不断强化课程的领导力、转化力和执行力；需要加强学理研究，进一步夯实中华优秀传统文化教育的理论基础，在育人方式转型、特色学校建设、中华优秀传统文化教育的实践经验中探寻规律。

第二章

国家课程特色实施

『3+2+N』分层分类渗透传统文化

2021年1月，教育部《中华优秀传统文化进中小学课程教材指南》梳理了"核心思想理念""中华人文精神""中华传统美德"三大主题，中华优秀传统文化进课堂已经水到渠成。

　　在课程分类上，学校根据学科与中华优秀传统文化的结合度，以语文、历史、思政三门学科为主，体育、艺术有重点地纳入，其他学科有机渗透的方式，结合学校的独特传承与积淀，形成全科覆盖，并把不同教学内容区分为中华优秀传统文化元素相对显性的"核心内容"和中华优秀传统文化元素相对隐性的"关联内容"。至此，"3+2+N"分层分类渗透中华优秀传统文化的国家课程特色实施模式成型，"3"即语文学科、历史学科、思政学科，"2"即艺术学科和体育学科，"N"即其他学科。

第一节 语文学科指南与案例

一、语文学科对《中华优秀传统文化进中小学课程教材指南》的理解和应用

继承弘扬中华优秀传统文化，以中华优秀传统文化育人，既是全社会的共识，也是国家意志。近年来，教育部相继出台多份相关文件，强调中华优秀传统文化在基础教育中的意义，并进行了相应布置。如2021年1月颁布的《中华优秀传统文化进中小学课程教材指南》梳理了"核心思想理念""中华人文精神""中华传统美德"三大主题，中华优秀传统文化进课堂已经水到渠成。

语文学科是中华优秀传统文化教育的主要承担学科之一，在语文教材中有不少古文篇目，它们是中华优秀传统文化的重要载体。从思想理念、人文精神、传统美德等方面阐释这些古文不难做到，历来的语文学科教育也是这样做的。在中国中学创建中华优秀传统文化教育特色的背景下，语文教研组还努力挖掘更深层次的问题：对于语文教学而言，传统文化不仅是特定的语言形式和观念内容，还是一种思维方式，从传统文化这一维度理解作品，尤其是古文，能帮助学生更好地理解作品，更准确地把握作品，从而拓展学生的语文观念。同时，语文教研组针对《中华优秀传统文化进中小学课程教材指南》，认真研读教材，挖掘文本价值，一一对应落实。

二、梳理语文学科涉及的知识内容

《普通高中语文课程标准》（2017年版2020年修订）提出了语文学科核心素养的四个方面，即语言建构与运用，思维发展与提升，审美鉴赏与创造，文化传承与理解。新课标中的"课程内容"设置了18个学习任务群——"整本书阅读与研讨""当代文化参与""跨媒介阅读与交流""语言积累、梳理

与探究"、"文学阅读与写作"、"思辨性阅读与表达"、"实用性阅读与交流"、"中华传统文化经典研习"、"中国革命传统作品研习"、"中国现当代作家作品研习"、"外国作家作品研习"、"科学与文化论著研习"、"汉字汉语专题研讨"、"中华传统文化专题研讨"、"中国革命传统作品专题研讨"、"中国现当代作家作品专题研讨"、"跨文化专题研讨"、"学术论著专题研讨"。这些学习任务群在语文教学实践中具体意味着什么，课堂应该有怎样的变化，语文的阅读、写作、测试、作业题又应该有怎样的变化……这些都是组内教研活动的重点。

在"双新"背景下，组内教师重视学情分析，结合特色学校的创建，转变观念，以学定教，新旧结合，创设情境，突出"单元意识"，编撰单元设计。

三、探索在课堂教学中融合特色的策略与方法

语文学科有着鲜明的民族文化属性，中华优秀传统文化本来就是语文学科教学的重要内容。就古文教学而言，在"双新"背景下，更需要重视文章的历史文化内涵，自觉探寻文章的传统文化内涵。统编高中语文教材在相关活动设计中已经加入了传统文化视角，中华优秀传统文化融入课堂教学尚需进一步的理论探索和反复实践。学校语文教研组也在积极尝试，努力探索，不断创新。

（一）注重中华优秀传统文化积累，激发学习兴趣

将中华优秀传统文化更多、更有意识地渗透到教学中。中华优秀传统文化知识在高考中所占比重逐步增加，因此，在教学中重视中华优秀传统文化的积累非常重要。统编高中语文教材中有多种与中华优秀传统文化相关的学习任务群，因而，在教学时不仅需要向学生传授教材中的知识，还需要基于教学内容适当扩充，融入优秀的传统文化。

（二）开展主题阅读式教学，提高学生素养

为适应高考改革的要求，与时俱进，组织学生进行群文阅读和整本书阅读，基本保证每周一次的图书馆阅读活动；全体教师撰写有关中华优秀传统文化的特色案例，开展《乡土中国》与《红楼梦》教学探究公开课等。

（三）适当引入实践活动，促进高效教学

各备课组设计了精彩纷呈的语文活动，以活动促进教学，以活动检验效果。如"谁是最可爱的人"征文活动、"中国"古诗词大会、高一中西圣贤"孔子与苏格拉底跨文化交流"、高一语文学术节专场"先哲悠远　君子芳华"、高二语文学术节专场"感念先贤　问本溯源"、汉字书法微讲座、"经典咏流传"微视频、班级辩论赛等。

各种教学途径都显示了积淀与传承中华优秀传统文化的重要意义，力图使语文教学能更好发挥涵养学生人文素质、提升学生文化自信的积极作用。

四、教学案例

文以载道，狂狷者之舞
——以《师说》教学为例

中华优秀传统文化积淀着中华民族最深沉的精神追求，是中华民族共同培育的民族精神和共同坚守的理想信念，是中华民族生生不息、发展壮大的丰厚滋养，是我们最深厚的软实力。加强中华优秀传统文化教育，引导学生传承弘扬中华优秀传统文化，以此落实立德树人的根本任务，是教育者应该热切关注和探讨的重要议题。以高中语文为例，结合实践，对《师说》里中华优秀传统文化因子的渗透进行阐述。

韩愈（768—824），字退之，河阳（今河南孟州）人，郡望昌黎，世称"韩昌黎"。他在25岁时中进士，29岁以后登上仕途，累官至吏部侍郎。他先后做过四门博士、国子博士、国子监祭酒，直接从事教育和教学工作。凡经他教授、指点过的学生，皆自称"韩门弟子"，足见韩愈是唐代一位很有影响力的教育家。

《师说》是韩愈的代表作之一，写于他35岁在长安任国子博士时。柳宗元很推崇这篇文章，在《答韦中立论师道书》中说："今之世不闻有师，有辄哗笑之，以为狂人。独韩愈奋不顾流俗，犯笑侮，收召后学，

作《师说》,因抗颜而为师。世果群怪聚骂,指目牵引,而增与为言辞。愈以是得狂名。"由此可见,《师说》是针对时弊而写的。

《师说》一文,不但在文学史上有着重要地位,而且在中国教育史上有着重要影响。《师说》率先明确提出了教师的职责——"传道受业解惑"。显然,单是学习文言现象,进行课文的理解,并不能真正走入韩愈的精神世界。如何切入,如何让学生在学习中对教师职责有较全面的了解,对教育有一定的感知,对韩愈的主张有更透彻的认识,是我一直在思索的问题。这时,以前学生提出的诸多问题从脑海中浮现,我就尝试着从"解惑"的角度切入,以问题带动教学,走入文本,走近韩愈。

案例描述

(一)预习

为了让学生对本课展开的重点内容有所准备,事先发下一张关于"文与道"的讲义,让学生进行预习。

影响深远的唐宋古文运动,其意旨主要集中在"文以载道"这一经典性的文论口号上。就本文而言,"文以载道"中的"文"像车,"道"像车上所载之货物。通过车的运载,货物可以到达目的地;通过"文"的表达,"道"可以得到阐明,文学也就是传播儒家之"道"的手段和工具。这样的文学观念偏于文学的教化目的。从文学理论角度来把握,"文以载道"中的"道"指内容,即思想性;文指形式,即艺术性;道是主体,是灵魂;文是客体,是血肉。就其内涵而言应包括两个方面:一是文章要有现实意义,要宣扬儒家传统思想,要继承古代散文优良传统,反对内容空洞、形式浮华的文体;二是作家本人要注重思想、道德、气质、品格的修身养性,要经世致用,发挥文章的社会批判功能。

(二)导入

有这么一个人,他是"唐宋八大家"之首,前人评价他为"千古文章四大家"之一;更有人将他与苏轼并称"韩潮苏海",而苏轼称赞他"文起八代之衰";他倡导了一场声势浩大的文学运动,影响后世文风。在中国文学史上,他有着崇高的地位。这个人是谁呢?

他写的散文《师说》,既是文学史上的鸿文,也是教育史上的一面旗帜。今天，就让我们一起来学习这一名篇。

（此环节旨在激发学生兴趣，为课堂教学蓄势。）

（三）自学

学生对照注解，通过工具书，梳通文字，圈点勾画，为质疑环节做准备。

（四）质疑

由于学生提出的问题较多，这里做些筛选，呈现几个典型场景。

1. 关于"师者，所以传道受业解惑也"

问题一：这里的"道"指什么？与下文"闻道"中的"道"是否一致？

生：课本对前者的注解是"道理"，对后者的解释是"真理，这里指儒家之道"，因此，我感觉编者的观点是不一样的。

生：我觉得，本文所讲的"道"就是一般的道理，从行文来看，前后两处的"道"应该是一致的。

生：我同意前后两处的"道"指向一致的观点。关于"道"的内涵，我倾向于"儒家之道"的解释。从资料上来看，韩愈主张"文以载道"，这里的"道"主要是指以儒家之道为核心的思想。

生：我认同前后两处的"道"内涵一致的观点，但对"道"的理解，我觉得可宽泛些。"道"既包括了"儒家之道"，也包括了一些生活常识，凡是学生需要老师解决的问题，都应是"道"的范畴。

生：从唐代教育来看，我觉得前后两处的"道"还是偏向"儒家之道"。因为唐代教育主要服务于开科取士，而参加科举考试的学生学的都是传统的儒家经典。

生：我同意这位同学的观点，但后一个"道"应超越老师的职责。我认为不仅包括"儒家之道"，还包括生活常识等道理。

…………

师：关于"道"，大家都能结合课文和相关材料进行理解，观点都能自圆其说，各有道理。实际上，相关研究者也各执一词，至今没有定论。而有些问题，本来就没有定论，只要大家理解了、讨论了，问题本身就有了价值。

问题二：为何将"传道"放在"受业"与"解惑"之前？

生：当时的教育是为政治服务的，因此，"传道"应放在首位。这也是当时人们的普遍认识。

生：如果把"受业解惑"比作形式，是"文"的话，那么"道"相当于内容。《师说》是针对时弊而写的。唐初，文坛上继承六朝文风的余绪，写的是"近体文"，即骈体文，以四字、六字为句，上下句相对，又叫作"骈四俪六"，这种文体只追求形式上的美，很束缚人的思想。为此，韩愈提倡恢复古文的传统。换言之，在形式与内容之间，韩愈看重的是内容。韩愈的主张就是"文以载道""文以明道"。

师：确实，"受业解惑"解决的大多是文章本身的问题，"道"则是文章承载的思想内容，内容无疑应放在第一位。韩愈在一千多年前就看清了两者的关系。我们今天诸如"灵魂的工程师""人文性""工具性"等的提法，都是在此基础上发展而来的。

（语文学科在传授中华优秀传统文化内涵方面具有得天独厚的优势，因为语文教材中具有很多蕴含着丰富中华优秀传统文化内涵的范本。在日常教学过程中，教师应该注重对这些范本的挖掘和解读，尤其是要对其中的文化意蕴进行深入解读，让学生在获取课本基础知识的同时，能更多地受到中华优秀传统文化的浸润与洗礼。）

2. 关于"小学"

问题：当时的人们为何"小学而大遗"？韩愈为何称"句读"为"小"，称"道"为"大"？

生：当时的人们从师，主要是为了读懂文章，参加科举考试，至于背后的"道"，他们以为对考试帮助不大。这与韩愈的主张背道而驰。

生：根据上文，韩愈觉得"句读"之类属"受业解惑"的范畴，而"道"才是根本的。这与我们刚才讨论的问题是一致的。

生：这与我们今天所说人文性与工具性的关系应该是一致的。

师：大家的探讨已很好地解答了这个问题，我就不多说了。

（要实现"文以载道"，不是简单地添加佐料似的在文章中加入道德言辞，而是先要提高作者自身的道德素质。自身的思想修养增强了，其文章的道德之光自然就闪烁不息了。就这些理论观点而言，古代学者是把为文写作当成一项庄严事业看待的，不但要求文章有良好的社会影响，而且要求作者有自然的发自内心的真诚情感。文章能否载道，在于作者识见如何。古代学者往往着重培养器识，值得我们学习和借鉴。)

3. 关于"圣人"

问题：课文中的"圣人"专指"孔子"吗？

生：从后文的"孔子师郯子、苌弘……"一句来看，我觉得应该是的。

生：在中国古代，读书人眼中的"圣人"只有一个，就是孔子。"亚圣"则专指孟子。

生：从前文"古之圣人，其出人也远矣"一句来看，超出一般人很多的人，也可理解成"圣人"。

生：我想韩愈写这篇文章，既然提到了"巫医乐师百工之人"，那么这个范围就不单指儒家了，这里的"圣人"可以指各行各业的能人。

生：这我不同意，"巫医乐师百工之人"是作为反例批判"士大夫之族"的，并非作者认同他们，因此"圣人"不应指向各行各业。

生："圣人无常师"与"孔子师郯子、苌弘……"两句，我觉得是论点与论据的关系，既然是论据，那么当然是举例，并非定指，应该指儒家中那些知行完备、至善之人。

生：从韩愈倡导古文运动来看，他要恢复的是秦汉古文传统。我觉得他眼中的"圣人"也应该更宽泛些，可以指一些古文大家。

生：本文是一篇议论文，议论文有一条忌讳就是孤证。因此，我觉得这里的圣人不应单指孔子，也应指那些古文大家。

师：道理越辩越明，通过大家的讨论，我也觉得这"圣人"应该指代很多人，可以指那些古文大家。这个问题我们就讨论到这里。

（"圣人"一般指知行完备、至善之人，是有限世界的无限存在。"圣人"的原意，是专门指向儒家的。但后来的诸子百家，乃至古今各种宗教、学派，也都有自己认定的圣人，而儒家认定的尧、舜、禹等圣人受到诸子百家的公认。其实，将诸子百家对"圣人"的理解汇总起来，也就是"圣人"的真容了，只不过儒学强调的是"圣人"整体，诸子百家强调的是"圣人"的某个特征。中国古代典籍中记载的著名的、比较受认可的儒家圣人主要有伏羲、黄帝、炎帝、颛顼、帝喾、尧、皋陶、舜、禹、伊尹、傅说、商汤、伯夷、周文王、周武王、周公、柳下惠、孔子，而颜子、孟子、子思和曾子等一些先贤大儒，只能被视为境界接近圣人的人，虽然他们有时也被尊称为"圣人"，但并非绝对意义上的"圣人"。通过对此的讨论，让学生对"圣人"的认识更进一层，为后续学习"大学之道"的三个纲领"明明德，亲民，止于至善"打下基础。）

（五）深化总结

对学生提出的"'士大夫之族'与'君子'指向是否一致""韩愈有没有鄙视'巫医乐师百工之人'的意思"等问题展开深入探讨。

（此环节涉及对"从师"的深入理解，可做探讨。）

韩愈突破教师"授之书而习其句读"的职责局限，将其扩大到"传道受业解惑"，首次明确了教师的职责，这在当时是了不起的进步。韩愈论述从师学习的必要性——"人非生而知之者""古之学者必有师"，明确指出从师学习的重要性和必要性，这个观点无疑具有积极意义。关于择师的标准，韩愈针对上层"士大夫之族"的门第观念，明确提出"无贵无贱，无长无少，道之所存，师之所存也"，并由此推出"弟子不必不如师，师不必贤于弟子，闻道有先后，术业有专攻，如是而已"。这些思想闪耀着民主、进步的光芒，针砭了当时上层社会只看门第高低、不重真才实学的恶劣风气，提出了全新的师道观念。韩愈对教师的相关论述，至今仍然有着重要影响。同时，本文又是古文写作的典范，值得我们学习、借鉴。

案例分析

在《师说》这节课上，探讨的主要问题都是学生在自读环节中提出的，教师做适当调整，再交由学生讨论。为了让学生的讨论能够深入，教师以讲义的形式印发资料，从而加深学生对课文的理解。在整个课堂讨论环节，教师只发挥穿针引线的作用，课堂的主动权交给学生。学生的讨论比较充分，并且能紧扣文本自圆其说，相关问题也能在讨论中得到较好解决。不足之处是，在深化环节中，学生的讨论缺乏相关的背景知识，不够深入。教师可在印发的资料上进行适当补充。

值得一提的是，要着重研究的文化基因，在本节课中得到很好的援引与穿插，在学生的理解与讨论环节中起到了一定的作用。在日常教学过程中，将中华优秀传统文化教育进行有效渗透，让学生在学习和掌握语文基础知识的同时，还能受到中国博大精深传统文化的教育和熏陶，帮助学生进行感悟和传承，使立德树人的任务得以实践和落实。

语文教学要把传承中华优秀传统文化放在首位，努力把中华优秀传统文化基因嵌入学生的核心素养之中，发挥好语文学科的优势，让中华优秀传统文化成为培养学生民族精神的沃土、滋养生命的源泉。

（作者：龚易）

立足文本细读，重构人物形象
——以《离骚》教学为例

唐代诗人李白曾经评价"屈平辞赋悬日月"，屈原的《离骚》作为浪漫主义诗歌的代表作，在文学史上有着举足轻重的地位。不论是从文学史的角度，还是从文学价值的角度来看，高中生学习《离骚》都是很有必要的。但《离骚》相较于唐诗宋词，甚至更早的《诗经》，包含了很多带有楚国文化特色的方言俗语，较为生涩难读，导致学生会产生一定的畏难心理。因此，只有在做好充分预习准备的情况下，才能从情感体验层面入手，更好地理解屈原的"浪漫"之处。

除此之外，很多时候学生会囿于屈原的固化形象，而忽视了其人物本身和作品流露出的真情实感。许多学生会先入为主地给屈原贴上"爱国主义诗人"的标签，因而其表述和认知会较为贫瘠，似乎除了"爱国"和"坚贞"之外就无话可说了。因此，我认为要让学生更深入地了解屈原，就只有从他的《离骚》文本入手，让学生感受到作者的情感流变，以及他与生俱来的那种自尊、自爱，方能理解其最后为何将投身汨罗江作为自己最终的生命归宿。

本堂课以"屈原的'浪漫'体现在哪里"作为主问题展开，下列片段是基于文本第一段和学生展开的讨论。

师：在正式进入文本之前，我们先来回顾一下司马迁在《屈原列传》中是如何评价屈原的？

生："自疏濯淖污泥之中，蝉蜕于浊秽，以浮游尘埃之外，不获世之滋垢，皭然泥而不滓者也。推此志也，虽与日月争光可也。"

师：大家理解屈原之"志"，具体指的是什么吗？

生：对楚国坚贞不渝的忠诚，对自己高洁志趣矢志不渝的坚守。

师：看来大家对屈原已经有了一定的认识。能请你讲述一下自己对屈原的情感吗？

生：其实，我觉得屈原是一个高高在上的、很伟大的人物。虽然知道他身上存在的那些高贵品质，但总觉得离自己很遥远。

师：谢谢你的真诚分享。这些历史中的伟大人物常常会有三种形象体现：一是历史形象，也就是人物真实的经历；二是文学形象，也就是在文学作品中塑造出的人物形象；三是民间形象，比如，几乎所有的中国人都会将屈原奉为古代爱国主义诗人的代表人物。但我们不能被浮于表面的"标签"局限，今天就让我们走进《离骚》，看看屈原的自述，从而更深入地了解这位情感丰富的诗人。首先让我们来读第一段，并思考在这一段中作者是从哪些方面进行自述的。

生："帝高阳之苗裔兮"，作者开篇就说自己是颛顼帝的远代子孙，与楚王同宗。

师：在《屈原列传》中，司马迁对屈原的介绍是"屈原者，名平，楚之同姓也"，为什么作者和司马迁都会刻意强调"同宗"这一点呢？

生：因为作者想表明自己出身正统，他认为这是一件很荣幸的事。也正因为是同宗，所以他自始至终对楚国都有一种使命感。

师：非常好，这也为他一生报楚奠定了情感基调。还有别的吗？

生："摄提贞于孟陬兮，惟庚寅吾以降"表明他出生在一个好日子，定能有所作为。

师：古代有"生逢三寅"之说，这是一种吉祥的征兆。但作者是很想表达自己定能有所作为这层意思吗，其他同学有不同意见吗？

生：我认为"惟"字既能体现出作者认为自己独一无二的自豪感，也是对自己身份的一种高度认同。

生：我认为这需要和后文相联系来看，因为他出生于吉时，因此，父亲"皇览揆余初度分，肇锡余以嘉名"。父亲对他抱有非常大的期望。

师：两位同学讲得非常好，一则是承接上文的自我认同感；另一则是引启下文父亲观察"我"出生时的情况，而赐予美名。但父亲给儿子命名不是天经地义的事吗？为什么要用"锡"这个字呢？

生："锡"字代表一种仪式感，一方面是古代贵族父子之间那种尊卑秩序的体现；另一方面能感受到屈原字里行间对父亲赐名的一种感恩之情，也表示他很喜欢父亲给自己起的名字。

师：这位同学对"锡"字理解得非常深刻。那父亲起的名字有什么特殊深意呢？

生："正则"就是为人正直不阿，很有原则。对"灵均"不是很能理解，可能是"平均"的意思吧，为人公正的感觉。

师：非常好。我们来看一下，甲骨文"灵"和"正"分别有什么含义。请同学们先猜猜看，"灵"字最初指的是什么？

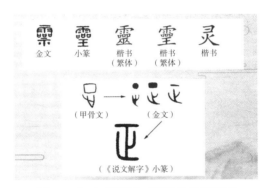

图2.1 汉字"灵"与"正"的发展演变

生：下面是一个"示"，中间是三个类似于器皿的符号，上面是"雨"，大概是古代祭祀求雨的巫师、巫灵。

师：很好。楚文化向来是"信巫鬼，重淫祀"的。因此，字"灵均"包含了楚国当地文化的一种美好祝福。"正"字是"征"的本字，上面的方形就像一座座城池，而下面的符号类似于"爪"，本义为向着一个目标征伐，这能让大家联想到什么？

生：屈原一生坚定不移的追求，对国家的那种坚贞之情，从未改变。

师：非常好。正是这样一个不偏不倚的平正之人，是最初父亲对屈原的美好祝愿。

师：我们读完了第一段，理解了"纷吾既有此内美兮，又重之以修能"中"内美"的含义。明代汪瑗道："内美是得之祖、父与天者，修能是勉之于己者。"从中你读到了一个怎样的屈原？

生：我读到了一个出身高贵且对自己身份充满了骄傲和自豪感的屈原，并且我似乎更加理解，为什么他一生都执着于振兴楚国，并且为之付出生命的情感和意蕴了。

师：可以具体讲讲，是为什么吗？

生：因为自己的出身，他对楚国有一种义不容辞的、坚定不移的使命感，这是一种责任和担当，就像是一种宿命。

师：非常好，正是如此。屈原将存君兴国作为他一生的使命。你说的与生俱来的这种宿命，不正是屈原的一种浪漫诉说吗？

案例分析

在高二年级学习《屈原列传》的过程中，我发现经过司马迁的第三方表述，学生只是从认知的层面去了解屈原，对屈原有了一个浅层的认识。我甚至会因为学生无法感受到屈原身上那股充满张力的意志而懊恼。因此，我在《离骚》的课堂设计过程中，更偏重于让学生通过屈原的自述，从文本中感受作者的真情实感，从而在感性层面上对屈原有深层的认知。

通过对《离骚》第一段的文本细读，学生一方面可以了解屈原的出身背景，另一方面可以感受到他对自我之"内美"抱有一种近乎神圣的骄傲。当我从"炼字"的角度加以引导时，学生能从字里行间读到一种高贵庄严的"仪式感"。同时，当我们回到屈原出生的那一刻，当我们回望一切时，会发现后来种种都有迹可循，似乎他的身份、他受到的美好期许都为他一生的坎坷埋下了伏笔。细细品读这看似不起眼的第一段，就能理解正是这种种细节构成了屈原性格中的自尊、自爱，也为后文叙述其不为世俗所容又不愿改变的悲剧，做好了内在原因的铺垫。

我们常用矢志不渝、坚守品格、热爱祖国形容屈原，但我们真的了解他的坚持从何而来吗，我们能体会他对国家那份深沉的爱吗，我们又是否能对他孤独迷茫时的那种彷徨和挣扎感同身受？当我们将一些高尚的品德挂在嘴边时，往往会忽略其背后沉甸甸的分量。而这些只有通过对文本字斟句酌的品读才能了解一二。对于此类文本的作者,尤其是像屈原这样的历史人物,越是广为人知,越要打破固化的标签定义,从文本入手,去探索和挖掘人物背后的生命之重。

(作者:华伊悦)

《登高》教学案例

高中语文课文几乎每篇都涉及中华优秀传统文化,如何让学生在语文课堂上学习知识的同时领略到中华优秀传统文化的魅力是一个重要课题。在语文教学中注重中华优秀传统文化的传承与引导,对于学生语文素养的养成意义重大。

《登高》是杜甫一首重要的七言律诗。这首诗所在单元的主题目标是认识古诗词的当代价值,增强中华优秀传统文化的传承意识,增强文化自信。人文主题是生命的诗意。

在教学设计上,进行了三个层次的设计:首先是知人论世,其次是作品中诗人的生命表达,最后是诗歌艺术形式的具体选择。具体来说,首先从作家作品、时代思潮和个人命运相关性等方面进行探讨,其次从诗人个体命运的角度进行小课题探究。因为诗作涉及不同时代,也就从纵向角度对作家进行了一定的对比,从陶渊明到苏轼,这些诗人的人生仕途选择虽然截然不同,但有着一定的关联性和发展性。因此,针对杜甫,就着重于让学生去理解他忧国忧民的情怀和意识。

在实际教学中,学生因为之前有对陶渊明归隐的认识,有对李白不惧权贵的感受,更有对苏轼达观人生态度的领悟,故而对杜甫的执着有些认识的偏颇。

通过题目"登高"可知这是一首写景诗,请同学们自读全文,并把本诗的意象找出来,思考一下这些意象有什么特色,诗人给我们营造了一个怎样的意境?

（一）首联"风急天高猿啸哀，渚清沙白鸟飞回"

师：这首诗首联描写了几种景物？语言有什么特点？

生：六种。风、天、猿、渚、沙、鸟。十四字描写了六种景物，语言很凝练。

师：急风、高天、哀猿、清渚、白沙、飞鸟，各给人什么感觉？为什么？

生：使人感到非常冷，人听到哀猿的叫声会感到非常悲凉。

师：人们觉得秋高气爽，秋风让人清爽，为什么杜甫感到"冷"？

生：因为他是个多病的老人，所以身体冷；而主要是因为内心的冷、心寒。猿的哀声也主要是他的心哀。

师：杜甫笔下是"鸟飞回"，有几只鸟？把"回"变成"来"，会有什么不同？

生：一只。"回"说明鸟在盘旋。这里写出了鸟的孤单无依，鸟的孤单无依其实也是作者的孤单无依。"来"不能体现出这种意境。

师：首联表现的意境是很凄清的。从中可见诗人心中之寒、心中之哀、心中之孤。

（二）颔联"无边落木萧萧下，不尽长江滚滚来"

师："落木"与"落叶"，哪个更好一些？为什么？

生："落木"更好。"落叶"有很多种，给人的感觉也不同，"落木"感觉比较沉重，"落叶"比较轻飘。"落木"是树木光秃秃的样子，而"落叶"让人感觉树上好像还有许多叶子。从颜色上来看，"落木"往往让人联想到树干的颜色——枯黄。

师：那这里为什么要用"萧萧"而不用"飘飘"？

生：这实际上与杜甫的感情有关。"萧萧"让我们联想到萧瑟，作者的感情不是轻飘的，而是沉重的。

师："滚滚"换成"滔滔"可以吗？

生：表达效果不好。古人往往用江水比喻时间，"逝者如斯夫，不舍昼夜"。江水的流逝让我们联想到年华的流逝、青春的流逝、岁月的流逝。"滔滔"只强调水势很大，而"滚滚"强调翻滚向前。春夏秋冬四季一"滚"，"滚滚"似乎是年复一年，有一种绵长不绝的味道在里面，更能表现出时间的流逝。本诗是作者暮年的作品，当他看到江水的时候就想到，唉，老了，岁月不待人呀！因此，这个地方要用"滚滚"，不能用"滔滔"。通过这个表述可以感受到杜甫悲凉的心情。

师：我们重新读这一联，就感觉满世界的落叶在往下掉，而江水永不停息地滚滚向前，一浪接一浪、一波未平一波又起，永无尽头。似乎整个时空都融进了这萧萧落叶、滚滚长江之中，深深地感染了我们。

（三）颈联"万里悲秋常作客，百年多病独登台"

师：这一联能体现诗人感情的关键字是"悲"，其实，这里何止秋季让他觉得可悲啊！请同学说说有多少让他觉得可悲的事情。

生：生病、年迈、漂泊、国难……

师：宋代学者罗大经《鹤林玉露》析此联云："万里，地之远也；秋，时之惨凄也；作客，羁旅也；常作客，久旅也；百年，齿暮也；多病，衰疾也；台，高迥处也；独登台，无亲朋也；十四字之间，含八意，而对偶又精确。"

"八意"，即八可悲：他乡作客，一可悲；常作客，二可悲；万里作客，三可悲；又当萧瑟之秋，四可悲；年已齿暮，一事无成，五可悲；"百年"是虚写，是说他已经步入了老年，杜甫生于712年，卒于770年，活到了58岁，写这首诗时是767年，也就是在去世前三年写的，此时亲朋亡散，六可悲；孤零零地独自去登台，七可悲；身患疾病，八可悲。

九月九日重阳节，双"九"是生命长久、健康长寿的意思。人们普遍把重阳节当作"老人节"，登高是为了祈求长寿。可是，杜甫到了人生的秋天，得到的不是天伦之乐、功成之勋、荣华富贵，而是穷愁老病、百业无成、颠沛流离、形影相吊，此刻登高有何乐可言，人生还有什么希望呢？满纸悲凉，满腹悲凉。

（四）尾联"艰难苦恨繁霜鬓，潦倒新停浊酒杯"

师：造成杜甫愁苦的最根本原因是什么呢？从哪句诗知道？

生：是国难，是连年的战乱。从"艰难苦恨繁霜鬓"一句可知。还有个人艰难。因为杜甫此时不仅已经是"百年"，也就是晚年了，而且浑身是病，他估计自己也活不了多久了，所以此时的杜甫想得更多的应该是自己艰难的一生。颠沛流离、坎坎坷坷几乎伴随着杜甫的一生。

师："苦"是什么意思？

生：是极度的意思。

师：老是不可避免的，诗人为何极度痛恨自己已经老了？这是一种什么心情，忧愁还是忧愤？

生：因为杜甫想为国家出力，平定战乱，但是，由于年老多病而不能为国家出力了。他恨自己无法救济天下苍生。忧愤，心急如焚，心有余而力不足。这表现出杜甫忧国忧民的情怀。

师：唐代民间云"唐朝诗圣是杜甫，能知百姓苦中苦"，杜甫之所以被人们尊为"诗中圣哲"，杜诗之所以被人们誉为"博大精深"，毛泽东称其诗为"政治诗"，郭沫若语"民间疾苦，笔底波澜"，主要是因为杜诗中回荡着强烈而深沉的忧国忧民之情，这是杜甫为人景仰的根本原因。

师："潦倒新停浊酒杯"，诗人为什么提及"浊酒"？

生：重阳节习俗有登高、赏菊、喝菊花酒。中国文人好喝，乐忧皆然。乐饮助兴，忧饮消愁。曹操云"慨当以慷，忧思难忘。何以解忧，唯有杜康"。

师："浊酒"是不好的酒。酒味很薄。但是，连这样的酒也不能喝了，什么原因？

生：一是潦倒，喝不起了；二是多病，不能喝了。

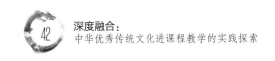

案例分析

从诗歌内容中，我们看到杜甫之忧思在于生命状态，在于国难愁情，在于个人悲苦的人生。但学生最大的问题在于对杜甫的人生选择有了疑问，也就是什么原因使杜甫坚持仕途并且从不退缩。同时，诗歌充满了悲情，又似乎蕴含着一种矛盾，因为杜甫年迈，虽有志却也无法施展了。这样的矛盾也成为学生无法理解的一种困惑。

一是学生对诗人所处时代及诗人理想之间的矛盾没有深入认识。虽然学生对诗人的人生有一定的了解，但学生在体验上更多用自己进行代入，因此无法理解古代士大夫阶层甚至儒家弟子那种"穷则独善其身，达则兼济天下"的情怀和境界。

二是学生价值观影响对诗歌的理解。学生深处多元价值社会，更容易受功利化价值取向的影响。同时，学生对理想的认识、对困难人生的认识更多时候会趋向于所谓的"归隐"，即消极逃避，因此他们很难理解穷困潦倒的杜甫为什么入世沉重却依然痴心不改。

三是学生对杜甫的诗歌学习太少，探究性学习不够。在初中学习的杜甫诗歌也停留在对诗歌内容的浅层理解，或是概念化、符号化上，不能把杜甫置于广袤的时空和国家命运的背景里。同时，对文人士子的认识不够深入，也是诗歌学习最困难之处。

（作者：蒋凌雪）

精研文本，唤醒人文情怀
——以《子路、曾皙、冉有、公西华侍坐》教学为例

孟子的"老吾老，以及人之老；幼吾幼，以及人之幼"，刘备的"勿以恶小而为之，勿以善小而不为"，文天祥的"人生自古谁无死，留取丹心照汗青"，屈原的"路漫漫其修远兮，吾将上下而求索"，鲁迅的"横眉冷对千夫指，俯首甘为孺子牛"……这些前贤圣哲的思想、情操、作为，这些传承下来的人文瑰宝都是值得当代学生在与文本的智慧对话中去感知、体悟、传扬的。而教师要做的，只是用一双妙手，去拨开"遮望眼"的"浮云"，去挖掘沉埋已久的宝藏，然后带着它们和学生一起进入阅读的至高之境。

《子路、曾皙、冉有、公西华侍坐》选自《论语·先进》，文章记录了孔子和子路、曾皙、冉有、公西华这四个弟子"言志"的一段话，生动再现了孔子和学生一起畅谈理想的情形。

其中，孔子所说"吾与点也"是对曾皙所说那段话（"暮春"至"咏而归"）的点评，这段话可以联系时代背景、孔子的个人际遇、孔子的"礼治"主张等，激发学生的探讨兴趣和多元思考，本课就着重针对这一部分进行了阅读探索。

案例描述

本节课在上节课疏通文义的基础上继续探讨曾皙的志向和性格。

师：请用一个词表达对曾皙情趣的理解。

生：悠闲自得、淡泊平和、潇洒自在、崇尚自由、不慕名利……

师：这与孔子对弟子"出仕"的主张是否矛盾？怎么理解孔子的"吾与点也"？

生：曾皙表示自己不能管理国家，这淡泊和平正符合孔子谦和守礼的要求。

生：因为要沐浴，又要到祭坛上吹风，还要咏，估计是在举行仪式，也是一种礼，这与孔子主张的礼教是一致的。

生：人既有入世的一面，也有出世的一面。孔子也曾想有所作为，积极入世，但由于战乱，志向不能实现，在历经痛苦之后，希望自己能过悠闲的世外桃源生活，曾皙的理想刚好表达了孔子自己的理想……

师："孔子喟然叹曰：'吾与点也。'"既赞又叹，赞的是什么，叹的又是什么？

生：只有一个学生说出了孔子追求的平天下理想，其他学生都没有达到孔子的教育要求，因此孔子只好叹息，同时又赞美曾皙能领会孔子的教育理想。

生：因为当时春秋时代是战乱时代，所以要叹；而因为曾皙说出了孔子追求的太平盛世景象，所以要赞。

生：因为孔子怀才不遇，所以要叹；因为曾皙描绘的景象太美了，所以要赞。

生：因为这世外桃源般的悠闲生活在现实生活中是实现不了的，所以要叹；而因为这生活毕竟是美得令人憧憬的，所以要赞。

师：请继续探讨孔子对其余"三子"的点评。

生：孔子首先肯定"三子"都谈了自己的志向，提出了治国原则是礼；其次对子路的"不让"做了批评，对冉有的谦和和公西华的才华做了肯定。

师：全文以什么为线索，围绕什么样的政治主张讨论志向？讲明理由。

生：以"孔子问志、四子述志、孔子评志"为线索，围绕"为国以礼"的主张论志：子路的"知方"，冉有的"如其礼乐，以俟君子"，公西华的"端章甫，愿为小相"，曾皙的礼乐之治下的太平盛世……

案例分析

在本课教学中，我深深地感悟到，要在语文课堂上真正实现人文价值目标，语文教师本身就得是一名专业过硬、素养深厚的"工匠良医"。

蔡元培先生早在20世纪20年代就指出："习文科各门者，不可不兼习理科中之某种。"处在多元化的文化氛围中，我们如果不能兼容并包、胸有丘壑，那么又如何引导学生尽享千年文化的胜境美景呢？

多年前，南模中学方力老师教授本课的精彩情景依然历历在目。在课前预习中，方力老师让每位学生自行疏通课文字词，查阅资料，熟悉内容，并在此基础上从语言、文本脉络、历史文化价值等各方面准备5个问题向他发问。全班共汇总180多个问题，这是何等大胆而又颇具睿智的构思啊！教师本人如果功底不厚，那么怎敢接问？在课堂上，方力老师对学生的种种设问信手拈来，将古人称名、称字的区别，四名弟子的排列顺序原来与各人的年龄有关等隐性知识一一道来。即使在之后的内容分析环节中，方力老师也在不急不缓的讲述中绘就了一幅壮阔的历史文化画卷：他时而谈及儒家的"重礼"，时而引述《论语》中的其他文句，以其深厚的文化底蕴、抑扬顿挫的动情之声奏响了一曲悠扬的古乐，带着学生步入那久远的过去，浸没在中华数千年的历史长河之中。

"求之有给，问之有答，授以真知，解以真谛"，唯有教师自己具备了精深的专业修养和厚重的学识素养，才能巧思妙设，促成语文课堂新思维的诞生、新信息的生成，才能站在更高的高度从容应对学生突然迸发的智慧火花，才能赋予学生思维探究的认知与乐趣，使他们获得精神的启迪、心灵的净化、人文的熏染。教师在对优秀作品思想性、艺术性进行品读、赏鉴的同时，还要体会中华灿烂文化的源远流长，感悟传统文化道德的博大精深，力图拓展学生认知社会的广袤视野和思维深度，激发学生致力于社会、服务于时代的使命感和责任感。

（作者：魏蕾）

婉约曲折涵泳语言，警策隽永品悟思想

——以《望海潮》《扬州慢》探究宋词之美

　　《望海潮》写的是承平盛世。开头总览杭州的优越位置和悠久历史，接着描绘此地风景的优美、市井的繁华及人民生活的平和安乐。这首词采用铺叙的写法，以点带面，虚实相间，渲染烘托，形成了一种畅达流利的气势。在学习这首词时，还要注意品味诗歌的声韵之美。《望海潮》是柳永年轻时的作品。他从家乡福建崇安前往开封应试，路过杭州，拜谒旧交两浙转运使孙何，写了这首词赠给孙何。因此，有人说这是投赠之作（在宋代以长调写景物投赠之作，当以柳永在青年时期写的这首词为较早），但词中描写景物多于写投赠之意，我们也不妨把它作为写杭州风景的作品。柳永用铺叙的手法，由都会而重湖，由十万人家而钓叟莲娃，层层展开，淋漓尽致地反映了北宋前期人民生活安定、社会繁荣富庶的太平景象。婉约派为中国宋词流派之一。婉约，即婉转含蓄，婉约派特点主要是内容侧重儿女风情，结构深细缜密，音律婉转和谐，语言圆润清丽，有一种柔婉之美。婉约派的代表人物有李煜、柳永、晏殊、欧阳修、秦观、周邦彦、李清照等。

　　《扬州慢》写的是劫后孤城，聚焦于扬州昔盛今衰的对比，词人一面描摹眼前景象；另一面想象杜牧重游故地的震惊和悲哀，强化了兵火劫后的沉痛心情。在学习这首词的时候，一方面要注意体会诗歌要表达的情感，另一方面要注意品味诗歌的声韵之美。

　　这首词写于宋孝宗淳熙三年（1176年）冬至，词人姜夔21岁时。这时距完颜亮南侵（1161年）已有15年，距符离之败（1163年）亦有13年，但扬州城依然是四顾萧条，一片残破景象。姜夔是一个身世孤寒、流落江湖的旅人，亦是一个关心国家前途的词人，当他旅途小驻时，这座想象之中昔年歌吹极盛的名城，却以残破凄凉的姿态出现在他的眼前，他心伤不已，就在沉重的叹息声中抒发对战后荒城的伤悼之情，以及由此而生的无限哀时、伤乱之感。慢词从"慢曲子"而来，指依慢曲填写的调长拍缓的词。"慢"，古书上写作"曼"，就是延长、引申的意思，歌声延长，就唱得迟缓了。词分小令、中调、长调三种，长调就属于慢词，"扬州慢"中的"慢"就是慢词之意。

本单元主题是中国古典文学，我从中感受到诗词是中国古代最美的文学、最动人的文学、最擅长抒情的文学：它们深微隐幽，意味渊永；时而美到极处，时而豪放到极处；或情调闲雅，或雄放慷慨，细细品味，是最能让人沉醉心迷的文字。

宋词的美是需要用真心、用真情去体会的。初读时的惊艳只是肤浅的直觉，真情的流露才是词的魅力所在。如果说凝练的语言使诗富有哲理，因此，直抒胸臆的诗往往不如含义隽永的诗脍炙人口的话，那么词则不然，词中的空间足够词人纵横驰骋，洋洋洒洒道出切身感受。读词的过程实际上是揣摩词人情感的过程，词的美也只有懂词、知词的人才能感受出来。

在这节课上，"怎么夸宋词"是课堂重点，目的是学习鉴赏古代诗歌语言的方法，感受语言之美。可是，这首词每句都很美，选择哪一句？为什么选这一句？在党红英老师的指导下，我们决定提出问题，调查学生，依据学情做决定。在见学生的15分钟时间里，我做了以下几件事情：一是简单介绍自己，不拉关系、不套近乎，一句话结束；二是带领学生朗读诗歌，读准字音，读顺词句；三是让学生结合注释口头描述诗歌内容；四是发下纸张，让学生回答两个问题："在对这首词初读理解之后你觉得最难懂的句子是哪一句？""你觉得写得最好的一句是哪一句？"；五是告诉学生，明天的课上我要抽查背诵，请大家课余多下功夫，在明天上课前完成背诵。

案例描述

（一）"异日图将好景，归去凤池夸"

师：在课前的时候，我问大家这首词在初读时有哪句话不理解，大家给了我很多句子。经过统计，大家写得最多的是这句词——"异日图将好景，归去凤池夸"，请大家一起读一下。

（学生齐读）

师：那么请问同学们，这句词中你是哪个词不理解呢？我们先来梳

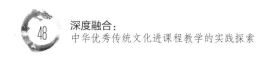

理一下。"异日"的意思是？

生：别的日子。

师：别日、他日，对吧。"图将"呢？

生：把它用图画出来。

师：把它用图画的形式表现出来。这个"将"，是动词之后的一个助词，没有实意。"好景"呢？

生：美丽的景色。

师：对，就是字面意思，美丽的景色。"归去"？

生：回到。

师：归到哪里？

生：归到朝廷。

师："夸"？

生：夸赞。

师：夸赞、夸耀。那我们梳理下这句词"异日图将好景，归去凤池夸"，就是——一起说！

师、生：他日用图画将美景画出来，回到朝廷夸耀于同僚。

师：字面意思正如大家所说。但是，我们要真正读懂这首词就需要深入探究。比如，这句词中的"夸"字（板书），夸的是什么？从句子中找，看语境。

生："好景"。

师：那么"好景"在词中有哪些表现呢？哪些是"好景"？

生："烟柳画桥，风帘翠幕。"

老师：这属于什么？

生：自然风景。

师：对，自然景观，那还有没有别的方面？

生："嬉嬉钓叟莲娃。"

师：这是什么？

生：其乐融融。

师：谁其乐融融？

生：百姓。

师：对，百姓其乐融融。这句词写的是百姓生活。（板书）

师：还有吗？其他方面的？

生："市列珠玑，户盈罗绮。"

师：这属于什么？

生：写在集市上人们生活富裕的景象。

师：都市非常繁华，百姓生活富足。（板书）

师：这首词的开头说"东南形胜，三吴都会"，这是什么？

生：这是说地域好。

师：地理位置好，而且呢，"自古繁华"是什么意思？

生：这是吴郡和会稽、浙江，三吴就是江浙一带，这个地方很早就是这样繁华的。

师：从古繁华至今了，这是地理位置、地理优势。（板书）

师：那这些好景描写的是哪个城市？

生：杭州。

师：对，浙江杭州。（板书）

（二）"云树绕堤沙，怒涛卷霜雪，天堑无涯"

师：杭州美景如画呀，这首词中写到了非常多的美景。昨天问大家认为最好的一句，我们班有超过百分之六十的同学写的是这一句——"云树绕堤沙，怒涛卷霜雪，天堑无涯"，请大家读一下。

（学生齐读）

师：我们班这么多同学认为它好，那它好在哪里？想好的同学举手示意。

生：因为它把静的景色用一种动态的形式表现出来，体现出活力。

师：活力，哪个词？

生："绕"和"卷"，"绕"比较柔和，"卷"比较有力量感。

师：这两个词刚柔相济，给我们带来了画面的震撼。这位同学抓住了这句词中的两个字进行推敲。还有吗？其他同学？你们觉得它哪里好？

生：我觉得"怒涛卷霜雪"用了比喻的手法。浪涛汹涌起来，像卷起来的白色霜雪，非常生动形象。

师：钱塘江波浪汹涌，浪花像白色霜雪一样，很有气势，很有力度。非常好，这位同学抓住了"霜雪"这个词进行解读。还有吗？来，这位同学。

生：我觉得"云树绕堤沙"，"云"用得非常好。

师：为什么？

生："云"不仅写出了树木很多，而且营造出这个树像云的那种梦幻的感觉。或者说不是梦幻，更如烟如画，给人一种非常柔和、置身仙境的感觉。

师：在"树"前加一个"云"字，使我们仿佛看到古树参天，如云蔽日，非常柔美。你的解读很棒！还有吗？来，这位同学。

生：我觉得"天堑无涯"写得很好，因为"天堑"的意思是广阔无边的天然沟壑，这里借指钱塘江。"无涯"的意思是没有边界，描绘出了钱塘江广阔无边的样子，给人一种很豪迈的感觉。

师：特别阔大的气象，很好。还有要表达一下自己意见的吗？

……

师：好，通过同学们的解读，我听出来了大家为什么觉得这句好。这句词好就好在用词恰切，好就好在气势磅礴，好就好在同学们读懂了它是怎么夸的。我们可以去解读意象；我们也可以去抓某个字，这种手法通常被称为"炼字"；我们还可以去展开适度合理的想象描述，比如，刚才那位同学对"云树"的解读，我觉得真的太美了。

（PPT出示：品味典型意象、推敲精彩词句、展开合理想象。）

（一）尊重学习规律，追求课堂提升

任何违背科学规律的做法都是不合适的，教学也不例外。教无定法，但有一些基本的规律，比如，学生的认知过程，应是由浅入深、浅入深出的。抛开学习规律的问题可能会一下把学生砸蒙，因此，课堂问题的设计应遵循学生的认知规律。在多数情况下，我们会在课堂一开始精心设计，由比较简单的问题进入，逐渐引导，但是，有时会忽视后面的深入和提升，在学生已知层面上打转转、絮絮不已。一节课下来，也许足够热闹，但学生更多的是在展示已有的个人能力，而看不到在教师教学之后的能力提升。

在《望海潮》这节课上，在帮助学生总结出鉴赏诗词的方法后，我接着给出另一句词"烟柳画桥，风帘翠幕，参差十万人家"，请同学们用刚刚学到的方法鉴赏这一句。依据学生的反应我给了他们2分钟的讨论交流时间，这之后学生陆续举手，赏析非常到位。其中，有一位学生的回答令我印象很深，他说："我觉得这句读起来特别美，前两句对仗工整，后一句字数不一样，读起来不是整齐划一的，有参差错落之美。"这位学生其实答出了词的特点，词用来演唱，《望海潮》本就是曲词配合的绝唱，又是慢词，音调应是婉转动听的，学生的鉴赏角度多么新巧！

（二）重视诵读能力，还原语文本真

在语文课堂上，我们越来越重视朗读，但有个怪现象，我们想方设法地引导学生朗读，齐读、个读，男生读、女生读，分角色读、配乐读，有标点读、无标点读等，我们自己却越来越少在课堂上示范诵读，甚至很多时候放放录音了事。现在资源丰富，我们要找到字音准确、情感充沛的朗读素材确非难事，很多学校还有自己的朗读素材库。可是，正如照片中的景致不如实地景观真实可感，电视前看球赛、演唱会直播远不如现场震撼，网络教学再发达也代替不了现实授课的可亲可触，录音同样不能全部代替教师的当堂示范诵读。数理化教师要求作图规范美观，英语教师要求双语教学，我们作为语文教师，应有意识地磨炼、培养自己的朗读能力，这是我们语文教师不可替代的独有魅力。

在这节课一开始我就以曲子《望海潮》为背景音乐朗读了《望海潮》一词。曲子《望海潮》一改古代诗词诵读配乐一味婉约轻灵的格调，既有雄阔浑厚的旋律，又有细腻婉转的乐音，且整体音乐古意盎然，是《望海潮》这首词的绝配。朗读完毕，学生给了我热烈的掌声。

备课初始，通过反复读注释，我还发现了一个很有意思的知识点——注释中写：这首词是生于福建崇安的柳永"前往当时的都城河南开封途经杭州所作"。突然觉得柳永使福建和河南产生了一种奇妙的联系。依着《望海潮》的词牌，借鉴其他不同风格的柳词，我试着填了一首《望海潮·怀柳永》。课堂已近尾声，我将在备课时的这点感触和试作词分享给学生，当说到柳永给我们创造的机缘时，我分明地看到，学生的眼

睛亮了，小脸舒展得像朵花。柳词穿越千年，在这个瞬间击中了课堂上的师生，使素不相识的人突然有了一种亲近感，文字的力量多么神奇！

（作者：杨漪沁）

第二节　历史学科指南与案例

一、历史学科对《中华优秀传统文化进中小学课程教材指南》的理解和应用

教育部《普通高中历史课程标准》（2017年版2020年修订）中明确表示，普通高中历史学科的培养目标是进一步提升学生综合素质，着力发展核心素养，使学生具有理想信念和社会责任感，具有科学文化素养和终身学习能力，具有自主发展能力和沟通合作能力。而历史学科立德树人的教育功能，要求使学生能从历史的角度来关心国家的命运，关注世界的发展。这就需要在历史课堂上寻找合适策略与恰当史实，通过授课与活动等方法增强学生的历史使命感，增强学生对伟大祖国的认同，对中华民族的认同，对中华文化的认同，对中国共产党的认同，对中国特色社会主义道路的认同。这与学校传承中华优秀传统文化的特色是高度契合的。

因此，历史学科将本学科的特色教学指南分为家国情怀、社会关怀与人格修养三大目标。其中，家国情怀本身也是历史学科的核心素养，是历史教学的最终归属。而这种情怀体现为对国家富强、人民幸福的情感，以及对国家的高度认同感、归属感、责任感和使命感。基于这样的认识，我们在家国情怀下又细分民族认同和民族文化两个二级子目。以中国历代的成就和文化发展成果，以及在各不同历史阶段中为国家命运抗争、为国家建设奉献的典型人物事迹彰显中华优秀传统文化中自强不息等精神品质，呼应课标中家国情怀的学习目标。

社会关怀这一级目标，是与历史学科"以史为鉴"的现实意义相对照的。

在时代背景下理解历史人物的行为，从中华文化的辐射体会文化的魅力等，既是用"时空观念"素养深入历史的过程，也是在另一视角下对中华文化的认可与认同。而人格修养这一级目标则是从宏观历史回归到个人的过程，以历史人物的品行为范例，给予学生学习的切入点，将个人的道德素养培养加以落实。

在明确并细分了各类、各级目标之后，我们对《中外历史纲要》（上）的内容进行了梳理，匹配到每个章目中，在教学过程中，给予教师备课的参考；在课堂讲述过程中，结合课标的教学目标要求，或用较大篇幅展示，或用简单话语点拨，将中华优秀传统文化拆解在课堂中，时时感触。

二、梳理历史学科涉及的知识内容

由于历史学科是承载中华优秀传统文化的重点学科，国家教材中与中华优秀传统文化相融合的知识点特别密集，很难做到对具体知识点的剥离。因此，我们转换思路，将能与历史课堂相融的中华优秀传统文化进行梳理，认为以下几部分内容是在高中课堂中能开展实施的点：以人为本、家国情怀、崇德尚贤、自强不息、和而不同、红色革命。以这几项中华优秀传统文化内涵为标记，重新解读教材文本内容，将必须落实的知识点与中华优秀传统文化相融合。

三、探索在课堂教学中融合特色的策略与方法

（一）实施策略：史地联袂，中外交融

在历史课堂教学中，将历史知识如考古遗址、唐代诗人杜甫的行动轨迹等内容在地图上进行呈现，用具象的地点位置展现历史发展的空间，在时空结合下解答中华优秀传统文化形成的原因与辐射情况。

突破教材限制，在中国史与世界史分立的教学中有所侧重地融入彼此史实，在相似知识点的中外对照中辩证性思考世界传统文化和中华优秀传统文化的联系与区别，感受中华优秀传统文化的世界性影响力，激发学生对文化的认同感。

（二）具体的各学段目标设置安排

表2.1　历史学科高一学段至高三学段融合中华优秀传统文化教学目标

学段 内容	学段		
	高一	高二	高三
文化理解	通过《中外历史纲要》教材，以神话传说、文献史料、历史遗迹为依据，知道中国历史的发展脉络及重要文明成就；结合历史地图呈现重要遗址、活动等内容，从地理环境的角度理解中华优秀传统文化产生的地域特征和发展脉络；从文献资料的研究中了解中国政治版图的变化，认识到统一多民族国家建立的历史意义；在与同时期西方历史的对照比较中，认识中华优秀传统文化的世界影响力	通过《中外历史纲要》教材，根据文献资料、实物资料及文学艺术作品等了解西方文明的发展历程及相应成果。结合历史地图认识世界文明的多元发展特征；把世界历史发展与中国同时期的文明发展做对比，理解传统文化对中国历史发展的塑造作用。在对比过程中学会辨析传统文化与中华优秀传统文化的区别	结合选择性必修内容，对中外历史做专题式的结构重构，在专题内容的古今中外历史演进过程中，解释中外文化发展的交互影响、历史积淀与地理局限；用历史发展的视角辨析传统文化的历史价值，能理性地看待世界传统文化，探究中华优秀传统文化的保护与传承
文化认同	能够辨识出中国重要的优秀传统文化成就，能以主题演讲等方式，向他人介绍中华优秀传统文化的成就	能说出中华优秀传统文化的历史性特征；基于自己的历史理解，能撰写出历史广播短剧、历史课本剧剧本	能在历史现象中辨析中华优秀传统文化，能利用历史知识与基本技能对传统文化进行理性评述和逻辑性阐述
文化践行	通过书本知识的学习及红色场馆的参观等活动，绘制红色地图等，编纂历史课本地图；通过"大城小事"主题演讲活动，介绍城市的变化与文化的变迁；通过孔子与苏格拉底的"隔空对话"等活动，感受文化的共性，加深对中华优秀传统文化的认同	结合"一带一路"等校本课程的学习进行课题研究，探讨中华优秀传统文化的发展、传播、交融、更生	结合所学知识，以某一项中华优秀传统文化为主题，小组合作设计一次文化展览活动，自主设计展览的布置与解说词。将自身对中华优秀传统文化的理解向他人宣传

四、教学案例

东西方文化在世界扩张中的交流与融汇
——以《现代战争与不同文化的碰撞和交流》为例

中华优秀传统文化是中华民族语言习惯、文化传统、思想观念、情

感认同的集中体现，凝聚着中华民族普遍认同和广泛接受的道德规范、思想品格与价值取向，具有极为丰富的思想内涵。尤其是家国情怀教育，培育学生的民族自信心、自豪感是重要内容，也是中国中学中华优秀传统文化教育特色的核心内容。

本节课教学内容属于选择性必修三《文化交流与传播》第五单元"战争与文化交锋"。第五单元旨在帮助学生了解历史上重大战争对人类文化的破坏及战争带来的不同文化的交锋，进而认识到战争在客观上为不同文化的碰撞、交流与重建提供了契机。不同的文明借由战争这一媒介得以交互碰撞，暴力行径在客观上也推动了东西方文明的交流。

（一）教师出示材料和表格，请学生根据材料和教材归纳总结在第一次世界大战后民族民主独立运动高潮史实，讲述在该时代背景下东西方文明迎来了怎样的新变化

材料一：

（一战后）乐观主义在（欧洲）其他地区却保留下来。尤其是在怨恨欧洲帝国强权的地区。几乎在硝烟刚刚散去之时，在印度、印度尼西亚、埃及、中南半岛和非洲撒哈拉以南部分地区，就出现了反对欧洲帝国主义的民族主义运动。

在20世纪20年代和30年代，欧洲和美国遭受的经济灾难似乎表明西方已经是千疮百孔。那是一个寻找西方文明缺陷的时代。

——菲利普·费尔南德兹《世界：一部历史》

材料二：

在第一次世界大战和十月革命的影响下，亚非拉各殖民地半殖民地国家的民族解放运动普遍出现高涨的形势。在亚洲，中国五四运动之后，又建立了共产党……印度发生了第一次非暴力不合作运动……在非洲，埃及发生了反英独立运动……在拉丁美洲，民族解放运动虽然没有发展到亚洲国家那种全国性的斗争规模，但也出现了较大规模的

工人罢工和农民运动。

——王春良《新编世界现代史（1900—1988）》

材料三：

各国独立运动除了沉重地打击了国内封建、反动势力之外，还彼此配合，聚集成一股声势浩大的革命洪流，给国际帝国主义极大震撼，改变了殖民统治策略。由于反对帝国主义是各国民族运动的共同目标。因此不管各国运动属于何种类型，采取何种斗争形式，都表现了其顺应时代潮流的革命性和进步性。

——余建华《本世纪第一次民族主义浪潮的背景与特征》

材料四：

列强的互相残杀，殖民地半殖民地人民的参战经历，使他们扩大了眼界，感受到了新思想的影响。十月革命还将马克思列宁主义思想传播到亚非拉各国，鼓舞了那里的先进分子，他们开始用新的世界观来观察世界和本国的命运，寻求新的解放道路。

第一次世界大战造成欧洲列强的普遍衰弱，十月革命推翻了沙皇制度，使世界殖民主义体系与反殖民主义的力量对比发生了变化，民族解放运动有了更加有利的国际环境。

——黄正柏《世界通史》（现代卷）

师：在第一次世界大战后出现在亚非拉大地上的民族民主运动，形成了20世纪第一次民族民主运动的高潮，沉重打击了帝国主义和殖民主义，动摇了世界殖民体系，成为影响国际秩序的重要因素，促进了第三世界文明在糅合本国文明特色的基础上向前发展。请同学说说看中国当时是怎样做的。

（二）教师出示材料，请学生根据材料及教材归纳总结第二次世界大战后民族民主独立运动高潮史实，并回答问题

材料一：

在使日本所窃取于中国之领土，例如东北四省、台湾、澎湖群岛等，归还中华民国；其他日本以武力或贪欲所攫取之土地，亦务将日本驱逐出境；我三大盟国稔知朝鲜人民所受之奴隶待遇，决定在相当时期，使朝鲜自由与独立。

——节选自1943年中、美、英《开罗宣言》

材料二：

雅尔塔体系重新绘制了战后欧亚的政治地图，特别是重新划定德、日、意法西斯国家的疆界及其被占领地区的归属和边界。包括将"日本所窃取于中国之领土，例如东北四省、台湾、澎湖群岛等归还中国"。

——徐蓝《第二次世界大战史研究的新进展》

材料三：

《埃维昂协议》又称《阿尔法协议》，是法国承认阿尔及利亚独立的协议。1962年3月18日，由阿尔及利亚共和国临时政府和法国政府的代表在法国东部埃维昂城签订。法国承认阿尔及利亚的民族独立和拥有全面的主权，法国从阿尔及利亚撤军，但阿尔及利亚承认法国有开采撒哈拉石油和使用米尔斯克比尔军事基地等权力。

（三）教师出示材料，请学生归纳总结新兴民族国家的文化发展史实，并完成表格

材料一：

在东亚、东南亚国家摆脱殖民统治，获得独立时，对这些新生国家的前途，西方的政治界和思想界，同时存在两种不同的观点。一种是悲观的，他们预测新独立的国家将无法克服面临的巨大困难，将长期深陷种族矛盾、阶级冲突、社会动乱而不能自拔。一种是乐观的，他们认为，新独立国家如同十八九世纪的欧洲国家，只要学习西方，走西方所走过的道路，必定会成为现代化的国家。

50年过后，亚洲这些新独立的国家并不是完全走西方走过的路，它们在现代化进程中走的是一条属于自己的路。这些成就感增强了他们的信心，物质的成功带来了对文化的伸张。一些比较成功的国家领导人，

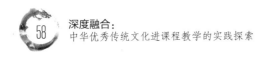

如新加坡、马来西亚，宣称自己的发展得益于一种精神上的力量，即"亚洲价值观"。

——马克垚《世界文明史》

材料二：

马克·吐温曾经感慨道："对印度的任何评价都是正确的，但是相反的观点可能也是正确的，因为它太复杂了。"

印度接受了西方的自由主义、民族主义和社会主义思想中的基本价值取向。政治体制学习英国，中央与地方分享权力，宗教与政治分离，主要官方语言为印地语和英语。

同时，注重发扬印度传统文化。崇尚甘地思想，尊重宗教信仰的多样性。印度教和伊斯兰教仍然是印度的主要宗教；种姓制度仍然在社会生活中扮演着重要角色。

材料三：

没有所谓的亚洲模式，但是东亚儒家社会同西方自由放任的社会，有着根本的差异。儒家社会相信个人脱离不了家庭……新加坡依赖家庭的凝聚力、影响力来维持社会秩序，传承节俭、刻苦、孝顺、敬老、尊贤、求知等美德。这些因素造就了有生产力的人民，推动了经济增长。

——李光耀《经济腾飞路——李光耀回忆录（1965—2000）》

材料四：

20世纪90年代，韩国已步入先进国家行列，它的造船业、汽车制造业和电子工业等在世界上占有重要地位。在经济发展的基础上，韩国城市的面貌也发生了巨大变化。

师：人类文明走了多远，战争就存在了多久。文明与野蛮同在，流血与辉煌相随。战争激起的火花，照亮了文明前进的路。文化催生文明，文明呼唤和平。每个生命都值得敬仰，每个灵魂都值得敬畏。摒弃战争，友好交流。

最后，我还想用塞缪尔·亨廷顿的话结束我的本节课："在可预见的未来不会有普遍文明的一统天下，而是一个不同文明集团共存的世界。因此，每一种文明都要学会与其他文明共存。"

案例分析

学生通过学习第一次世界大战与民族民主意识的觉醒，认识到第一次世界大战传播的自由主义、社会主义和民族主义在客观上推动了20世纪第一次民族民主运动高潮的形成及世界殖民体系开始解体。现代战争在客观上推动了不同文明之间的交流与进步。

学生通过学习第二次世界大战与世界殖民体系的瓦解，认识到第二次世界大战使民族民主运动出现新高潮，第二次世界大战后世界殖民体系土崩瓦解。

学生通过比较在两次世界大战后独立国家文化的新面貌，认识到战争对文化的不同影响。

（作者：毕仕旻）

法安天下，德润人心
——以《中国古代的法治与教化》为例

案例背景

中华文明源远流长，孕育了中华民族的宝贵精神品格，培育了中国人民的崇高价值追求。而民为邦本、厚德载物的思想，一直是中华民族治国理政的精神支柱，支撑着中华民族生生不息、薪火相传；直至今天，它依然是我们推进改革开放和社会主义现代化建设的强大精神力量。

历史课堂不仅是中华优秀传统文化的重要载体，而且承担着"立德树人"的教育责任。普通高中教育要在义务教育基础上进一步提高国民素质，为学生的终身发展奠定基础，使学生具有理想信念和社会责任感。而法治意识的培养和强化，是其中重要的一环。

《中国古代的法治与教化》是选择性必修一《国家制度与社会治理》第三单元中的第一篇课文。第三单元介绍的是古今中外法治与教化的发展历程。其实，法治与教化这两个看似不同的方法，本质上都是社会治理的方式与手段。法律处刑是外化的道德规范教育，道德教化是内在的社会秩序建立。伴随着中国古代社会的变迁，法与德从并施到相争、从结合到融合，最终构筑起了"德主刑辅"的中华法系，并从中央王朝统治之"德"渗透到社会基层共处之"德"。法安天下，德润人心。良法善治，化民成俗。至今中国古代的法律智慧仍有时代价值。

通过《中国古代的法治与教化》一课，学生不仅可以了解中国古代法律的大致发展历程，感受中国悠久的"法治"理念与传统，还可以在典型朝代的案例中体会道德约束的精神价值和社会效应，理解中华法系的独特特征。

（一）导入

学生是否能正确区分法律和道德呢，对这两者之间的关联又有多少了解？为了让学生对本课的核心理念"法治"与"教化"有明确的概念，以上海在2017年颁布的"新七不规范"作为切入点，增加亲切感。

师：在日常生活中，你会践行"新七不规范"吗？

生：那肯定遵守啊。

师：可是，怎样才算遵守了呢？譬如，将垃圾扔到垃圾桶内和在分类后扔到垃圾桶内，到底哪一种方式符合"新七不规范"中的"垃圾不乱扔"呢？

生：……

师：为什么你说不出哪一种方式符合呢？可以看看这些语言表述，其实并没有明确的标准界定。而法律呢？法律的界限一定是明确的，因而才能在行为发生后进行处罚。由此，"新七不规范"是法律吗？

生：不是，只是一种道德规范，不具有强制性。

经过这一环节，学生就能迅速分辨法律与道德的不同定义、不同特征，做好进入新课的准备。

（二）自主阅读与思考

1. 中国古代的"法治"是何时出现的？又是为什么出现的？

补充材料：

夏有乱政，而作《禹刑》。商有乱政，而作《汤刑》。周有乱政，而作《九刑》。

——《左传·昭公六年》

牧牛（官职名称）控诉牧师（官职名称，为牧牛的上司）与其争夺五名奴隶。负责审理的伯扬父判决牧牛应受鞭打一千下，并施以墨刑。

——㝬匜铭文

三月，郑人铸刑书。

——《左传·昭公六年》

师：以德为政并不意味着没有法律存在，只是尚未成文或早已流失，不知巨细。那么，礼与法的关系如何处理呢？让我们来看一篇西周中晚期青铜铭文上的司法判决。同学们觉得，牧牛为什么会受到惩罚？

生：牧牛以下犯上诬告长官。

师：此时的礼与法关系如何？

生：借助法的威慑力维护礼的有效施行。

师：在周代，礼就是等级秩序的体现，因此，对牧牛的处分就是借助法律维护统治秩序。到了春秋战国时代，礼崩乐坏，原有的社会秩序受到了极大的冲击。那么，在这样的环境之下，各国诸侯该如何自处？

生：强化法律的作用，用法治理社会。

…………

至此，学生已经不仅能把握住法律对于社会秩序稳定的重要作用，也能从时代背景中理解法律最终从道德教化背后走向台前的原因。

2. 在法律能够保证有效实施的前提下，中国社会为什么一直没有放弃道德教化

补充材料：

敦孝弟以重人伦，笃宗族以照雍睦。和乡党以息争讼，重农桑以足衣食。尚节俭以惜财用，隆学校以端士习。黜异端以崇正学，讲法律以

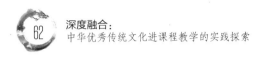

儆愚顽……息争讼以全良善。戒窝逃以免株连，完钱粮以省催科……

——康熙皇帝《圣谕十六条》

罗状元应魁复官后，以病请告还乡，从游者颇众，遂立为乡约。凡为不善者，众不之齿，大恶者弃之。于是有强梁者一二人，皆被执而投之水。乡人不平，讼于官。而应魁适已卒，其徒十余人皆坐谋杀人。

——陆容《菽园杂记》

师：我们来看看康熙皇帝《圣谕十六条》中的部分用词：敦孝弟、笃宗族、和乡党、尚节俭……这些词其实是在讲什么？

生：是道德性的内容，强调道德的作用。

师：讲法律、息争讼、戒窝逃、完钱粮……那这些词呢？

生：这些词无不凸显法律的作用。

师：那请问各位同学，圣谕是法律吗？

生：作为专指帝王的谕令具有法律的性质。

师：为什么具有法律意识的内容并不是通过法律直接颁行，而是要借助乡约的道德教化呢？

生：思想上的认可和道德上的尊崇，让法律维系的秩序能更加稳定。

师：罗状元是在运用乡约对乡民进行管理约束，为什么还会有乡人不平？

生：因为乡约不具有法律效力，罗状元的行为是滥用私刑。

师：通过这两则材料，我们可以看到法与德应该是怎样的关系？

生：法律作为准绳，任何时候都必须遵循；道德作为基石，任何时候都不可忽视。

…………

经过对这样两个重要问题的探讨，学生不仅了解了中国古代法治与教化的发展历程，还能发现："法治"，意在"防人为恶"，从刑政上做起；"德治"，意在"劝人向善"，从教化上做起。两者相辅相成，共同维系社会的有序发展与政权的稳固。法治与教化的结合，不啻为古代中国的一大政治智慧。

（三）总结提升

在本堂课的结尾，我再次回到开头导入的"新七不规范"，将最新颁布的《治安管理处罚法》中关于宠物伤人的规定出示，与"新七不规范"中的"宠物不扰邻"相对应。引导学生认识法律与道德不仅仅是相辅相成的关系，大部分人共同认可的道德最终也有可能上升到法律层面，靠国家权威帮助其落实。以此将课堂的立意提升，为中国古代历史上法与德的关系增添新时代生命力。

（一）以内容主旨作为"纲"，构建全课框架

部编版教材的一大特征就是内容翔实。就本课来说，从夏商周三代的德治到春秋战国时代的儒法争辩，再从秦汉时期律令编纂到唐代法系成型、礼制完备，最后还有乡约在宋元明清四代的发展，将整个中国古代社会的德治与法治变化过程全部囊括其中。但是，教材本身的编写以结论呈现，因而势必需要提供不少材料作为学生理解的抓手。可是，如果每个阶段都补充一段材料，历史课就变成了法律发展的概述，丧失了课程特征。更严重的问题是，每分钟都有内容要推进，会导致学生的思考空间被压缩，被裹挟着上完整节课。

因此，必须回到教材本身，去理解编写者的意图，也就是内容主旨。

其实，当深入理解之后就会发现，在中国古代的各阶段，礼（德在古代的主要体现形式）与法始终同时存在，只是基于不同的时代要求有不同的侧重，在磨合中寻找一种当时最适合的统治模式。首先确定这样的"纲"。其次进一步总结出几个特征：以德为政，礼法并施（先秦）；援礼入法，礼法结合（秦汉至唐）；礼法合流，礼法融合（宋元以后）。最后整节课的结构框架就出来了，只需要在每个大历史阶段补充材料即可。

（二）以典型材料作为"魂"，突出阶段特征

确定了框架只是走完"万里长征"的第一步，之后要面临的是浩瀚的史料库。在整节课的实践中，史料的收集、取舍是耗费掉最大精力的环节。在几易其稿后，我还是回归到本课的内容主旨，确认好本课的核心内容是礼与法的关系，而不是两者本身的演变。

因此，本节课最终仅用了㦌匜青铜铭文中牧牛以下犯上而被处罚

的记载，鲜明地指出西周礼法并施，法用以维护礼的特征；以《旧唐书》中苏味道葬父违法，却因孝而轻判贬官的案例，让学生在对苏味道处罚的讨论中得出礼法结合的时代特征；而明清时代则举出了明代状元罗伦创立乡约，动用私刑处死乡间强梁，被官府依法处理的实案，加上《圣谕十六条》中"笃宗族""戒窝逃"等表述，将"法律的有效实施有赖于道德的支撑，道德的具体实践也离不开法律的约束"这样的理念具象化。三个不同阶段用三个典型案例，解答了核心问题。

（三）以学生活动作为"线"，串起全课环节

在判断一堂好课的标准中，教师的设计、选材是重要的，但更重要的是能否让学生融入课堂，让学生学有所获，学有所思。能为当下社会提供思考与借鉴的历史课才是"活"的历史课，而不是早就已经过去，不可能重复发生的"死"的历史课。

因此，在本节课中，我利用"新七不规范"的判定界限问题迅速抓住已经有一定知识储备和思辨能力的高中生的注意力，顺利进入新课。最后，又在结尾的部分进行呼应，指出在这一道德规范中已经有内容进入法律范畴中，引导学生思考为什么这些内容会上升到法律层面。借由社会普遍认可的道德规范演变成法律规定的事实，更好地揭示出道德与法律在古代中国相辅相成的互动关系在当今社会得到了进一步的发展，历史知识"活了"。

（作者：荣赟）

历史学科教学中渗透中华优秀传统文化的实践与思考
——以《民族团结与中外交流》落实课程育人

案例背景

本案例选自华东师范大学版七年级历史教科书第四单元"繁荣昌盛的隋唐文明"的《民族团结与中外交流》。《民族团结与中外交流》教学课以教材为依托、以核心价值观为指导，深入挖掘历史、精心选材，通过趣味化的教学内容，把育人目标有机渗透到教学全过程中，使学生潜移默化地受到中华优秀传统文化的教育，增强中国特色社会主义道

路自信、理论自信、制度自信、文化自信，逐渐理解社会主义核心价值观的深刻内涵，并将其内化、吸收。

基于这样的思路，将本课的内容主旨确立为：社会稳定、经济繁盛、文化恢宏，助推了唐朝开明的民族政策和开放的对外政策，在其与少数民族和周边国家的不断碰撞、交融中，促进了多元文明的融合、发展，折射出大气包容、自信友善的大唐帝国气象。教学目标确立为：大致了解文成公主入藏、遣唐使来华、鉴真东渡的史实及影响；初步掌握阅读历史地图的基本方法及体验文史互证的史学思想方法运用过程；赞叹大唐的大气包容、自信友善，增强对盛唐文明的自信，树立平等包容、友善待人的意识。

《民族团结与中外交流》教学课依据课程标准和学生实际情况，在课堂教学的内容主旨设计、教学目标确立上，在整个教学过程、板书设计中，都贯穿、渗透中华优秀传统文化，真正落实立德树人的根本任务，充分发挥课程育人功能，培养学生的历史学科核心素养。

（一）引《李国文说唐》一书的相关信息切入

师：最近，老师在看一本书《李国文说唐》，有一段话引起我的思考，请同学结合所学，思考汤因比为什么会选择生活在唐朝？

生：……

师：是因为唐朝的经济繁盛、政治稳定等，今天我们继续学习《民族团结与中外交流》，从唐朝与少数民族、周边国家的交往分析下还没有其他的原因。

（二）以索南坚赞《吐蕃王朝世系明鉴》片段为铺垫，启发学生初步理解唐朝的民族政策

师：641年，文成公主从长安出发，一路艰辛到逻些（今拉萨）。入藏的地形、气候十分复杂，平均海拔在4000米以上，而泰山最高峰只有1500米。唐太宗也为公主准备了丰厚的嫁妆。请同学仔细阅读《吐蕃王朝世系明鉴》，找出公主的嫁妆有哪些种类。

生：金银珠宝、绫罗绸缎、经史典籍、食物烹调法、饮料配制方、技

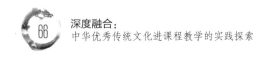

艺制造术、医药医典、器械、牲畜、侍女工匠等。

师：那么多陪嫁种类啊！我想告诉同学的是，在之前的朝代，也有公主出嫁少数民族的，金银珠宝可以带，但是严禁携带种子、制造技术等。为什么之前朝代不允许外传种子、制造技术、书籍等呢？

生：因为他们担心如果外传技术的话，对方学会了，就会强大。

师：那么，现在唐朝敢这么做，允许外带外传了，说明什么呢？

生：说明唐朝有底气、自信，他们不怕别人学会他们先进的技术；也说明唐朝是真心实意地想与周边少数民族保持友好关系。

师：说明唐朝的思想不保守、不顽固，还能说明什么呢？

生：说明唐朝的开明、开放、大气。这正是中华民族的中华优秀传统文化。

师：从文成公主的陪嫁品，可以感受到唐朝实力怎样？

生：唐朝经济繁盛、文化恢宏。

师：大家有没有发现唐太宗对公主言行也有要求，比如，要她言语温和、秉性善良，行为谨慎、恭敬，爱护臣民等。从中我们可以看出，唐朝认为自己和少数民族的地位孰高孰低？

生：是平等的。

师：我们再次感受到唐朝繁盛的经济和恢宏的文化，使其不像之前朝代对待别的民族那样顽固、不开通，而是对少数民族实行开明政策。同时，折射出汉族人民的自信、友善、大气。

师：650年，松赞干布去世，文成公主本可以返回中原，但她仍决定留在吐蕃，教授大唐文化、技术，直至去世。可见，她是真心热爱藏族，因此深受百姓爱戴。

（三）讨论鉴真六次东渡的情况

师：日本遣唐使受日本天皇之命，请鉴真东渡日本传法。鉴真毅然决定东渡日本，从此开始了一次又一次的尝试。第一次东渡，有弟子记恨鉴真不带自己出行，向官府诬告鉴真等造船是要与海盗勾结，因而被官府阻止。第二次东渡，船刚出长江口就被大风击破，不得不返航修理。第三次东渡，船刚航行至舟山就因触礁而失败。第四次东渡，因为有弟子担心师父的安危，求官府阻止，船至温州时被官府追及。第五次东渡，船队遇到台风，漂到海南。在辗转回扬州的途中，鉴真也因长途跋涉而染病，以致双目失明。但是，鉴真始终没有放弃东渡传道的信念。直到753年第六次东渡，这个已经65岁高龄、双目失明的高僧终于到达日本，受到日本首都奈良百姓的盛大欢迎。

师：鉴真最让你感动的是什么？

生：……

师：对的。鉴真这种为弘扬中华优秀传统文化而不畏艰险（十年间六次东渡、身残志坚）的民族精神，本身就是中华优秀传统文化，是我们应该在平时生活中学习的。

（四）展示中日文化图片或文献资料，引导学生理解大唐文明对日本的影响

师：鉴真在到达日本后，受到日本人民的夹道欢迎。日本天皇把亲王的旧宅送给他，让他新建一座寺院，就是现在奈良的唐招提寺。大门横额"唐招提寺"是日本天皇仿王羲之、王献之的字体所书。鉴真75岁时坐化于唐招提寺。在寺内安置的鉴真塑像被定为日本国宝。可见，他在日本人心中地位非常高。那么，鉴真在日本为什么受到如此崇高的礼遇？请同学通过老师给出的中日文化系列组图分析，要关注他们出现的时间先后。

生：日本唐招提寺的建筑风格仿照扬州大明寺，日本的和服和唐服很像。

生：日本的风俗画仿照中国；日本的文字仿照中国；唐朝实行三省六部制，日本是二官八省制。

师：还有当时日本皇太后生了病，鉴真在诊断后，开出药方，但是，由于其失明，所以通过舌尝、鼻闻确定用药是否正确，最终救治了皇太后，并且凭记忆帮助日本修正了药典。还有吗？

生：日本的平城京也有朱雀大街、西市东市，这和我们唐朝长安城的规划一样；日本货币和同开珎与唐朝货币开元通宝形制一样。

生：日本古代文献和现代医药家都记载了由唐朝传过去的很多中医药。

师：同学们说了很多，老师总结一句话，那就是遣唐使归国后、鉴

真东渡后，将中华优秀传统文化传播到日本，对日本的医学、建筑、绘画、文字、服饰、经济、茶道、政治制度等都产生了很大的影响，可以说，日本的文化在很多方面都深深渗透着中华文明，尤其是有着盛唐文明的影子。这些都折射出唐朝的自信、友善、大气，因为我们实行开放的外交政策。当然，在与别国的交流中，我们也愿意包容、吸收别国文化。多元文明在交流、碰撞中，不断地融合、发展。

（五）以"为什么汤因比愿意选择生活在唐朝？如何认识中华优秀传统文化？"总结全课，引发学生思考现实生活中的待人接物、为人处世

师：同学们学完了今天的课，现在能告诉老师，除了唐朝经济繁盛之外，还有什么原因使汤因比愿意选择生活在唐朝吗？

生：除了唐朝经济强大之外，还有文化繁荣、开明开放、包容大气、自信友善、平等真诚待人等，使汤因比愿意选择生活在唐朝。

师：现在，很多年轻人追崇西方文化节日，对中华优秀传统文化知之甚少。那么，学完今天这课，现在你如何看待中华文明呢？

生：中华优秀传统文化是悠久、深厚的，因此我们没必要一味地追崇西方文化。我们应该对中华优秀传统文化感到自信、自豪，去学习继承自己的文化文明；当然对于西方文化文明，我们也需要尊重。

师：说得太对了。中华文明经历了五千多年的历史变迁，但始终一脉相承，积淀着中华民族最深层的精神追求，代表着中华民族独特的精神标识，为中华民族生生不息、发展壮大提供了丰厚滋养。中华文明既是在中国大地上产生的文明，也是同其他文明不断交流互鉴而形成的文明。因此，我们应该自信，为此自豪。当然也应尊重西方文明，因为人类文明在价值上是平等的，没有高低、优劣之分。讲了那么多，我感觉好几个词语在这节课上出现过：文明、平等、爱国、友善、自信、大气、包容、真诚。同学们对这些词语熟悉吗？

生：熟悉。文明、平等、爱国、友善是社会主义核心价值观的主要内容。

生：自信、大气、包容、真诚说的是上海的城市精神——海纳百川、追求卓越、开明睿智、大气谦和。

师：经过今天的学习，同学们觉得我们平时应该如何为人处世呢？

生：应该秉持着平等、友善、自信、大气、包容、真诚的态度去与人相处，为人为事。这既是继承中华优秀传统文化的方法，也是为人之本。

师：好的，我相信同学们一定能做到。

案例分析

《民族团结与中外交流》这一教学课，在史学思想方法的指引下，深谙民族团结与中外交流的内涵和核心通感。通过对文献、图像、民歌等多类不同性质史料的释读，运用环环相扣的问题设计和教师生动的叙述，既激发了学习兴趣，也触动了学生探究历史的求知欲。在这一过程中，学生习得了整理和分析信息的能力，初步掌握了文史互证的基本思路及规律，树立了证据意识和论从史出的史学观念，展现了严谨、客观、全面的认识历史事物的方法。

在课堂教学中，通过创设多样化的学习情境和氛围，引领学生思考、交流，充分体现了学生主体、教师主导的教学观念。教师通过统整课文内容，紧扣中外文化交流的双向互惠，紧扣唐朝的开放、宽容、大气，使学生对一系列的历史史实，由感知进而理解，由理解进而认识，在此过程中，树立了他们平等包容的意识和文明自信的家国情怀。

应该说，在课堂教学中，教师带领学生通过对历史事实、人物的认识、理解和评价，有意识地、不露痕迹地给学生以心理、情感的影响，充分挖掘教学内容蕴含的教育资源，把育人目标有机渗透到教学过程之中（本堂课结合相应的史学知识，将中华优秀传统文化与社会主义核心价值观不断落实，逐层提升地渗透到学生内心），实现了知识与技能、过程与方法、情感态度与价值观等三个方面目标的有机整合。学生也能深刻领会、理解中华优秀传统文化与社会主义核心价值观的丰富内涵。最终较好地体现了历史教学的最终归宿——立德。《民族团结与中外交流》一课传达了唐朝的开放、宽容、大度、自信，传达了中华优秀传统文化的恢宏，落实了文化认同的教育。

（作者：徐玉琳）

第三节　思政学科指南与案例

一、思政学科对《中华优秀传统文化进中小学课程教材指南》的理解和应用

2020年，习近平总书记在湖南考察时同正在开展思政课现场教学的师生亲切交流，强调"要把课堂教学和实践教学有机结合起来，充分运用丰富的历史文化资源，紧密联系中国共产党和中国人民的奋斗历程，深刻领悟马克思主义中国化的内在道理，深刻领悟为什么历史和人民选择了中国共产党和社会主义，进一步坚定'四个自信'"。习近平总书记关于中华优秀传统文化的系列重要讲话精神，无不表明国家高度重视中华优秀传统文化的鲜明立场和态度。作为落实立德树人根本任务的关键课程，思政学科必须在青少年人生的"拔节孕穗期"做好精心引导和栽培。要想丰富思政课、上好思政课，其中，如何挖掘好、结合好、运用好中华优秀传统文化，使之转化为思想政治教育资源，就值得深入研究。

"中华优秀传统文化已经成为中华民族的基因，根植在中国人内心，潜移默化影响着中国人的思想方式和行为方式"，对青少年学生的健康成长、正确三观的培育具有重要影响。随着教育部印发《完善中华优秀传统文化教育指导纲要》、中共上海市教育卫生工作委员会和上海市教育委员会制定《关于完善中华优秀传统文化教育长效机制的实施意见》，中华优秀传统文化教育正在不断融入国民教育全过程。

思政学科作为德育的主渠道，更应该积极探索和利用中华优秀传统文化成果与特有优势，高效达成立德树人教育目标。思政学科要求促成学生政治认同、科学精神、法治意识和公共参与学科核心素养培育，这些都应该成为传承弘扬中华优秀传统文化的重要载体和途径。但是，就目前课堂教学实际而言，中华优秀传统文化教育方面的功能并没有非常好地发挥和彰显。其主要原因在于：一方面，教师对中华优秀传统文化的认识不够深入透彻，只停留在形式上的宣传和运用，无法通过课堂教学展现出中华优秀传统

文化的深刻内涵和无穷魅力;另一方面,有关中华优秀传统文化的教学方法过于单一,缺少对中华优秀传统文化蕴含的民族精神、道德情操、人文素养等的深入挖掘和理解,不能真正展现出中华优秀传统文化的教育地位和价值。

中国中学在中华优秀传统文化特色的建设过程中,为学科教学和学生学习明确了目标,指明了方向。思政学科组在认真学习各级、各类文件精神的同时,以目标为指引,以学科核心素养培育为依托,以中华优秀传统文化案例为载体,不断尝试通过教育教学活动营造弘扬中华优秀传统文化的氛围,积极推进中华优秀传统文化融入学生学习发展的全过程。在挖掘和推进的过程中,不断发现问题,思考并尝试解决问题。虽然有很多不足和遗憾,但中国中学为中华优秀传统文化进入思政课堂提供了宝贵的经验,指明了未来的方向。

二、梳理思政学科涉及的知识内容

针对教材中涉及中华优秀传统文化内容较为零散,以及与中华优秀传统文化有机衔接较少的问题,思政备课组首先从单元教学出发,通过综合分析,形成比较明确且较有体系的目标和活动形式的设计,并以此为出发点挖掘不同中华优秀传统文化形式中的核心内涵,尽可能保证让中华优秀传统文化的渗透与单元教学形成更适切的融合。

思政备课组通过教材文本分析法、比较研究法,对过去的传统课题教学和中华优秀传统文化渗透教学案例实践进行了探索研究与反思总结。通过多角度观察分析现状,发现现阶段中华优秀传统文化融入学科教学碎片化不成体系等问题,为后续建构中华优秀传统文化融入思政学科教学的策略和方法提供了研究方向。通过单元教学的整体梳理,对教材中涉及中华优秀传统文化的知识内容有了较为准确和完整的把握,并从家国情怀、社会关爱和人格修养三大方面进行深入挖掘,以更好地发挥教材的知识载体作用,为建立教材内容与中华优秀传统文化的内在联系奠定了坚实基础。除了不断尝试挖掘教材内容涉及中华优秀传统文化的具体知识点外,思政备课组还在案例探索中注重中华优秀传统文化与教材知识的内在联系,通过分析、总结和归纳,针对较为典型的教学内容进行融合主题设计,力求更好达成中华优秀传统文化教育目标。同时,还尝试探索更多的教学技术手段、学习方式和活动形式,不仅提升了教师在中华优秀传统文化与学科核心素养有机结合上的探索积极性、主动性和创造性,还努力为学生学习传承中华优秀传

统文化营造良好氛围。

三、探索在课堂教学中融合特色的策略与方法

经过一段时间的反思和探索，在完成梳理思政学科内容与中华优秀传统文化的结合点后，思政备课组初步拟定了关于思政学科彰显中华优秀传统文化教育的知识架构、主题目标、关联内容和活动形式。

无论是教师的"教"，还是学生的"学"，二者都应该以部编教材和课程教学目标为依据。思政备课组针对高中部编思政教材必修一、必修二、必修三的内容进行了中华优秀传统文化知识点的梳理，尝试将教材内容与中华优秀传统文化进行呼应。按照文化理解、文化认同、文化践行三个方面分学段梳理了内容目标（见表2.2）。同时，以家国情怀（包括爱国情、强国梦、兴国志）、社会关爱（包括同理心、包容心、友善心）、人格修养（包括诚信观、规则观、荣辱观）三大模块对知识点进行梳理和归类，形成关联呼应。既帮助组内教师基本搭建起中华优秀传统文化的架构，也为学生了解和学习中华优秀传统文化知识提供了一定参照。

表2.2　思政学科高一学段至高三学段融合中华优秀传统文化教学目标

学段内容	学段		
	高一	高二	高三
文化理解	能面对简单情境问题，充分学习"红星照耀中国"展览并解构、理解中国革命历史与精神；懂得用马克思主义哲学的基本原理，观察和理解不同时期的经济、政治、文化、社会和生态等现象，解释当前的发展理念；比较《唐律疏议》等教材中有代表性的制度，用相关学科方法，说明有关制度运行的意义和基本原则；结合不同历史时期著名人物的言论，分析影响其价值判断的时代因素，意识到个人在社会生活中的角色，冷静面对各式各样的矛盾争端；识别当前古今中外各种文化现象，进行恰当的文化选择	能面对一般情境问题，运用辩证唯物主义和历史唯物主义基本观点与方法，解释当前社会现象中的突出问题，并运用中华美德与核心理念，对相关信息和推理进行检验与评价；理性评估个人成长或社会发展面临的各种问题，阐述承担社会责任、促进社会和谐的意义；立足于中华优秀传统文化，理解并理性对待存在于区域、民族和国家间的文化差异；领会社会主义核心价值观既体现了社会主义本质要求，继承了中华优秀传统文化，也吸收了世界文明有益成果，是当代中国精神的集中体现，凝结着全体人民共同的价值追求	能面对复杂情境问题，坚持历史唯物主义的基本观点，阐释社会变迁的原因，把握社会发展的趋势；用开放而敏锐的眼光，坚定中国文化精神内核理念，辨识和分析不同信息与观点；着眼于中华优秀传统文化的创造性转化、创新性发展，表达传承弘扬中华优秀传统文化的积极态度；在全球视野下，针对各种思想文化的交流、交融、交锋，表现强大的文化理解力和国际传播力

续表

学段 内容	学段		
	高一	高二	高三
文化 认同	能面对简单情境问题，感受中国特色社会主义文化源自中华民族五千多年历史孕育的中华优秀传统文化，熔铸于党领导人民在革命、建设、改革中创造的革命文化和社会主义先进文化，植根于中国特色社会主义伟大实践，引证成功事例；对比《唐律疏议》等中国法制史，叙述宪法对我国根本制度的规定；认同中国共产党是中国特色社会主义事业的领导核心，认同伟大祖国、中华民族、中华文化、中国共产党和中国特色社会主义；解释国家层面的价值目标	能面对一般情境问题，用中国近现代史和典故理论证实只有社会主义才能救中国；明确马克思主义中国化的最新理论成果；分析具体事例表明中国特色社会主义制度的显著优势；运用具体事例展现中国共产党依宪执政、依法执政的方式；结合党和人民的奋斗历程，解释中国特色社会主义道路、理论、制度、文化的价值表达，评析流行文化与经典文化的价值，评估现代传媒对文化传播的影响，认同文化差异对人们经济、政治和日常生活的影响	能面对复杂情境问题，比较中华文明与世界各国发展道路，论证只有中国特色社会主义才能发展中国；论述社会主义核心价值观体现文化自信的意义。能以教材中的格言和习近平总书记的用典为依托，辨析各种错误思潮的影响，阐述马克思主义中国化最新成果；跟进全面深化改革的进程，总结改革开放精神，坚持中国特色社会主义制度不动摇；立足新时代、新征程，阐述中国共产党是最高政治领导力量；洞察不同价值观的影响，揭示其历史和根源，阐明社会主义核心价值观是当代中国精神的集中体现，凝结着全体人民共同的价值追求
文化 践行	能面对简单情境问题，识别不同领域、不同层面的公共事务；描述自己所在社区公共事务管理的经验，表现居民自治的方式；引用经过核实的报道，说明民主决策、民主管理、民主监督的好处；基于爱国、敬业、诚信、友善的价值准则，表达乐于参与公益活动的态度。搜集生活中人们辛勤劳动、诚实劳动、创造性劳动的事例，感悟劳动最光荣、劳动最崇高、劳动最伟大、劳动最美丽，懂得尊重劳动、崇尚劳动对个人成长的意义	能面对一般情境问题，举例中国历史经典与教材中的典故，说明公民与各领域、各层面公共机构的关系；针对受到关注的公共事务，运用习近平总书记用典说明政府持有的观点；识别政府的职能和权力，对比教材中的文献典故，解释社会治理的方式，阐述公民直接行使民主权利的意义；分享自己公共参与的经历，表达关注公共利益的感受，展示公共精神的美好；以"怎样才能内化于心、外化于行"为议题，探究如何践行社会主义核心价值观	能面对复杂情境问题，剖析若干古今实例，阐释公民参与公共事务的意义和价值，解析公民参与国家立法、政府决策、社会治理、公共服务的途径和方式；针对公共利益与私人利益发生的矛盾，阐述协商民主的意义和价值；比较公民政治参与和社会参与的角色行为，展现公共参与的理性行动能力；着眼于人民当家作主的意义，论述公共参与的责任担当中的民族精神；基于爱国、敬业、诚信、友善的价值准则，表达乐于参与公益活动的态度。

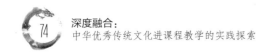

四、教学案例

责任担当，牢记心中
—— 以《我对谁负责　谁对我负责》为例

　　"勇担社会责任"这一单元是《道德与法治》八年级上册教材的第三单元，在逻辑结构上起着承上启下的作用。在了解社会生活和社会规则的基础上，本单元将进一步引导学生明确社会责任，积极主动地服务和奉献社会。本单元内容既是对第一、第二单元内容的深化，也是为学习第四单元"维护国家利益　担负历史使命"内容做铺垫。

　　"天下兴亡，匹夫有责。"公共参与不仅是中学生发展核心素养的重要内容，也是课程重要的培养目标。八年级的学生思维敏捷、勇于进取，具备初步的社会责任感和历史使命感。同时，受认知水平和生活阅历的限制，他们的责任意识还不强，对如何履行对自己、对他人、对社会的责任还没有全面的认识；履行责任的能力还不够强，意志还不够坚定，情感还不够牢固。因此，有必要对学生加强责任意识和奉献意识的培养，引导学生把个人的成长、成才与社会的发展有机结合起来，培养其良好的责任意识和奉献意识，培养他们成为合格的公民。

　　从教学实践来看，八年级的学生已经具备一定的责任意识，初步认识到不同的场合、不同的角色需要承担不同的责任。但也存在有的学生面对责任时会逃避、推诿的现象，有的学生只强调社会和他人对自己的责任，没有看到自己对他人和社会也需要承担相应的责任，甚至个别学生的思想存在偏差，不能正确看待他人的付出。因此，明确每个人都应该承担社会责任也就成了本课需要突破的教学难点。

　　根据学生的实际情况及教学内容的要求，我该如何突破教学难点，让学生真正明确"每个人都应该承担社会责任"？在课堂教学中，适时

地把学生的生活经历巧妙地与教材内容相结合，让道理变得更加感性与直观，是否能达到动之以情、晓之以理、导之以行的效果，从而提升课堂有效性呢？我采用了学生亲身体验的"新冠病毒疫苗接种"一事，设计情境，打开了话题。

情境一：

某中学初二学生小龙告诉妈妈，学校通知周六要接种新冠病毒疫苗，需要有家长陪同。因父母都已有安排，妈妈建议跟着隔壁李叔叔父子同去。

师：小龙妈妈的建议恰当吗？为什么？
生：不恰当。因为爸爸、妈妈是小龙的监护人，这是家长的责任。
…………

情境二：

周六，小龙妈妈陪同小龙来到了疫苗接种点。接种的中学生很多，但在诸多人员的安排下，疫苗接种有序进行着。

展示在疫苗接种现场的交警、安保人员、教师、医护人员、志愿者等照片。真实的场景在学生面前仿佛重现，既可以让他们比较快地联系自身，代入情境，也可以使课堂教学在师生对话中进行。

师：在学生接种疫苗的过程中，哪些人承担了责任？他们承担了什么责任？除了照片中出现的人物外，你觉得还可能有哪些人在这里承担了责任？
…………

围绕着情境一、情境二，学生很快理解什么是责任、责任的来源是什么，能知道不同的角色承担不同的责任，将本课的教学重点落实了。接下来就是继续利用好"疫苗接种"这件事将情境进行展开，突破教学重点。

情境三：

在接种结束回家的路上，小龙提出困惑：好友洋洋说，只要班级其他人都打疫苗了，他就安全了，他才不要打疫苗遭罪。

师：如果你是妈妈，会如何帮助小龙解决这些困惑呢？

生：如果人人都抱着洋洋的想法，那么大家都不去打疫苗，大家都不安全。

生：出门在外，我们都不知道身边的人有没有打疫苗，如果能打疫苗的人不打疫苗，那么自身很容易被感染。

生：现在疫情还在反复，洋洋应该打疫苗。

…………

在情境三中出现的情况也是学生群体里个别学生可能抱有的想法。放在情境中进行展开，一来避免了尴尬，二来提高了感受的真实性，三来可以让学生围绕着情境畅所欲言。在回答的过程中，学生也能清晰地认识到接种疫苗是每个社会成员的责任，不仅关乎个人的健康安全，还关乎社会的稳定、国家的安全，这不仅仅是对自己负责，更是对这个社会、国家负责。

师：打新冠病毒疫苗是目前最有效预防新冠病毒感染的措施。我们每个人都应该对自己的健康和安全负责。我们在成长的过程中，小到按时完成作业，为自己的一次约定守时，大到信守承诺、认真做事，都是对自己负责的表现。作为社会的一员，我们每个人首先要对自己负责，只有对自己负责的人，才能使自己的潜能得到充分挖掘和发挥，才有资格、有能力、有信心承担起时代和国家赋予的使命。

情境四：

小龙妈妈在解答困惑后跟小龙说，小姨在疫苗集中接种点当志愿者。小龙也主动分享：学校里有教师在暑假期间和区里其他一些青年教师一起代表徐汇区，到浦东机场做志愿者。

师：这些青年教师在暑假期间到机场做志愿者是他们对自己应该承担的责任吗？这些志愿者教师这么做是对谁承担了责任？

生：不是他们对自己应该承担的责任。

生：他们在对他人、对社会承担责任。

师：青年教师做机场志愿者是对社会其他成员尽了一份额外的责任，而不是对他们自己。老师在课前也采访了做"机场大白"的一位志愿者教师，我们一起来回顾他的志愿者经历并听听他的心声。

播放视频，并呈现文字材料：

回顾这一段志愿者经历，感触最深的就是在疫情面前，涌现出的无数个逆行者。他们负重前行，始终坚守在抗击疫情的第一线，无私奉献，默默付出，时刻诠释着家国情怀。同时，这也离不开我们身边的每个人，正是大家齐心协力，拧成一股绳，我们的抗疫工作才能取得举世瞩目的成就，我想这就是中国的脊梁。

青年教师暑假期间去做防疫志愿者，这个事情在全校的开学典礼上是提到过的，在课前准备的时候，我又搜寻了更多的素材。丰富的材料（视频、图片、文字）可以让学生再次想到这件事情，能通过这件事情进一步思考。

师：当前疫情反复，浦东机场作为上海的东大门，更是情况复杂、形势严峻。作为志愿者，你说他们一点都不怕吗？我觉得，他们肯定也会考虑到个人的安危。但为什么他们还愿意这么做呢？

生：因为暑假有时间，青年教师愿意发光发热。

生：因为疫情防控，我们每个人都有责任。

生：因为他们有很强烈的责任心。

…………

师：青年教师利用暑假期间，放弃休息，冒着风险去做机场志愿者，守好上海的东大门，让老师想到一句诗："苟利国家生死以，岂因祸福避趋之。"他们这么做说明，他们已经不仅能对自己负责，还能对他人负责。这正是个人自立、自强、走向成熟的标志。同时，这也是一个人逐步完成社会化，并实践亲社会行为的表现。只有主动关心社会、积极融入社会、倾力奉献社会，才能使自己的人生价值得到实现。

通过对青年教师为什么愿意去做机场志愿者这一问题的探讨，引导学生了解承担责任的意义，体会到每个人都应该承担社会责任。

师：那我们平时是否也能像这些志愿者一样力所能及地做一些对他人负责的事情呢？

生：平时课代表发本子时，如果他忙不过来，我就帮着他一起发。

生：如果路上遇到有人问路，而我正好知道的话，就帮忙指路。

生：如果同学身体不舒服请病假了，我就帮他整理好作业，事后把笔记借给他，给他辅导。

…………

师：听到同学们能讲出这么多，老师很感动。我们现在可以从身边的小处着手，做一些对他人负责的事情。我们应该学会感恩，主动关心、帮助和服务他人，学会对他人负责，在辛苦付出中体验对他人负责的幸福、快乐。对他人负责，要求我们尊重他人，平等地对待他人，真诚地关心和帮助他人，用自己积极、主动的行动回馈他人和社会。

通过思考并列举生活中能做的一些对他人负责的事情，学生可以更好地认识到每个人都应该承担社会责任。中学生承担社会责任不是要做一些轰动的事情，而是只需要从身边小处着手，就能对他人负责；也引导他们在生活中不仅要对自己负责，还要对他人负责、对社会负责。

案例分析

为了能在课堂教学过程中彰显中华优秀传统文化，在本案例的教学设计及教学过程中，我比较注意以下几点。

（一）以学生现实生活体验及贴近学生的实例作为内容载体进行教学

教材上的案例比较分散，而我们的教学应该关注学生的生活实际。因此，我精选了一个富有时效性和启发性、又贴近学生生活实际的实例——学生接种疫苗，设计了层层递进的情境，作为课堂学习的内容载体，引导学生探讨各情境中的问题。在探究、交流、师生对话的过程中，学生逐步认识到承担责任的意义，意识到我们每个人都要承担社会责任。事实证明，在实际的教学中，一些"大道理"也就在对话中渗透了，避免了将课堂教学冠上"说教"之嫌。

（二）从小处入手，注重导行

家国情怀是中华优秀传统文化教育内容中的一项，初中《道德与法治》教材中有很多教学内容都体现了这一方面。在一些大事件中，爱国情感的释放无可比拟。但在更多时候，我们的家国情怀会悄悄地潜伏在角落里。另外，学生是社会公众的一员，社会参与是中学生发展核心素养的重要内容。"勇担社会责任"这一单元以"社会责任"为主题，基于学生可感知的社会生活，重点强调责任意识和奉献精神的培养。本案例试图通过对情境的探讨、对情境中问题的解决，让学生明确自身应承担社会责任，理解责任的承担和履行对个人、对社会的意义；培养学生的责任意识，激励他们参与社会生活；让学生明白我们可以从小处着手，可以从力所能及的事情着手，去承担社会责任，去彰显家国情怀。

（三）调动积极性，在交流互动中去体悟

在教学中，充分发挥学生的主体作用和教师的主导作用。教师鼓励学生在课堂上围绕着情境发言、讨论、交流，同时给予一定的提示、引导，提高学生积极性，让他们能主动地参与课堂教学。如在探讨"为什么青年教师愿意去做机场志愿者"时，通过生生间、师生间的互动交流，学生进一步明确了承担责任的意义。

（作者：顾馨樱）

从历史走向未来　良法与善治
——以《中国特色社会主义法治》为例

案例背景

全面依法治国是中国特色社会主义的本质要求和重要保障，是实现国家治理体系和治理能力现代化的必然要求，事关我们党执政兴国，事关人民幸福安康，事关党和国家长治久安。习近平总书记指出，法律是治国之重器，良法是善治之前提；立法、执法、司法都要体现社会主义道德要求，都要把社会主义核心价值观贯穿其中，使社会主义法治成为良法善治；推进科学立法、民主立法、依法立法，以良法促进发展、保障善治。这些重要论述深刻阐明了良法与善治的关系，明确指出了社会主义法治的发展方向。

在《中国特色社会主义法治》这一内容教学中，学生能从中国古代《唐律疏议》中发现中华法系的历史性，从真实的社会生活案例中理解全面依法治国的社会价值，进而在真实的情境中，培养起法治意识、科学精神、政治认同的核心素养。

（一）情境一

通过"常回家看看"入法对比《唐律疏议》"不孝"，认识到在《中华人民共和国老年人权益保障法》的修订中，继承了中华优秀传统文化中的"孝道文化"，但又有所区别。今天，中国共产党领导下的中国特色社会主义法治的"法"是继承中华优秀传统文化的"法"，是对接现代民主政治的"法"，是保障人民当家作主的"法"。

2012年，《中华人民共和国老年人权益保障法》的修订过程中，"常回家看看"是否要入法这个问题引发了很激烈的社会讨论。

师：在这个问题上，你是否同意让"常回家看看"入法呢？并说说你的理由。

生：同意，这体现了法律在保护老年人的合法权益中的重要性和法律对于维护社会道德的重要性。

生：不同意，不能任意把道德的问题都交给法律解决。

生：不同意，老人在外地，由于疫情很久没回去了。

师：同学们的分析都有道理，那么"常回家看看"到底是入法还是不入法呢？我们先不揭晓答案。让我们把视线拉回到一千多年前的唐朝，看看中华法系的代表性法典《唐律疏议》是如何看待"孝道"的。

《唐律疏议》原名《永徽律疏》（以下简称《唐律》）。《唐律》的编纂总结运用了汉朝至隋朝的立法经验，全面体现了中国古代法律制度的水平、风格和基本特征，在中国古代立法史上占有极其重要的地位。

而在《唐律》中，"不孝"和"谋反"、"大不敬"等一同被列入十恶。

《唐律》曰："善事父母曰孝。既有违犯，是名'不孝'。"

《唐律》曰："礼云'孝子之养亲也，乐其心，不违其志，以其饮食而忠养之'。其有堪供而阙者，祖父母、父母告乃坐。"

师：综合这两条选段，谈一谈唐朝人是怎么定义"孝"的？并进一步思考，《唐律》为什么把"不孝"列入十恶？这对当时的个人、家庭和社会分别有什么样的作用与影响呢？

生：老人安享晚年，家庭和睦，社会稳定。

生：孝是个人终身修养的道德，更高的道德修养有助于社会文明进步，有助于国家发展。

师：孝乃人伦之始、众德之本。孝不仅是一个人对父母、对祖先、对社会的一种道德责任和道德义务，还是一种自我道德完善，以及自我人生价值的实现。实质上它是要求一个人终身修养道德，报效社会，报效国家。可见，中国古代在立法时关注到了孝在调节社会关系中的作用。之前不同意"常回家看看"入法的同学理由是"道德问题不应该由法律解决"，现在你觉得把道德写入法律有没有价值？

生：关注老年人的精神关爱，规定不死板。法律内含道德的要求，法律保障了道德。孝道是中华优秀传统美德，应该得到继承和发扬，法律可以促进道德建设。

小结：法和德不可分割。法是对德的保障，德是对法的滋润。

（二）情境二

加装电梯是当前老旧小区改造的重点工作，但在实际操作过程中会遭遇各种问题。学生从自己的亲身经历和观察出发，探讨人民的美好生活是否有良法就足够了。

师：随着经济和社会的发展，党和国家十分重视加装电梯这个民生工程。你或你（外）祖父母的小区开展过加装电梯民意调查吗？大家支持加装电梯吗？有加装电梯成功的吗？

生：从高楼层和一楼邻居的需求来讲，有很大的差异，内因是人心不齐；同时，从房屋结构、安装位置、品牌选择和维护等方面来说，都有许多需要认真研究的问题，尚不成熟，外因是条件不足。

针对条件不足的问题，政府做了种种努力，例如，2019年，上海市住建委、市房管局等十个部门联合制定的《关于进一步做好本市既有多层住宅加装电梯工作的若干意见》颁布实施，从法律层面上解决实际困难。但即使有了良法，加装电梯工作依然困难重重，原因主要是人心不齐。

师：在备课的时候，还是看到了很多加装电梯成功的案例，我们来看看其中最典型的案例，分析静安区临汾街道成功的关键是什么。

生："人心聚起来、电梯动起来"，这就是临汾街道电梯加装实现从四年一部到一年六十部的关键所在。

师：从加装电梯的案例中，我们可以发现，社会治理首先需要"有法可依"，需要制定良法。但是，社会生活是复杂的，只有配合德治，法治才能顺畅运行。

本案例试图从两个具体情境出发，努力在中国特色社会主义法治教育中渗透中华优秀传统文化思想，使学生懂得中国特色社会主义法治是良法与善治的统一。良法让法律最大限度地促进道德的生长，而不是将人民束缚于法律条文中；善治让德治渗透在法的内容和运行中，让人民的权利和义务得到践行与保护。

（一）挖掘中华优秀传统文化的形与意，契合法治教育

在中华优秀传统文化教学材料的开发中，首先从中华优秀传统文化的"形"出发，挖掘其中的"意"。要让中华优秀传统文化为思政教育价值的发挥提供支撑，让思政教育成为传承中华优秀传统文化的平台，就必须通过中华优秀传统文化的表现形式，深刻理解其"现代意义"，从而真正发挥好中华优秀传统文化的育人价值，让思政教育在中华优秀传统文化的传承中汲取丰厚的营养，实现文化的永恒价值。通过对《唐律》中"不孝"的形、意解读，学生进一步思考中华优秀传统文化中"孝文化"的社会价值和法律意义，进而对社会主义法治的立法有更完整的认识。

（二）运用历史人文视角，揭示良法与善治

在对中华优秀传统文化教学资源的开发中，在教学的实践中，必须明确思政课与语文、历史等其他课程的界限和区别。在结合历史观点、教材知识和学科思维的同时，切实保证思政课的科学性和人文性。在教学中，使用了电梯加装的实例，引导学生超越自身的局限，从更多维度和角度来思考在真实情境下的问题与解决思路。深入思考中国特色社会主义法治中良法与善治的关系，良法是有善治支撑、渗透的法，善治是由良法支撑、配合的治。

（作者：朱鹏）

中华优秀传统文化构建教学情境的策略探索
——以《以礼待人》为例

倡导情境式教学，为课堂设计一个持续发生的情境，让学生自主思考并得出答案，这是经实践验证比较有效的教学方式。情境式教学要求课堂情境的连续性及学生自主学习的生成性，将中华优秀传统文化设计成整体情境融入课堂教学有一定的难度。因此，在情境设计过程中，有多种策略可以选择。例如，整体贯穿式的教学情境设计及部分渗透式的教学情境，两种方式在情境设计中各有优劣，也都需要采用一定的策略。

《以礼待人》是《道德与法治》八年级上册第二单元第四课，内容包括"待人以礼为先"和"做文明有礼的人"两目。课程目标是引导学生探索礼貌在个人和社会生活中的作用，尤其是文明有礼对于国家的意义，让学生懂得维护民族尊严和国家形象，进而引导学生做文明有礼的人。虽然课程内容本身难度较小，但让学生领悟文明有礼则需要大量的补充性内容。在进行教学设计和教学准备的过程中，利用中华优秀传统文化分别设计了整体贯穿式的教学情境和部分渗透式的教学情境。整体贯穿式教学情境设计需要选择适合的中华优秀传统文化内容，对选择的情境内容要求较高；而利用中华优秀传统文化做部分渗透的教学情境设计则相对灵活，但对情境的"真实性"要求较高。

（一）整体贯穿式教学情境设计

1.新课导入

视频播放《中华礼仪之美——见面礼》，请小组在讨论后发言。

小结：我国是"礼仪之邦"，以见面礼为例，作揖、鞠躬、万福、磕头等都是古人的礼节。男性和女性的礼节也有所不同。这说明在社会生活中，文明有礼才能受到别人的尊重，"无礼寸步难行"。这节课我们一起来学习《以礼待人》。

2. 课堂讲授

教学环节一：礼之探寻

播放视频《中华礼仪之美——入座礼、拜贺庆吊礼》，小组讨论并回答，文明有礼体现在哪些方面呢？

（学生发言。）

小结：在社会生活中，礼主要表现在语言文明、仪表端庄、举止文明等方面。礼体现了一个人的尊重、谦让、与人为善等良好品质。

教学环节二：礼之必要

第一小组成员上台演示见面礼之拱手礼和作揖礼。思考并讨论：你认为古人见面为什么要有这样的见面礼呢？

师：拱手礼和作揖礼是在初次相见与再次相见时表现对对方尊重的形式。试想，当你和长辈初次相见时应该怎样表现自己的尊重呢？在社会交往中传达出的友好尊敬的信号、表现出的礼节性的言谈举止，是一个人能在社会生活中立身处世的前提。

小结：文明有礼是一个人立身处世的前提。

第二小组成员上台演示入座礼。思考并讨论：这样尊卑有序的礼节体现了社会交往中的什么方面呢？

师：社会生活中有各种各样的社会关系，这些复杂的社会关系你应该如何处理呢？应该保持诚恳、谦逊、平等、友善的态度，给予人尊重感。那么，入座的这些礼节，比如，座席的主次、尊卑之分，尊者上座，备者末座，体现了在社会生活中对长者的尊重。

小结：文明有礼促进社会和谐。文明礼貌是处理人与人之间关系、维系社会正常生活的一种道德行为规范，是沟通人与人之间情感的桥梁。

第三小组成员演示拜贺庆吊礼。思考并讨论：唐朝对待外国使节的方式说明了什么？我国现在是如何和其他国家相处的？

师：唐朝对使节是"报之以礼"的，当使节把从本国带来的礼物送给唐朝时，唐朝会选择收下然后回赐以更贵重的礼物，有的商户就伪造本国的文书求赏赐。同样,我们很多同胞在国外时会非常注重自己的言行,因为文明有礼体现了国家形象。我们举行的各种礼仪仪式,体现了民族的尊严和国家的形象。例如,《礼宾:鲜为人知的外交故事》这本书介绍了在各项礼仪活动中,我国驻外大使、外交官的举止仪态是如何体现泱泱大国的"礼仪之邦"形象的。

小结:文明有礼体现国家形象。在与外国人交往的过程中,我们的一言一行都体现了中国形象。

教学环节三:礼之践行

播放视频《中华礼仪之美——饮食篇》,小组讨论并点评视频中文明有礼的行为。

师:文明有礼要体现在一言一行之中,展露在一举一动之间。

小结:文明有礼要做到态度谦和,用语文明;仪表整洁,举止端庄;在社会生活中不断观察、学习、思考和践行。

(二)部分渗透式教学情境设计

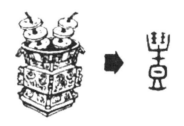

图2.2 甲骨文"礼"

师:请猜测这是什么字,表达了什么含义?

反馈指导:礼(禮),会意字。从示,从豊(lǐ)。豊是行礼之器,在字中也兼表字音。"礼"本义是举行仪礼,祭神求福。后来,"礼"的含义日益丰富,包括了在社会生活中由道德观念和风俗习惯形成的仪节等。

小结:以礼待人是人际交往最起码的要求。做到言谈举止彬彬有礼,既是我们赢得别人尊重的前提,又是成功人际交往的条件之一。

教学环节一:待人以礼为先

师:古人云"不学礼,无以立","人而无礼,焉以为德"。请大家讨论这两句话的含义。第一句话出自《论语》,意思是人如果不学礼仪就无法在社会上立身；第二句话出自汉代扬雄的《法言·问道》，意思是如果人没有礼仪，就谈不上道德修养。

小结：礼体现一个人的尊重、谦让、与人为善等良好品质。文明有礼是一个人立身处世的前提；文明有礼会使人变得优雅可亲，更容易赢得他人的尊重和认可。

师：请大家阅读课本第38页"探究与分享"的内容，想想看你所在的小区有哪些不文明行为呢？

小组讨论后发言。

小结：文明礼貌是处理人与人之间关系、维系社会正常生活的一种道德行为规范，是沟通人与人之间情感的桥梁。因此，文明有礼促进社会和谐。

师：在很多国家的公共场所都有中文标志——"请不要乱扔垃圾"。此外，也有在比赛中，当国外选手失利时，我们国家的观众站起来给予鼓励的情况，这体现了"礼仪之邦"的大国形象。尤其是，在与外国人交往的过程中，我们的一言一行都体现了国家形象。因此，文明有礼体现国家形象。

教学环节二：做文明有礼的人

师：那么怎样成为文明有礼的人呢？

PPT展示杨时和游酢的故事，邀请学生发言。

小结：做文明有礼的人，首先要态度谦和，用语文明；其次要仪表整洁，举止端庄；最后要在社会生活中不断观察、学习、思考和践行。

案例分析

两个案例分别展示了两种具体的运用中华优秀传统文化创设教学情境的策略。第一种是运用中华优秀传统文化创设情境贯穿教学过程的始终，整个课堂围绕一个主线即中华礼仪之美，具体介绍中华礼仪的见面礼、入座礼、拜贺庆吊礼等各种礼仪，以此展示文明有礼的必要性及如何做文明有礼的人；第二种则是在教学过程中，就某一问题或知识内容创设某一个教学情境。两种方式的教学过程都呈现在上述教学设计中。那么比较这两种方式，则可以发现在创设情境中需要注意的问题及改进方式。

（一）整体贯穿式情境教学分析重在"情趣"

如果整节课程的知识内容都围绕一个教学情境展开，那么教学情境的设计和选择要特别注意真情实感及趣味性。从具体分析来看，"中华礼仪之美"是大家在日常生活中会关注但没有时间和机会系统性认知与学习的内容，而我国自古以来就是"礼仪之邦"，这一情境设计会在第一时间吸引大家的关注，具有一定的趣味性；而同学分组呈现表演，则是将自己代入真实情境中，通过合作探究的方式切实感受到"文明有礼"具体表现在"立身处世""社会和谐""国家形象"三个方面，更容易产生真情实感。"情"是进行情境教学最重要的辅助工具。

（二）部分渗透式教学情境需要创设"真实性"

在创设部分渗透式教学情境时，需要注意"真实"情境的体现，因为学生需要快速融入教师创设的情境中，所以教师要借助图片、声音、视频等多媒体技术辅助教学情境的设计。例如，渗透式教学情境在本课设计中首先以"礼"的演化和具体含义解释，那么就需要借助视频和图片展示"礼"的演化过程，将学生快速代入这一真实的情境中；而从《论语》和《法言·问道》中摘录的语句"不学礼，无以立""人而无礼，焉以为德"，则真实展现了自古以来我国"礼仪之邦"的形象和要求。

（三）情境教学重在启发性

无论是整体贯穿式情境教学还是部分渗透式情境教学，两种教学方式都重在创设具备"情趣"和"真实"的情境进而启发学生的思考。这对教师的教学能力提出了较高要求，教师不仅要灵活运用多媒体技术创设教学情境，也要运用教学创意慎重选择教学内容，使教学环节环环相扣。因此，教师要筛选大量内容，主动选择能促进学生思考、调动学生思维及提高学生探究能力的内容，在吸引学生兴趣的同时提高学生问题探究能力，培养学生核心素养。

（作者：李路路）

在创新驱动中体悟自强不息

——以《创新驱动发展》为例

我们所处的时代是一个呼唤创新的时代，而创新是中华民族精神基因的深沉积淀。孟子说："天下之本在国，国之本在家，家之本在身。"在中国，有着说不完道不尽的家国情怀。作为个体的人，既是社会组成的基本元素，也是社会价值观的逻辑起点。社会价值观的实现，依赖于每个人对它的践行和执守。当今世界是开放的世界，公民在对外交往中的文明举止在一定意义上代表了国家的"国格"。因此，践行家国情怀的社会价值观，我们一定要铭记："你怎样，中国就怎样；你光明，中国就不黑暗。"传承中华优秀传统文化，以创新为己任是本课的教学重点。

从教学实践来看，初三学生在学习本课时，能较好地掌握教材内容，他们对我国在各领域的科技成果和短板都有所了解，在以前教学中也已涉及好奇心和创造性的相关内容。但是，学生对公民在强国之路中的社会责任还没有太多的认识，关于创新和国家的关系，只有模糊的概念，因此，教师应通过教学让学生进一步深入理解。

虽然学生之前对历史有系统学习，但对近代史的基本结论印象不深，对未来的创新之路也缺乏使命感。当然，要让学生真正认识到自己的行为会影响到国家荣誉，从行动上自觉维护国家的安全、荣誉和利益，弘扬民族精神，拓展国际视野，逐步形成正确的世界观、人生观和价值观，积极投身于社会主义现代化建设事业，这正是本课需要突破的教学难点。

案例描述

一段时间以来，孟晚舟事件成为备受关注的话题。此事件的背景之一就是中美创新之争，对于相关材料，学生比较熟悉，选择相关内容进行切入，让学生讨论事件的背景和原因。

学生各抒己见，表达自己的观点。在讨论的过程中，大家一致认为中国的创新之路不能中断。

目标导学一：创新强国

1. 中国科技创新之路任重道远

（1）思考：认真观察表格，你有什么发现？

表2.3　中国2016—2017年的科技成就及地位

时间	科技成就	地位
2016年 8月16日	"墨子号"发射升空	世界首颗量子科学实验卫星
2017年 5月5日	C919国产大飞机成功首飞	世界上少数几个有大飞机制造能力的国家之一
2017年 5月18日	"可燃冰"试采成功	全球首例

（2）师生总结。①科技创新能力已经成为综合国力竞争的决定性因素。目前，我国在尖端技术的掌握和创新方面打下了坚实基础，在一些重要领域走在世界前列。②从整体上来看，我国仍然面临科技创新能力不强、科技发展总体水平不高、科技对经济增长贡献率低于发达国家水平等问题。中国科技创新之路任重道远，需要加快建设创新型国家步伐。

2. 建设创新型国家

（1）材料呈现：

2018年1月8日上午，中共中央、国务院在北京隆重举行国家科学技术奖励大会。在大会上李克强总理强调，让我们更加紧密地团结在以习近平同志为核心的党中央周围，全面贯彻党的十九大精神，以习近平新时代中国特色社会主义思想为指导，加快推动创新型国家和世界科技强国建设，为决胜全面建成小康社会、夺取新时代中国特色社会主义伟大胜利做出新的更大贡献。

（2）思考：怎样"加快推动创新型国家和世界科技强国建设"？

（3）师生总结。①建设创新型国家，必须落实科教兴国战略，将科技和教育摆在经济社会发展的重要位置，把经济建设重心转移到依靠科技进步和提高劳动者素质的轨道上，加速实现国家的繁荣昌盛；②建设创新型国家，必须增强自主创新能力，坚持自主创新、重点跨越、支撑发展、引领未来的方针,坚定不移地走中国特色自主创新道路;③建设创新型国家,必须加快形成有利于创新的治理格局和协同机制,搭建有利于创新的活动平台和融资平台,营造有利于创新的舆论氛围和法治环境。

3. 教育的重要性和教育事业的巨大发展

(1)材料呈现:

在2018年1月23日召开的2018年全国教育工作会议上,教育部部长陈宝生在详尽列举党的十八大以来中国教育事业发展成就之后强调:"我国教育整体大踏步前进,但局部差距依然存在;人民群众总体受教育机会大幅提升,但个性化、多样化需求仍未有效满足;目前我们人才总供给能力显著增强,但结构性矛盾尚未解决……解决教育发展不平衡不充分的问题,将是我们长期要面对的工作主题。"

(2)思考:①我国教育整体大踏步前进,取得了哪些成就?②为什么把解决教育发展不平衡不充分的问题作为长期要面对的工作主题?

(3)师生总结。①教育改革全面推进,教育普及程度明显提高,教育公平取得重要进展,教育质量稳步提升。②一个民族创新能力的提高离不开创新人才的培养。百年大计,教育为本。教育是民族振兴、社会进步的基石,是提高国民素质、培养创新型人才、促进人全面发展的根本途径。教育寄托着亿万家庭对美好生活的期盼。

目标导学二:万众创新

1. 大众创业、万众创新的理念深入人心

(1)指导学生阅读教材第25页"相关链接",结合三个关键词谈谈自己的认识。

(2)师生总结。当今社会,大众创业、万众创新的理念深入人心。创新不唯年龄、不唯学历、不唯职业,每个人都是创新者,都向往在创新中实现自我价值;创业不分男女、不分城乡、不分行业,每个人都是创业者,都可以通过辛勤劳动为国家和人民做出贡献。

2. 企业是社会创新的重要力量

(1)材料呈现:

李克强总理指出，企业是市场经济的主体，也应成为技术创新的主体。千千万万企业成为技术创新主体，大企业"龙头"带动、中小微企业"特尖专精"，必将极大增强我国经济创新力和竞争力。

（2）思考：你认为在"万众创新"大背景下，企业应该怎么做？

（3）师生总结。企业是社会创新的重要力量。提升创新能力是企业持续发展之基、市场制胜之道。大国重器一定要掌握在自己手里，核心技术不是别人赐予的，企业不能只是跟着别人走，而必须自强奋斗、敢于突破。

3. 时代需要弘扬创新精神

（1）阅读教材第26～27页"探究与分享"。

（2）思考：①从裘法祖、吴孟超和王红阳三代人的创新事迹中，你感受到一种什么样的精神力量？②有人说"科技创新既需要关键人物的开拓探索，也需要研究团队的接续积累"，你是否同意这个观点？说说你的理由。

（3）师生总结。时代需要弘扬创新精神。创新精神，表现为敢为人先、敢于冒险的勇气和自信，表现为探索新知的好奇心和挑战权威的批判精神，表现为承受挫折的坚强意志和沟通合作的团队精神，表现为舍我其谁的责任担当和造福人类的济世情怀。

4. 保护知识产权

（1）材料呈现：

2018年1月24日，湖南省长沙市发布《关于新形势下进一步加强知识产权保护的若干措施》，明确要依法加大对知识产权侵权行为的惩治力度，切实维护创新主体合法权益，让创新者吃下"定心丸"。

（2）思考：《关于新形势下进一步加强知识产权保护的若干措施》的发布给我们什么启示？

（3）师生总结。在创新的时代，既要尊重他人的知识产权，又要学会保护自己的知识产权。保护知识产权就是尊重创造、保护创新。当知识产权受到侵犯时，我们要善于运用法律维护自己的权益。

5. 创新的目的

（1）诗歌欣赏：

如果没有中国古代的四大发明/人类的文明进步将会推迟多少年/如果没有欧洲的工业革命/人类的生活方式还会停留在几百年前/如果没有电的使用/世界的夜晚还会是漆黑一片……

（2）思考：诗歌告诉我们什么道理？

（3）师生总结。创新的目的是增进人类福祉，让生活更美好。创新让我们获得更多的尊重和认可，让我们过上体面而有尊严的生活。我们今天播下创新的种子，明天定会收获丰硕的果实。

（4）作业布置：搜集我国近期的创新成就。

通过这节课的学习，我们知道了创新永无止境，科技创新能力已经成为综合国力竞争的决定性因素；了解了建设创新型国家的原因和措施，认识了教育的重要性及取得的重大成就，全面认识了万众创新，了解了创新精神的表现，提高了对创新的认识。

案例分析

在贯彻中华优秀传统文化教学中，我有这样一些体会。

（一）点滴入手，潜移默化

在中国，史书万卷、字里行间都是"家国"二字。中国人在释放爱国情感的时候，往往会依托于大事件的契机，比如，奥运会、地震、国庆等。当这些大事件到来之时，爱国情感的释放无可比拟。但更多时候，学生的家国情怀会静悄悄地潜伏在角落里，没有完全转化到日常生活中来，因此，这个教学案例是让学生明白，爱国行动就在日常生活中。上海作为一个国际化大都市，更需要市民在国际交往中提高自身素质、展现中国人文明素养、增强提升国家软实力的公民意识。"家国情怀"是公民意识积累的结果，中华优秀传统文化教育浸润在教学的点点滴滴中。

（二）贴近生活，活用素材

思政课教学是学校进行中华优秀传统文化教育的主阵地。教学必须和学生的实际生活相贴近，将来源于现实生活的鲜活事例与教材内容有机结合。在结合现实生活中的事例时，教师还需要精心加工、灵活运用，让素材发挥最大化作用。

（三）发挥智慧，引起共鸣

教师在进行中华优秀传统文化教育时，只有善于把握课堂新生成的教育契机，才能达到意想不到的教育效果。在本课中，如果仅仅给学生看视频，对学生的冲击还不大。教师如果设计了这样的视频放到国外视频平台上的情境，就放大了视频对学生的冲击力。在信息时代，这个视频的快速传播对中国人和中国的影响太大了，引起了学生共鸣。教育学生要关注身边的点滴行为，一个人的行为会影响整个国家的形象。教师要有课堂智慧，充分发挥学生的主体作用，时刻把中华优秀传统文化教育贯彻到自己的教学中，这是教师的责任。

（作者：崔丽萍）

第四节　体育学科指南与案例

一、体育学科对《中华优秀传统文化进中小学课程教材指南》的理解和应用

中华优秀传统文化进中小学课程教材，是强化中华优秀传统文化铸魂育人功能，落实以中华优秀传统文化涵养社会主义核心价值观，实现中华优秀传统文化传承发展系统化、长效化、制度化的重要举措。

体育与健康课程是落实中华优秀传统文化教育的重要课程，对于帮助学生强身健体、涵养情趣，促进健康行为习惯养成与身心和谐发展，传承弘扬中华优秀传统文化都有着重要作用。

结合高中体育与健康的"双新"背景，我们以课程核心素养为引领，在

必修必学、必修选学等课程内容中分别制定单元及课时学习目标。通过传统项目武术、龙舟等培养学生运动兴趣，强健体魄，增强传承中华优秀传统体育文化的能力；通过足球、篮球、排球、乒乓球、羽毛球、健美操和啦啦操等综合性运动的练习方法，运动比赛、展示等复杂体育学习情境，鼓励学生学以致用，深刻体验运动和健身乐趣，促进其运动能力和体育品德的发展，完善人格，发扬中华体育精神。

二、梳理体育学科涉及的知识内容

高中体育与健康课程内容分为必修必学和必修选学，结合高中体育专项化教学改革，我们主要从必修必学内容中根据教师专项能力进行项目分工，包括武术、龙舟、足球、篮球、排球、乒乓球、羽毛球、田径、健美操、啦啦操等。我们从项目渗透中华优秀传统文化（中华体育精神）指南、单元教学设计、教学案例等三个方面进行梳理、设计和教学反馈。其中，项目渗透中华优秀传统文化（中华体育精神）指南主要从爱国情（民族为根）、强国梦（健康体魄）、兴国志（少年自强）、同理心（推己及人）、包容心（关爱融合）、友善心（保护帮助）、诚信观（一诺千金）、规则观（遵纪守法）、荣辱观（自爱他爱）等九个维度进行阐述，尽管部分项目和维度有些牵强，但能让我们充分思考和挖掘各项目中中华优秀传统文化及体育精神的潜在内涵。

三、探索在课堂教学中融合特色的策略与方法

体育教学有着其特有的规律和鲜明的特点，那就是以身体练习为主，通过身体练习体验运动认知、提高运动技能、体现合作互动、促进身心发展。首先，对学习内容进行说明与介绍；其次，阐明动作技能的含义及要达成的目标；最后，在学练及比赛展示中融入中华优秀传统文化，以期通过体验式、无痕式的教育使中华优秀传统文化浸润于课堂教学，促进学生健全人格的形成。

四、教学案例

<h1 style="text-align:center">寻同舟共济之合力　传非遗龙舟之文化</h1>
——以龙舟水上训练教学为例

全国教育大会确立了德智体美劳全面发展的教育方针及立德树人的根本任务。围绕现代学生核心素养，深化"双新"背景下的教学改革并因地制宜开展中华传统体育项目，是培养爱国主义，增强文化自信，促进学生知行合一、刚健有为、自强不息的重要举措。

中国中学创建中华优秀传统文化特色完中并设立了"新六艺"特色课程群，促进青年学生求真、向善、创美。龙舟课程为"新六艺"之"射"特色课程的专业初级课程，讲授龙舟运动的传统文化，组织划龙舟的训练和比赛，旨在让学生增进对中华优秀传统文化的了解，体验龙舟运动的特点和龙舟比赛的独特魅力，为学生提升文化自信、体育意识和专项能力打下一定的基础。

为了达成课程目标，采用的教学环节包括课堂理论教学、陆上训练、水上训练、外出参赛、课题调研报告等，力图使学生了解龙舟文化缘由、赛龙舟的教育意义、竞赛常识，掌握龙舟训练与比赛的方法，培养学生同舟共济、共同拼搏、继承传统、开创未来的良好品质。

情境一：

龙舟水上训练之前的课程包括龙舟文化缘由、陆上划桨动作徒手练习、身体素质体能练习等，通过这些课程的学习，学生初步掌握了划桨动作与节奏，并具备了一定的体能基础。初次下水训练对于20名划手来说不仅需要身体适应并克服划桨一致性带来的困难和挑战，而且需要心理和情感上的认同。因此，本次龙舟训练的设计思路是通过情境导入、文化植入让学生以划龙舟为载体传承龙舟文化。

师：同学们，你们知道龙舟运动的起源和历史故事吗？

生：知道。爱国诗人屈原力谏楚王联齐抗秦，却遭小人诋毁，最后国破家亡，屈原万念俱灰，投河自尽。此后，在每年五月初五屈原投江殉难日，楚国人民都到江上划龙舟、投粽子，以此纪念伟大的爱国诗人，端午节的风俗就这样流传下来。

师：那赛龙舟有什么特定的意义吗？

生：赛龙舟是对屈原忠君爱国情怀和不挠不屈高洁人格的致敬，它增强了每个中国人的民族自尊心和自豪感，成为民族振兴的强大精神动力。

师：还记得给你们看的龙舟公益广告吗？

生：当然记得，"情不变，心相随"，蛮有趣的，看后振奋人心。在小镇上，龙舟资深教练的一声口哨似乎是一种精神集结，肉贩、保安、弈棋者、渔民、小工纷纷褪去外衣，光着膀子，变成了同一种身份——龙舟划手。在湖面上，统一的节奏、强壮的力量、奋勇的激情，似乎都是他们传达的一种精神力量。

师：没错，龙舟比赛不仅传承中华优秀传统文化，发扬龙文化和龙舟文化，还培养了团结协作、同舟共济的拼搏精神。让我们在龙舟运动训练和比赛中认识中华优秀传统文化，磨炼我们的意志。

情景二：

经过以上师生互动，学生深化了龙舟文化，提升了运动情感。此时，老师组织学生依次上龙舟并组织划桨练习，包括2～3次的低频20桨、中频20桨等，同时，强调划桨完整动作（划桨预备姿势、插桨、拉桨、出桨、回桨）的要点及节奏。

生：在刚才的4人练习和20人练习对比中，我感觉个人的力量太渺小了，而20人的练习比较带劲，速度"杠杠的"。

生：是的，刚才我由于没有跟上节奏，有好几桨划得不够充分，但似乎也没有影响速度。

师：刚才的中低频练习效果不错，同学们的动作没有变形，节奏也不乱。但划龙舟需要20个人的集体力量，每个人都是重要的一分子，只有全力以赴才能产生"20+"的合力，这需要我们拧成一股绳，培养团队精神和凝聚力。相信在下面的练习中你们会有所感悟的。

情境三:

在初步适应性练习后,教师安排了较大强度和节奏的划桨练习:2～3次的40桨中高频练习。希望看到练习中的困难和问题,在暴露出的问题中思考、应对及解决生理和心理问题。

生:刚才练习的节奏太快了,我的划桨动作走形了,也碰到了其他同学的桨,干扰了他人,这让我很失落和自责,也影响了我后续划桨的正常发挥。

生:听到鼓手的捶鼓声,仿佛融入了一股华夏儿女澎湃的热血,让我有了精神动力。尽管跟上了划桨节奏,但由于力量还很欠缺,好几桨划得幅度不大只是蜻蜓点水,没有用上我全部的力量。

师:同学们的表现和感悟真实而坦率。的确,在高强度练习中很难在短时间内达到理想的目的,这需要一个敢于挑战和奋勇拼搏的过程,需要克服在训练中暴露出的技术、力量、心理、精神动力等诸多问题。只要具备承载中华优秀传统文化的精神动力,齐心协力、团结一致地刻苦训练,我们就一定会克服划桨动作不够整齐划一、力量素质较弱的问题。同学们,让我们一起加油,一起乘风破浪,驶向胜利的终点!

案例分析

赛龙舟是我国非遗项目,通过龙舟训练和比赛活动,可以更好地进行中华优秀传统文化教育和爱国主义教育。龙舟水上训练是本课程的内容之一,一方面,学生对此是期待、兴奋的;另一方面,在教学中也面临重重困难。比如,如何在训练中渗透中华优秀传统文化?如何让学生感受龙舟的内在精神?本次水上教学训练通过龙舟起源和现代龙舟运动回顾、中低强度训练、中高强度训练三个阶段让学生慢慢融入情境,体验和感受龙舟文化与集体主义价值观。

情境一:

在下水训练前,教师让学生回顾龙舟的起源和现代龙舟运动的特点。通过师生互动,创设了践行中华优秀传统文化体育项目的情境,同时,让学生了解龙舟运动及端午节非遗项目的中华优秀传统文化特色,更让学生懂得龙舟运动是民族精神的体现,它能激发和增强每个中国人的民族自尊心与自豪感，是同舟共济、齐心协力的民族价值认同。此情境的导入对学生的文化认同、思想统一、训练专注起到了较好的促进作用。

情境二：

根据水上训练的规律及适应性要求，初期的训练以中低强度为主。在这样平稳的情境中，稳健的行驶速度让少数学生有了某种错觉，那就是个人的力量是渺小的，是无足轻重的。因此，在划桨时节奏跟不上或是划桨动作不合理、不充分也无关紧要。针对这种情况，教师提出了龙舟运动的本质，那就是坚定的节奏和气势，只有20名划手的动作一致才能产生强大的动力和必胜的精神气概。这也让不少学生认识到自身的问题，从而坚定了后续训练全力以赴、融为一体的决心，这对协调整体划桨的节奏、幅度、力度的一致性起到了良好的稳定作用。

情境三：

划桨训练从稳定的中低强度过渡到中高强度，即较快的节奏和长距离的划桨。通过训练暴露出学生在技术、力量、心理、精神动力等多个方面的问题。教师没有责备，而是耐心地分析问题、提出解决方法并给予积极鼓励：赛龙舟不是一朝一夕练就的，同学们的表现已经很棒了，以上问题的解决需要我们凝心聚力、同心同德、奋勇拼搏，只有这样才能超越自我并成为光荣的龙舟文化的传承者和践行者。

以上教学训练环节的三个情境设置都以植入龙舟文化、培养学生龙舟文化精神为主线，并不是简单地组织学生参与龙舟训练这一项体育运动，而是以一种兼容并包的宽大胸怀将龙舟文化呈现出来，以期更好地发扬中华优秀传统文化，振奋民族精神，增强民族凝聚力和向心力。

（作者：翁锦）

健美操融入武术，擦出不一样的火花

案例背景

健美操是融音乐、舞蹈、体操为一体的体育运动项目；健美操是从西方国家传入中国的新兴体育运动项目，是时代的产物。在落实立德树人根本任务的基础上，如何将中华优秀传统文化融入新兴体育运动项目，值得我们每位体育教师深思。

教学片段一

师：各位同学，我们自编套路的动作已经学完了，现在，我想让大家听一下自编套路的完整音乐，大家仔细听，找找看这段音乐跟我们平时的健美操音乐有什么不同。

…………

生：老师，我发现了，这段健美操音乐中有一段音乐的风格突然不一样了。

师：这位同学听得很仔细，不一样的这段音乐叫作"健美操第二风格"。有没有同学听出来这是什么风格的音乐？

生：老师，我觉得像武术操的音乐。

师：是的，这位同学对音乐非常敏锐。我们这套自编操的第二风格就是武术风格。我们本学期的创编任务就是要对第二风格进行创编。

生：老师，武术属于中华优秀传统项目，但是，健美操是从西方演变而来的。这两者可以相互融合吗？

师：虽然这两个运动项目分别来自东方和西方，但是两者在很多方面存在着互通性。健美操是时代的产物，是一项带有西方特色的具有锻炼价值的运动项目；武术是中华优秀传统项目，具有深邃的文化底蕴和鲜明的民族特色，是中华民族创造的文化精粹。武术是我们学校的特色项目，我们把学校的特色项目融入健美操，把中华优秀传统文化融入健美操，这是一件非常有意义的事情。

教学片段二

中华武术博大精深、种类繁多，为了让学生找到创编的灵感，我为学生准备了一段剪辑过的不同种类的武术、武术操视频，借助多媒体播放器，让学生更深刻地感受武术文化精粹。

生：老师，视频里的武术动作好有精气神，可是好难呀，我也不是武术专项班的学生，我担心自己的动作做不好。

师：我们在创编的时候设计的是小组合作的形式，因此，创编的动作一定是每个组员都能完成的，千万不能一味追求难度，只注重观赏性，忽略整齐性，那样就会适得其反。

在教师的提醒下，每个小组根据自己的情况，一起探讨，出谋划策，选择了适合自己小组特色的武术动作进行创编。一组一动作，一组一风格，每个小组创编的动作都各具风格，既有健美操的欢快轻盈，又有武术的精气神。

健美操第二风格形式多样，有恰恰、嘻哈、探戈、街舞、爵士等。但是，近些年，在各种大型健美操比赛中频频出现第二风格为"武术"的比赛套路。这些比赛套路轻快活跃、积极向上，在结合中华优秀传统项目武术后，整套操展现出不一样的风味，在活跃动感的现代性中又不失中华优秀传统文化的传承。武术和健美操相融合的创编不受场地、季节、器材的限制，适合人群广泛，大家都能从中找到适合自己的练习方式，收获乐趣。将武术融入健美操，擦出了不一样的火花。

（一）将武术融入健美操可以激发学生学习兴趣

健美操作为高中体育教学内容之一，已经在专项班中普及，但是，健美操的成套动作都是操化类的，时间久了，就会让学生觉得枯燥，导致学生对健美操学习的兴趣不高。武术既是人的身体活动，又是一种武技，而且现代武术表演更具观赏性，其在服装、音乐、动作变换上都有自己的特色。例如，道具功夫扇的使用，可以烘托出武术文化的氛围；多人合作的攻防表演，可以增加学生之间的交流互动。将这些元素融入健美操教学中，可以开拓学生的思维，加深学生对中华优秀传统文化武术的了解和喜爱，培养学生的创新能力，激发学生的学习兴趣，从而提高学习效果。

（二）将武术融入健美操可以丰富健美操教学内容

中华武术内容丰富、形式多样、风格独特。武术和健美操相融合，可以形成一种具有民族风味的健身舞蹈。例如，我们可以把武术的基本步伐和健美操的基本手型组合，也可以把武术的基本手型和健美操的基本步伐组合，从而既能创造出具有浓厚中国特色的健身操，又能促进健美操更加中国化。

（三）将武术融入健美操可以提高学生身体素质和修养

武术是中华民族宝贵的文化遗产，是一项增强体质、培养意志、训练格斗技能的体育运动。长期坚持练习，对身体各部位均有良好的锻炼效果。其中一些对打的动作，更能提高神经系统的强度、均衡性和灵活性，对增强人体的力量、灵敏度和柔韧度等都具有很好的作用。此外，学习武术不仅需要吃苦耐劳的精神，还需要常年不懈的努力。这不仅能培养练习者坚韧不拔、勇敢无畏的意志品质，也是一种修身养性的良好手段。

（四）将武术融入健美操可以发扬中华优秀传统文化

武术是中华优秀传统文化的重要组成部分，融通着中国人、中国文化的历史血脉，具有深厚的文化底蕴和鲜明的民族特色。当今时代，多元文化相互碰撞，将武术融入健美操，既可以使学生对中华优秀传统文化有进一步的了解，又通过各种展演，促进了中华优秀传统文化的传承和弘扬。

综上所述，看似毫不相干的两个体育项目，经过创新融合，可以擦出不一样的火花，中华优秀传统文化也可以在体育课堂上发扬光大。

（作者：龚维）

学国乒之精英　传国乒之精神
——以一堂乒乓球理论课为例

乒乓球被称为我国的"国球"，乒乓球运动在我国有良好的传统和基础。学校开展乒乓球运动，不仅可以提升学生的反应速度，培养学生吃苦耐劳、不怕困难、顽强拼搏的品质，还可以激发学生的爱国热情，培养他们"勇敢拼搏，为国争光"的责任感和使命感，使他们朝着德智体美劳全面发展的方向努力。

乒乓球是高中体育教材中的重要项目，在传统教学课中较多注重技战术的教学及体能练习，而容易忽略中华优秀传统文化的渗透。因此，如何挖掘教材，在教学中寻找乒乓球与中华优秀传统文化相融合的契机是一项重要课题。

高一第二学期第16周，乒乓专项课的教学内容为乒乓球裁判法。在复习完第15周左推右攻的教学内容后，我向学生宣布了下节课要学习乒乓球裁判法，然后组织团体赛和裁判员"实习"。因此，在下课前完成了抽签分组，并让小组长安排好团体赛的第一、第二、第三单打的出场顺序。在解散后，学生都在议论自己小组的抽签形势，个个摩拳擦掌，盼望着下周团体赛马上开始。下课时在楼梯口，正好听到两位学生的对话，我陷入了沉思。

生：唉，你手气怎么这么差，抽到那么强的小组呀！

生：你还指望晋级呀，我们组不管抽到哪组，都是凶多吉少。我们两个实力也不算太强，组里有×××同学能行吗？

生：嗯，都怪他在上课时练习次数最少，都不愿意多练。

生：唉，估计他知道我们喂球给他，他总失误，也不好意思了吧。之前根本没法练，现在总算好了很多，至少也能练起来，但我还是不愿意他来喂我球。

生：我也是，每次比赛我都不愿意和他认真打，怕虐他太惨。

生：和他在一组真是一言难尽。

…………

听了他们两个的对话，其实，我知道这两名学生心里是很重视这次团体赛的，但小组内团结协助、合作学习意识较弱等也是一直以来让我头疼的问题。怎样让基础差的学生能更好地融入小组，而基础好的学生能主动去帮助他们，形成互帮互助、共同提高的良好氛围呢？我琢磨能不能利用理论课的机会，除了完成乒乓球裁判法的教学任务外，还进行一次团队精神的教育。

到了第16周专项课那天，第一部分是学习乒乓球裁判法。我事先制作了乒乓球裁判法的PPT，同时，下载了2001年第46届世乒赛团体赛半决赛中刘国正挽救7个赛点的视频。在具体教学中，我详细地介绍了裁判员在比赛中的职责，各种执法步骤、手势等，并模拟了几个场景让学生执法，接着就进入提问环节。

师：同学们，作为一名裁判员最重要的是什么？

生：公正。

师：很好，裁判必须公平、公正。只有裁判员公平、公正了，比赛才会精彩、连贯，才不会出现不和谐的一幕。

生：如果场上队员不服从裁判怎么办？

师：这个问题问得好。裁判首先警告运动员。运动员在受到警告后，首次再犯，裁判员向其同时出示黄牌和红牌，并判对方得一分；第二次再犯，裁判员可判对方得两分，同时出示黄牌和红牌；再有冒犯行为或在任何时候出现严重冒犯行为时，裁判员可中断比赛向裁判长报告，裁判长在取消运动员比赛资格时，应出示红牌。因此，运动员在场上必须服从裁判。在伦敦奥运会上丁宁和李晓霞决赛，丁宁发球违例，裁判第一次警告；裁判警告后仍发现丁宁违例，判了丁宁失一分，并出示黄牌和红牌；丁宁申诉一次，无效，第二次被判发球违例，丁宁再申诉，直接被罚了两分。丁宁前后共被判罚四分，导致最后输了比赛。记住，运动员必须服从裁判。

师：同学们，下节课我们八个小组就要进行团体赛了。接下来我们一起欣赏一段视频，一是学习视频里裁判员的执法；二是欣赏高水平的比赛，为下节课的团体赛做个暖场；三是希望有些小组在团队合作学习上有所启悟。在视频结束后我要请同学回答问题。

于是，我播放了事先准备好的第46届世乒赛团体赛半决赛刘国正的精彩视频。不出所料，学生发出了一阵阵惊叹声和欢呼声。为了更好地达到教学目标，我事先把这段视频中裁判出现的镜头进行了剪辑，给学生又播放了一遍。

师：同学们，刚才的乒乓球裁判法内容大家都清楚了吗？

生：清楚了！

师：好。那老师想问大家：看了刚才这段视频，有什么感受？

生：紧张刺激，能挽救7个赛点太不可思议了。

师：嗯，老师看过这次比赛的直播，感受和大家一样。如果我问你们，看了这场比赛，有哪些品质值得学习，我想你们给我的答案肯定就是顽强拼搏、沉着冷静，对不对？

生：对。

师：那我改一下问题，你觉得刘国正能神奇般地挽救7个赛点，挽救中国队，除了他顽强拼搏、沉着冷静之外，还靠什么？

生：心理素质好。

师：对，没有好的心理素质当然不能挽救7个赛点。还有哪位同学补充吗？

生：技术好。

师：不错，技术很关键，没有过硬的技战术是没法和对手抗衡的，因此，大家在技术上要多下功夫。基础弱的同学要坚信乒乓球是一项熟能生巧的运动，贵在坚持。只要主动向基础好的同学请教，持之以恒，你也会成为高手的。除了刚才说的心理素质好、技术好，还靠什么？

生：体能好。

师：确实，没有好的体能是没法坚持下来的，何况刘国正打了两场。还有哪位同学要补充吗？

生：教练的执教水平。

师：对，执教水平高的教练会根据场上的情况和变化让自己的队员调整战术，争取扭转不利形势。同学们回答得都不错，还有要补充的吗？

这时，学生你看我，我看你，没什么要补充的。这时，我把孔令辉两次输球下场后队友的动作，刘国正每次上场时教练和队友的动作，以及在每次得分后教练和队友的呐喊与动作集中剪辑在一起，给学生又看了一遍。

师：你们知道答案了吗？

生：嗯，团队的力量。

师：同学们，你们看下孔令辉第一场输球后，马琳和刘国正做出了什么动作。哪位同学说下？

生：握了下手，拍了拍他的肩。

师：第二场输球后他俩又是什么动作？

生：还是拍拍肩，加上一些语言。说什么听不见，估计是说没事，战斗还没结束呢！

师：这位同学的配音配得很到位，大家说是不是？

师：大家再看下：当刘国正比赛时，孔令辉在干什么？当暂停的时候,他又在干什么?

生:孔令辉在刘国正每次得分时都站起来鼓掌加油,后面几分都是站着加油呐喊,当暂停时主动递水,还按摩他的肩。

师:对,这就是团队的力量,胜利离不开场上的每位队友,离不开场下的教练和陪练,胜利了一起开心,失败了一起扛。要相信自己组内的每位队员,互相鼓励,互相帮助,尤其是团体赛项目。不仅是乒乓球队,还有大家熟悉的中国女排等都一直在发扬这种团队精神,才会取得傲人的成绩,为国家一次次争得荣誉。你们觉得对吗?

生:对!

师:因此,我希望我们八个小组也都向他们学习。团队是一个整体,需要团结一心、互帮互助。不管是训练还是比赛,都不要互相埋怨,而应取长补短,共同提高,个人强则团队强,团队强则个人更强。下节课的团体赛希望大家也像刘国正那样,赛出水平,赛出风格,领先不骄傲,落后不放弃;希望组内的队员同样互相鼓励、互相加油;也希望各位担任裁判员的同学公平、公正地主持每局比赛。

案例分析

体育课堂不仅是提高学生体能和健身技能的主阵地,也是促进学生互帮互助、团结合作的平台,更是渗透中华优秀传统文化的重要平台。乒乓球是我们的国球,在这个项目上不仅诞生了许多的世界冠军,也涌现出了许多的感人事迹,"人生能有几回搏"更是耳熟能详。因此,乒乓球教学能较好地为学生树立学习楷模,培养学生的爱国主义精神和积极向上的拼搏精神。

本节课通过PPT让学生了解了乒乓球裁判员的职责,执法步骤、手势等知识,坚持贯彻公平、公正的执法原则,熟悉裁判员的执法工作,从理论到实践,逐步提升执法水平;通过观看第46届世乒赛团体赛半决赛刘国正和韩国选手金泽洙最后一场决胜局的视频,学生学习了高水平裁判员的执法能力,欣赏了高水平运动员的精彩比赛,从而激发出学习热情和动力,确立学习的楷模,树立规则意识,学会尊重对手及养成互帮互助、合作协作的团队精神。

(作者:殷雄)

通力协作，以少胜多
——以足球教学为例

　　《普通高中体育与健康课程标准》（2017年版2020年修订）要求，深挖体育学科育人价值，促进学生核心素养的发展，以培养高中生学以致用的能力为重点，引导学生用关联性和结构化的知识、技能和方法解决运动与健康中的问题。结合《中华优秀传统文化进中小学课程教材指南》，从家国情怀、社会关爱、人格修养三个方面，挖掘足球中华优秀传统文化教育内容，强化中华优秀传统文化铸魂育人功能，筑牢学生民族文化自信、价值自信的根基。

（一）起因

　　一年一度的足球联赛如期举行，绿茵场上一片生机盎然，班队之间的比赛吸引着师生驻足观看、呐喊助威，整个校园沸腾起来。场上队员你争我抢，追逐着滚动中的足球。只见A队球员在后场断球后，快速反击。此时B队两名防守队员显得不知所措，同时奔向持球队员进行抢断，持球队员冷静将球传给队友，轻松撕破防守，A队球员在接球后单刀破门。B队队员面对这种情况，有的抱怨，有的劝慰，两名防守队员更加无奈。仅仅一粒失球却导致B队队员情绪大变，在接下来的比赛中态度消极、抱怨四起，以致连连失利，最终以惨败收场。我心想：一次错误的防守行为、一粒失球的落后，却能导致整个球队情绪上的变化，这暴露出学生的心理适应能力和环境适应能力缺失，以及同理心、包容心、友善心的不足。那么，如何才能培养学生推己及人、和而不同、守望相助的品质呢？

（二）交流

　　赛后，我首先肯定B队在失球前的良好表现，提问：为什么在痛失一球后状态低迷？学生纷纷表示会再接再厉，可是，如果再遇上类似的情况，他们依然无能为力，因为后卫的实力实在太弱了。我听出了学生的不自信及对同伴的不信任。因此，我觉得必须做些什么改变大家的想法。

（1）布置家庭作业：利用网络资源，查找足球比赛中反败为胜的经典案例。

（2）完成一份防守单元教学设计，让学生充分了解足球防守的完整概念，由个人防守到小组区域防守再到球场不同区域的整体防守。

（3）针对B队在比赛中出现的失球，设计相应情境的足球教学课，更加真实、直观地总结经验与不足，让学生从亲身体验中发现问题、分析问题、解决问题。

（三）反馈

学生的家庭作业很快就反馈给我了，他们找到了世界足坛最经典的反败为胜案例——"伊斯坦布尔之夜"，2005年5月25日于土耳其伊斯坦布尔进行的2004/2005赛季欧洲冠军联赛决赛。英格兰利物浦在上半场0：3落后的局面下实现了不可思议的超级翻盘，最终击败意大利AC米兰，夺得冠军。此次决赛被誉为"史上最精彩的欧冠杯决赛"，利物浦成为第50届欧洲冠军杯的冠军。

我提问：利物浦是如何完成这样的翻转的？学生各抒己见：在失球后他们始终组织有序；在每次失球后都会马上反抢；当队友出现错误时，依然相互鼓励、毫无抱怨；他们争夺每分每秒，从未放弃。

学生给出了自己能想到的各种理由，但我想告诉大家的是"足球是圆的，一切皆有可能"。希望大家可以通过这样一场经典比赛，学习足球精神，在比赛中能包容同伴的错误，承担起自己的责任，守望相助，坚持到底。通过这样一次交流，学生感触颇深。

在交流互动后，我随即开展了足球防守的理论知识讲解，从足球比赛的四大时刻——"进攻、防守、进攻转换防守、防守转换进攻"出发，讲述了防守的重要性，并对足球的个人防守和小组防守进行了细致阐述。当个人防守时，若无直接断球机会，则须采取"延缓、驱赶、抢断"等行动；当小组防守时，若区域内有同伴进行协助防守，则应利用个人防守能力协同同伴进行防守以夺得球权。通过系统讲解，学生得以在结构化教学模式下了解足球防守，提高个人及小组的防守能力，适应比赛场上的各种变化。这节课学生听得尤为认真、仔细，甚至宣称下次再遇到

比赛失球的局面绝对不会再犯错误。

(四)实践

理论知识的学习始终需要通过实践去吸收。我选了一些B队在真实比赛中防守失利的场景,设计了以少防多教学课,以问题导向、任务驱动、情境创设,有效引导学练,实现"学以致用"的目的。

教学课的设计思路及流程如图2.3。

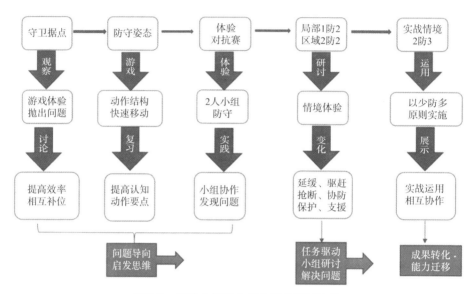

图2.3　足球小组防守能力提升学习流程

本节课内容是小组防守能力提升,为小组防守第三课时,主要教学设计为2人小组防守,即防守人数处于劣势情况下的防守原则。依据单元设计,前两节课时分别是防守人数多于进攻人数和攻防人数相等。故在本节课内容安排上,首先在热身中复习防守姿态和2人防守,既承接了之前课中的防守站位,又开启了本节课2人小组防守的站位选择。

本课采用先实战后练习再实战的教学结构:首先通过实战体验,收集学生在比赛过程中存在的问题与不足;其次经历局部1防2和区域2防2的教学设计,解决学生的疑惑,强调防守人数处于劣势情况下的防守原则,如第一防守人需要做的"延缓、驱赶、切断传球路线",第二防守人的站位选择"保护与协防";最后回到实战中运用所学进行检验。

（一）情感情境——解析自我，提升修养

　　B队学生在比赛中表现出的不和谐，源于角色意识欠缺、适应能力不足和团队意识匮乏。反败为胜的经典足球比赛案例，能让学生触景生情，在交流中反思自己，从而提高学生的人格修养，培养健康行为，让学生学会正确地进行人际交往，尊重队友、尊重对手，弘扬和衷共济、友善乐群的精神。

（二）比赛情境——实战运用，培养素养

　　比赛情境是指将学生在比赛中的某一片段进行截取重新设计，再进行反复练习，以解决学生在比赛中出现的问题。这种设计更接近比赛实际，可以使学生在情境训练中保持比赛状态，更有利于学生提高运动水平。课中，以2人小组防守为载体，遵循足球发展训练的理念。以防守人数少于进攻人数构建多场景对抗练习，帮助学生结构化地掌握防守原则，提高学生的决策能力和独立思考、判断能力，让学生在对抗中学会合作，形成明理遵法的规则观。在这一教学过程中，实现学生强健身体、锻炼心智的目标，激发学生参与体育活动的兴趣，进一步落实学科育人价值。

（作者：王鑫）

第五节　艺术学科指南与案例

一、艺术学科对《中华优秀传统文化进中小学课程教材指南》的理解和应用

　　中国中学结合自身特点，在艺术学科教学中融合中华优秀传统文化，以艺术课堂、社团、选修、校园艺术节等活动为切入口,将艺术核心素养和美育价值融入教学,展开内容丰富、种类多样的艺术教学形式,使学生成为艺术的再现者、创造者,促进学生审美意识的发展,提升学生审美能力和文化修养,营造浓厚的艺术学习氛围。

第一,在艺术课堂教学中,教师不仅围绕教学重难点进行教学,而且将课本内容与生活、时事紧密结合,引导学生思考、感受生活中的艺术,培养学生发现美的能力。

第二,在社团、选修教学中,融合中华优秀传统文化,组织开展民乐合奏、二十四节气文创设计、墨韵社、书画社、手绘中国风、合唱队、软陶、蛋雕和绒绣等拓展性课程,锻炼学生的实践能力,培养学生的课外兴趣爱好,激发学生对艺术的学习兴趣。

第三,在校园艺术节中,结合中华优秀传统文化及中国中学校园文化,组织多项艺术活动,如校园吉祥物熊猫标志设计、"声心向党"校园歌手大赛、"最美艺行者"舞蹈器乐专场、创意海报设计等。通过参加艺术活动,学生在提高自身能力的同时,也加深了对中华优秀传统文化、中国中学校园文化的认识与理解。

二、梳理艺术学科涉及的知识内容

艺术学科以教材为主、课外学习资料为辅开展教学。教材包括《艺术与文化》《艺术与生活》《艺术与科学》等。教师通过深入分析教材教法,抓住艺术作品的主要表现特征,把握符合课标要求和学情基础的教学内容重点,并根据《上海市高中艺术学科教学基本要求》共同制定教学指南与单元设计。艺术学科主要分为音乐、美术等学科,各学科教师结合学科特点编写教案等材料,结合中华优秀传统文化开展教学活动。

三、探索在课堂教学中融合特色的策略与方法

在艺术教学中,教师积极探索将艺术学科特色和校园文化融合的策略与方法,实施"以艺育心,以心育人"的教育策略,使学生在浓厚的艺术教育氛围中体验与感悟艺术之美。艺术学科具有多样性、实践性、创新性、审美性的学科特色,在结合中华优秀传统文化进行课程设计时具有较大的发

挥空间。比如,《艺术与文化》教材中"符号象征"一单元,教师用观念性视角聚焦该单元的学习与思考,促进跨时间、跨文化、跨情境地运用知识;在"艺术创作与科技发展"皮影动画制作中,教师将中华优秀传统文化与美术教育相结合,展现文化魅力和学科特色,以比较法分析不同皮影版本的特色,并介绍皮影动画制作的方法,让学生从多个方面感受和学习皮影文化。

中国中学历史悠久,校园中华优秀传统文化浸润着一届又一届的学生。在教学中,教师融入办学理念、办学宗旨,将一颗中国心传递给每位学生。在艺术课上,教师将中国非遗带入课堂,并与现代科技有机结合,满足学生对中华优秀传统文化和现代科技知识的渴求。以多种教学策略让中华优秀传统文化进入学生视野,不仅不会激起学生觉得枯燥乏味、事不关己的逆反心态,而且还会提升他们探索新鲜事物的好奇心,更好地传承弘扬中华优秀传统文化。

四、教学案例

春之蛰动、夏之蝉鸣、秋之韵歌、冬之暖阳
——海报设计

案例背景

在美术课教学中,教师如何通过自身的思考与实践,将中华优秀传统文化全方位融入美育过程,以明确新的教育导向,顺应新的教育形式,是值得我们认真探究的。中华优秀传统文化是"活"的文化,是人类的精神遗产,既包含过去某个特定历史时期的文化,又包含不断涌现的新文化,这正是被我们不断传承的"活态"遗产。我们要从审美性、实用性、表现性、民族性和时代性等方面进行赏析。

因此,我们深入挖掘"二十四节气"的教育价值并应用于中华优秀传统文化教育,丰富了学生的体验经验,提高了学生学习中华优秀传统文化的积极主动性,促进了学生的全面发展。"二十四节气"是我国古代劳动人民通过观察和记录太阳对地球产生的影响而制定的一种历法。人们根据节气的变化安排农事活动,以便每年春耕秋收都能顺利进行。

可以说，"二十四节气"是我国古代劳动人民智慧的结晶，是中华优秀传统文化的瑰宝。

（一）欣赏具有中华优秀传统文化特色的海报

"创生万象，幕后为王"是这幅海报的主题，其画面色彩鲜明、形象生动、耐人寻味。作品采用象征手法，在画面中两只小猴子用力拉开淡蓝色的水幕，如同大幕开启，露出经典动画电影《大闹天宫》中孙悟空的脸。最引人注目的是那双眼睛，朝气蓬勃，好奇地打量着眼前的一切，象征中国的国际电影节，坚持着自己的好奇心，坚持用探索的眼光打量世界、改变世界。同时，作品运用强烈的对比色，使画面更具视觉冲击力。

图2.4　第二十二届上海国际电影节官方海报

（二）引入"二十四节气"

师：我们学校的吉祥物是什么？

生：熊猫。

师：接下来我们再欣赏一组图片，请同学们猜一下图片要表达的主题是什么。注意看：这只小熊猫在干什么，背景是什么样的，用了哪些色彩？

图2.5 "二十四节气"创意海报组图（1）

生：小熊猫在吃青团，背景有柳树、燕子，色彩有绿色、粉色、褐色等。

师：你们观察得很仔细。青团一般在什么时候吃呢？

生：清明节。

师：那色彩的表达呢？

生：熊猫黑白两色的对比，在大面积的绿色中有一点粉色，还有些褐色。

师：这些色彩配得好看吗？有什么原理吗？

生：配得好看，运用了对比色、同类色。

师：非常好，对比色的搭配也有比例之分。接下来，我们再看一张图片：这只小熊猫在干什么，背景是什么样的，用了哪些色彩？

图2.6 "二十四节气"创意海报组图（2）

生：小熊猫在吃月饼，背景有桂花，色彩运用了墨绿色、黄色、橙色等。

师：什么节日吃月饼呢？

生：中秋节。

师："秋分秋色秋收忙，秋风秋雨秋意凉。秋季养生调情志，中秋佳节喜气扬。金秋燥气在当令，滋阴润肺食调养。调节情绪防抑郁，心性平和要开朗。"这是中秋节祝福的话语。同学们看到第一句的前两个字"秋分"了吗？"秋分"代表什么？

生：中国的"二十四节气"。

师：同学们太棒了！那你们能告诉老师有哪"二十四节气"吗？老师再给你们展示些图片。

图 2.7　"二十四节气"创意海报组图（3）

生：有雨水、夏至、小暑……

师："二十四节气"始于立春，终于大寒，周而复始，是我国古人农业生产及日常生活的指南。2016 年 11 月 30 日，"二十四节气"被正式列入联合国教科文组织人类非遗代表作名录。

（给学生看有关"二十四节气"的小视频，让学生了解其中的寓意。）

（三）海报设计实践

师：上节课，我们学了海报设计的基本知识，请同学们回顾一下海报设计的概念、海报的构成、海报的构图形式、海报的特点是什么。

…………

师：海报是结合说明文字的一种绘画或图案，张贴出来以"引人注目，向人通报"，也称"招贴画"。海报由标题、正文、插图、标志及其他文字构成。标题是表达海报主题最重要的部分，字体宜大而清晰，忌用草体和斜体；正文是说明内容的文字；插图由具象、抽象、装饰、漫画、摄影组成；标志是一种带有含义的视觉符号；其他文字包括名称、时间、地点。海报的构成形式多种多样，有水平式、垂直式、斜线式、弧线式、放射式等。海报具有画面大、内容广、远视强的特点。要想达到远视强的特点，就必须学会色彩在海报中的应用。

师：请同学们设计有关"二十四节气"的海报，尺寸为40 cm×30 cm。

（注意针对学生的个体差异给予辅导，注意以点带面；启发学生的创造性思维，注意色彩的应用；创造性融入中华优秀传统文化。）

（四）达标测评与小结

归纳本课的教学内容。挑选一部分学生作业进行展示，首先请学生互评；其次教师讲评，肯定优点、指出缺点，以深化理解、增加兴趣。

师：同学们在这节课中思维非常活跃，希望同学们永远在艺术的海洋中遨游。

（一）找准立足点

首先通过熊猫的海报设计引入"二十四节气"，从节日、风俗、风物等方面让学生深入了解中华优秀传统文化"二十四节气"的相关知识；其次通过海报设计实践，让学生运用色彩准确地表达"二十四节气"，用"二十四节气"的代表性插画进行海报设计，充分体验中国"二十四节气"之美。

（二）紧扣中心点

色彩可以很好地区分一年四季：夏天是暖色调，冬天是冷色调，春秋是中性色……根据色环也可以很好地区分出"二十四节气"的变化。

学生对周围的世界充满了好奇，并且天生有学习与探索的内在需求。"二十四节气"活动的核心是激发学生的探究兴趣，在体验探究过程的同时，帮助他们把艺术与中华优秀传统文化联系起来。

（三）拓展延伸

　　我们将"二十四节气"按照年龄梯度整合为三年全面的体系化课程，支持学生在互动中感受文化魅力、传承文化精髓。根据"二十四节气"的季节更替变化，运用科学观、教育观对"二十四节气"文化加以选择，分为"春之蛰动""夏之蝉鸣""秋之韵歌""冬之暖阳"四个版块，使内容、教育与主题有机整合，充分发挥综合教育功能。每个版块涵盖丰富的课程，让学生以"二十四节气"为"望远镜"探索世界：植物及其生命周期，天气和季节，太阳、地球和月亮，身体和健康，细菌与卫生，温度，生态与环境，水循环，农业与食品，等等。让"二十四节气"走进学生生活的方方面面。

　　作为教育工作者，要不断学习、反思，提升中华优秀传统文化教育的能力与水平。坚持"儿童视角"，在实践中，将培育指标与校本课程相结合，教育手段与现代化教学方法相结合，丰富中华优秀传统文化教育策略，优化课程体系的构建，让继承弘扬中华优秀传统文化的种子在孩子的心中生根发芽。

（作者：李育）

"艺术创作与科技发展"案例分析
——以皮影动画制作为例

　　皮影戏又称"影子戏"或"灯影戏"，是一种用兽皮或纸板做成的人物剪影表演故事的民间戏剧。在表演时，艺人在白色幕布后面，一边操纵影人，一边用当地流行的曲调讲述故事，同时配以打击乐器和弦乐，有浓厚的乡土气息。作为中国的非遗艺术，皮影戏的演出需要演员（学生）具有一些跨学科的素养。在语文功底上，要求学生能梳理故事脉络，形成皮影戏剧本或是在原有的课本剧上进行改编；在绘画技术上，要求学生能使用基本绘画媒介进行艺术创作和皮影人物道具的制作等；在音乐模仿能力上，学生虽不能像曲艺人一样唱出曲调，但可以培养一定的音乐审美能力为自己的皮影动画选择配乐。

科技的进步和发展创造出更多的艺术形式。本课是要带领学生完成皮影动画的制作，这是一种传统非遗艺术和现代科技结合的产物。在传统绘画中，不同材料的运用体现了文化的多样性与差异性；而到了当代，人们在绘画创作时，对于媒材的选择，本身就体现了不同的美学追求。动画电影则是在绘画的基础上诞生的。中国动画电影将中国画的意境与先进的电影技术相结合，呈现出独特的视听效果。

随着数字化时代的来临，艺术创作进入了新的阶段。通过对数字技术条件下音乐、舞蹈、美术等的学习，学生可以了解当代艺术和数字技术之间的紧密联系。高中生因为已经具备了一些科学技术使用的知识，对"艺术创作与科技发展"这一课题很感兴趣。

（一）皮影人物道具制作

在课堂上欣赏《西游记——三打白骨精》的三种不同版本：动画版、皮影戏版、动画皮影版。通过比较背景、人物颜色、角色等不同方面，深入了解三者之间的区别（见表2.4）。

师：同学们，我们来分别观看三个版本的《西游记——三打白骨精》，大家可以找一个观察点分析它们之间的区别。

（播放视频。）

师：你们觉得三种版本背景有什么不一样的地方吗？

生：一种是黑白的，另外两种是彩色的，都是中国画风的背景。

师：是的，上色的叫作"青绿山水"，不上色的是我们的水墨山水。那么，大家再来看一看，三种版本中人物不同的呈现方式。有没有同学可以概括一下？

…………

小结：

表2.4 《西游记——三打白骨精》不同版本的区别

版本	背景	人物颜色	人物呈现方式
动画	水墨山水	颜色较鲜艳	三维立体

续表

版本	背景	人物颜色	人物呈现方式
皮影戏	青绿山水（不变动）	颜色较暗淡	二维平面（不转身）
动画皮影	青绿山水（随着场景变动）	颜色偏画面色调，基本没有自己的颜色	二维平面（转身）

师：比较完三种版本的《西游记——三打白骨精》，想必同学们对皮影戏有了进一步的了解。我们一起来了解一下皮影戏的历史传承与背后的文化。

皮影戏又称"影子戏"，起初用动物的皮毛进行制作，因此也被称为"驴皮影"。皮影戏的历史源远流长。史书记载，皮影戏始于西汉时期，兴于唐代，盛于清代。在元代时期传至西亚和欧洲。从清军入关至清末民初，中国皮影戏艺术发展到了鼎盛时期。当时，很多官邸王府、豪门望族、乡绅大户，都以请名师刻制影人、蓄置精工影箱、私养影班为荣。在民间乡村、城镇，大大小小的皮影戏班比比皆是，一乡一市有二三十个影班也不足为奇。逢年过节、喜庆丰收、祈福拜神、嫁娶宴客、添丁祝寿，都少不了搭台唱戏。

图2.8　皮影人物

师：我们一起来看看皮影人物动画，看看皮影人物有什么造型特点。

生：皮影人物没有向着我们走来的方向。

师：皮影是一种二维艺术，它只呈现人物的侧面。

师：我们放大去观看皮影人物的头部，你的第一感觉是什么？

生：皮影人物头部很精致、很复杂。

生：皮影人物头上戴一个大帽子，是个发饰。

师：同学们说得很好。我们做几道选择题，进一步总结皮影人物头部特点。

图2.9 皮影人物动画

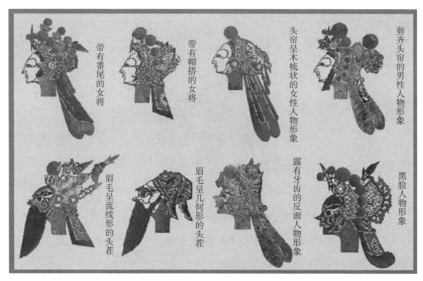

图2.10 皮影人物头部

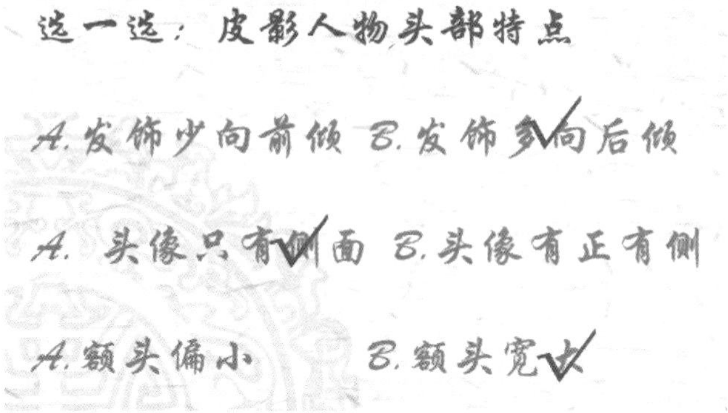

选一选：皮影人物头部特点

A.发饰少向前倾　B.发饰多向后倾

A.头像只有侧面　B.头像有正有侧

A.额头偏小　　　B.额头宽大

图2.11　皮影人物头部特点总结

师：现在，我展示的是一个剪纸皮影，大家看一看剪纸皮影人物的衣服有什么特点，和我们现在的衣服又有什么不一样。

生：皮影人物的衣服和我们现在衣服的袖口不同，他们穿的衣服袖口、裤管都是很大的，有一点像我姐姐喜欢穿的汉服。

师：这位同学回答得很棒。这样的衣服四肢部位宽大。但是，大家来看一看为什么这个人的袖口被收紧了呢？

生：因为这个人是武将，要带兵打仗的。

师：很好，这个人是武将。因此，在同学们设计皮影人物的时候，要结合人物角色特点。

图2.12　剪纸皮影

（二）皮影动画制作

师：我们在制作完皮影人物道具后，怎么以定格动画的形式制作自己的皮影动画呢？首先跟着老师来了解一下，什么是定格动画。

（播放定格动画的片段，欣赏其拍摄剪辑手法。）

定格动画是通过逐格地拍摄对象然后使之连续放映，从而产生仿佛活了一般的人物或你能想象到的任何奇异角色。通常所指的定格动画一般都是由黏土偶、木偶或混合材料的角色演出的。这种动画形式的历史和传统意义上的手绘动画历史一样长，甚至可能更古老。

图2.13 后期编辑示范

课堂实践操作步骤：

首先，导入拍摄好的视频；

其次，在需要添加转场的地方把视频分割开；

再次，添加转场；

最后，观看转场效果。

（一）艺术创作与科技发展相结合的学习使学生产生深度学习的体验

它让学生从动画出发，结合动画知识、定格动画的拍摄与剪辑等，以小见大，从一个点出发学习背后很多相关联的知识。在本节课的学习中，学生可以一直保有一种探索的兴趣与热爱，从而更好地驱动自主学习。如果学生自己领会、探索出艺术与生活的关系、传统与现代的关系，就能将这种经验融入自己的生活中，触类旁通。

（二）艺术创作与科技发展相结合的学习对教师提出了更高的要求

传统的备课模式是利用基本的绘画材料准备课件，而本课要求教师突破传统，真正利用现代数字技术进行备课。在备课的伊始就做到

艺术与科技相融合，这是一种对传统的突破。本课的主题也是皮影和定格动画的融合。皮影是非遗，而定格动画又是相对现代化的产物，两者的有机融合对教师的备课、课堂教学都提出了更高的要求。

（作者：华晔）

第六节　数学学科指南与案例

一、数学学科对《中华优秀传统文化进中小学课程教材指南》的理解和应用

数学学科作为国家基础教育课程，承载着党的教育方针和教育思想，是国家意志在教育领域的直接体现，在立德树人中发挥着关键作用。数学教学围绕中国中学特色创建，尝试在国家基础教育课程教学中融入中华优秀传统文化，让学生真切感受到中国古代科学成就在推动人类历史发展中的重要作用，从而树立起文化自信和民族自豪感，发挥数学学科发展素质教育的功能。

通过探索与发现，学生能掌握必需的数学知识、技能、思想和方法，会用数学眼光观察世界，会用数学思维思考世界，会用数学语言表达世界，提升自身的数学素养，从而促进思维能力、实践能力和创新能力的全方位发展。

二、梳理数学学科涉及的知识内容

根据新教材的教学内容，数学教研组组织教师积极研讨，排摸教材中涉及的中华优秀传统文化元素，制定教学指南，编写单元设计，并且在各单元的相关教案中渗透中华优秀传统文化。目前，已初步形成一定的范式，在文化理解、文化认同及文化践行上进行研发，为特色融合打下基础。

结合高一教材，在新课引入、课程开展、课后拓展三个方面介绍我国古

代数学的发展，让学生了解我国数学家在数学发展史上的创新与独特贡献，体会到数学在祖国建设、民族复兴和民生改善中举足轻重的地位。

引导学生拓展学习高一教材中提到的数学家赵爽的《周髀算经注》，康熙皇帝组织编写的《数理精蕴》，以及其他拓展性数学著作，如《九章算术》《缀数》《海岛算经》等，了解我国古代数学家的成长及数学史的发展。通过中华优秀传统文化在数学学科中的渗透与应用，组织小组讨论和活动展示，让学生在认识我国古代数学家对数学的发展贡献的同时，培养起民族自尊心和民族自豪感。

结合高二教材内容，如立体几何中的榫卯结构、祖暅原理，二项式定理中的杨辉三角，引导学生通过小组合作进行课题研究，可以微课程的形式呈现。通过合作研究，挖掘具有中国特色的建筑园林、文化遗址、民间艺术等背后的数学原理，感悟生活智慧与美学追求，增强学生的爱国之心和民族自信心，提升学生的数学素养。

三、探索在课堂教学中融合特色的策略与方法

经过组内教师的集体讨论研究，结合数学学科特点，确定深度融合的策略为"引中华经典，蕴数形精髓"；具体方法为结合国家课程深入挖掘中华优秀传统文化特色，在新课引入、课程开展、课后拓展三个方面积极实践。

（一）新课引入

"函数"教学引例。介绍我国国内生产总值的变化和经济的增长，让学生通过数据感受国家经济的飞速增长，感悟当今国家的强大，物质生活水平的提高，为自己是一名中国人而骄傲。组织学生进行小组探讨，在实际情境中能根据不同的需要选择恰当的方法（如列表法等）表示函数。

（二）课程开展

"解三角形"课堂教学。秦九韶的三斜求积术旨在解决实际丈量土地面积的问题，可以通过直接测量三角形的边长计算面积，与海伦公式完全等价。秦九韶还对高次方程的数值解法、线性方程组等有深入研究。以小组为单位做微课题汇报，展示秦九韶的数学研究成果，从而体会我国古人从生活中悟出数学原理的奥妙之处。

上海金茂大厦是在改革开放后设计建造的超高层标志性建筑。通过对其高度的测量，感悟改革开放给中国带来的翻天覆地的变化。组织学生进行小组探讨，求解例题。

（三）课后拓展

"对数"教学课后阅读。1653年，薛凤祚与波兰人共同编译、出版了《比例对数表》，正式将对数引入中国。后来，康熙皇帝组织编写《数理精蕴》一书，对对数进行深入阐释。组织学生分小组阅读《数理精蕴》片段，并谈感想，让学生感受中国对数学发展史做出的重要贡献。

通过以上三个方面的融合实践，教师不断总结经验，完善融合课程，在学科教学中体现家国情怀。

四、教学案例

粽子中的数学原理

在全球化背景下，外来文化的渗透愈演愈烈，越来越多的中国学生热衷于外来文化，对中华优秀传统文化产生了冷漠感。加强中华优秀传统文化教育，对于引导青少年学生坚定走中国特色社会主义道路、实现中华民族伟大复兴中国梦的理想信念，具有重大而深远的历史意义。数学虽然看起来与"传统"的关联不大，但是我国许多文化遗产中都有数学的影子。本案例通过中国传统节日"端午节"中的美食——粽子，培养学生的直观想象素养及逻辑推理素养，并借此让学生走近中国传统美食，体会中国传统美食在制作过程中蕴含的数学原理。

片段一

师：之前我们学习了柱体和锥体，今天我们一起来学习简单几何体的综合应用。这个东西大家都认识吧?

生:粽子。

师:对,这是人们每到端午节就要吃的粽子。大家都知道哪些种类的粽子呢?

生:说不清。

师:确实。因为中国地域辽阔,不同地区的粽子各不相同,相同地区不同城市的粽子也各不相同;它们不仅有不同的形状,而且有不同的材料。今天,我们以嘉兴的白米粽和广州的大肉粽为例,研究一下它们的结构。先来看一下嘉兴的白米粽(展示图片),它是什么形状?

生:三棱锥。

师:好。事实上,我们可以把这样一个粽子抽象成一个正四面体。所谓白米粽,即没有任何馅料,仅用糯米制成的实心粽子,在蒸好后一般可以蘸糖或酱油吃。若要制作棱长为12 cm的白米粽,则需要用容量为200 ml的量杯舀糯米,那么,请问包100个这样的粽子,至少需要用量杯舀多少次才可以有足够的糯米?

生:算体积!

师:好的,我们可以先求取单个粽子的体积。那么,正四面体的体积如何求取呢?

生:过定点对底面做垂线,求高。

师:如果做垂线的话,那么我们可以确定垂足的位置吗?

生:可以确定,它在底面中心。

师:好,那高怎么求取?

生:首先连底面中线,其次确定垂足就是中线上的三等分点,最后利用直角三角形勾股定理解决。

师:好,看来大家都有方向了,给大家两分钟时间,自行完成后续计算。

(设计意图:通过运用粽子的棱锥模型解决问题,培养学生利用直观想象进行建模的能力;将生活中的常见物体与所学的几何体结合起来,让学生体会数学在生活中的运用。)

片段二

师：我们再来看一下广州的大肉粽（展示图片），请问这是什么形状？

生：四棱锥。

师：好的。我们不妨将其看作一个正四棱锥，底面正方形的边长约为12 cm，高约为6 cm。假设这个大肉粽中有一块形状为正方体的肉，那么这块肉的体积最大能有多大？

生：肉的上底面四条边都在粽子的侧面上。

师：哦，看起来是这样。能运用交线的性质说说为什么它们都在粽子的侧面上，而不是几条在侧面上，另几条不在侧面上吗？

生：肉的上底面正方形边长最大时可以看作肉的上底面所在平面与正四棱锥侧面的交线。

师：非常好。因为如果肉再大一点，那就成字面意义上的露馅了。我们已经知道，要求肉体积最大的时候，其实就是要求正方体棱长的最大值。那这个棱长应该如何求取？给大家两分钟时间整理一下思路。

（低声讨论。）

师：好，时间到。请同学们说说看，这个棱长怎么求取？

生：可知平行于棱锥底面、截粽子所得上部小四棱锥与粽子整体大四棱锥是相似形状。因此，大小四棱锥的底面边长之比即四棱锥的高之比。

师：好的，这里我们不妨设正方体肉的棱长为未知量，利用底面边长比等于高之比即可解出棱长。后续的计算留给大家课后完成。现在，我还有一个问题：几乎所有的同学都非常默契地把这个正方体的底面以水平放置的方式放在了粽子所对正四棱锥的底面上，那么，还有没有其他不同的放肉方式呢？给大家5分钟时间，不需要做出具体的定量计算，只需要讨论一下其他的放肉方式即可。

（学生热烈讨论，交流方案。）

师：通过刚刚大家的分享，我们发现，不同的放肉方式，可能会对放肉的量产生较大影响。再请大家思考一下，如果我要包蛋黄肉粽呢，那么可以看作这个四棱锥中还要加入什么图形？

生：球！

师：好的，等后续我们讲完球及球的性质之后，再来包蛋黄肉粽。

（设计意图：通过粽子馅料的不同摆放方式，研究不同几何体之间的嵌套关系，培养学生的空间想象力，巩固学过的几何体的性质。）

案例分析

本案例以粽子为载体，通过模拟实际场景，帮助学生学会将身边的物体抽象成空间几何体，并以它们为模型解决实际问题。

在教学片段一中，以包白米粽时米的用量对应锥体的体积计算，涉及几何体模型的选择及研究对象的数学意义，通过这个简单的引入型例题，培养学生根据题干中的文字信息提取数学模型的能力，同时，能对正四面体的几何性质做一个复习，为后续正四棱锥的学习做好铺垫。教学片段二则更加侧重于对几何体包含几何体的综合应用，通过对一个正方体的一些点、线、面相对于另一个几何体的点、线、面位置关系的研究，感受在多几何体背景下，如何通过把握一些特殊的点、线、面位置关系，解决几何体之间基本量的求取。在最后预留了一个"蛋黄肉粽"的伏笔，为即将讲授的球这节内容做好铺垫，体现了大单元设计的思想。同时，本案例还涉及了丰富的粽子形状和馅料，映射了祖国的地大物博，在激发学生民族自豪感的同时，也潜移默化地增强了学生的文化认同感。

当然，美中不足的是，受制于有限的数学知识，有些更加实际的场景无法在课堂中复现。比如，由于缺少异面直线距离的定义，"枕头粽"这类特殊异面线段结构构成的三棱锥就不方便出现；由于函数最值无法求取，在大肉粽中的肉只能是正方体，而不能是一般长方体等。

（作者：汤荣华）

以数学人物为载体培养民族精神
——以"圆的周长"教学为例

案例背景

学生对圆周率其实是有所了解的，他们知道圆周率是一个无限不循环小数，也有很多学生能背出部分圆周率。但在学生的眼里，圆周率只是数学中的一个知识点，他们对圆周率背后的研究过程及我国数学家在圆周率上的成就是不清楚的。此外，学生对我国古代的数学成就了解甚少，因此也无法感受到我国在数学上的成就。其实，我国数学家对圆周率的研究并非一帆风顺，而是在经历了漫长的研究后才将圆周率精确到小数点后7位，并且这一记录在一千年后才被打破。我国古人的智慧和坚持不懈的研究精神是值得每位学生学习的。对此，我选择让学生经历自主探索圆周率的过程，进一步理解圆周率的意义，并通过向学生介绍我国古人在圆周率上的研究让其感悟其中的道理。

（一）片段一

由学生自主测量自己带的圆形物体的直径和周长，并计算周长和直径的比值。教师将学生测得的直径和周长记录在表格中，并由学生讨论、总结周长和直径比值的关系。

师：请同学们现在测量一下自己带的圆形物体，在本子上记录下这个物体的直径和周长，并计算其周长和直径的比值，保留4位小数。

师：有没有同学愿意和我们分享一下数据？

生：我测得的直径是5.9 cm，周长是18.9 cm，周长和直径的比值是3.2034。

生：我测得的直径是7.6 cm，周长是23.9 cm，周长和直径的比值是3.1447。

生：我测得的直径是6.6 cm，周长是20.7 cm，周长和直径的比值是3.1364。

生：我测得的直径是2.6 cm，周长是8.2 cm，周长和直径的比值是3.1538。

生：我测得的直径是3.6 cm，周长是11.3 cm，周长和直径的比值是3.1389。

师：请大家看表格，观察一下不同物体周长和直径的比值。你们能发现他们的关系吗？

生:我发现,如果保留两位小数的话,圆的周长和直径的比值接近于3.14。

师:你说得很对,同学们通过自己动手操作发现了圆的周长和直径的比值接近于3.14。其实,圆的周长和直径的比值是一个固定的数,我们把它叫作"圆周率",用字母 π 表示。π 等于3.141592653…,是一个无限不循环小数。

(二)片段二

请学生谈一谈我国数学家研究圆周率的历史,教师进行补充说明。

师:同学们对我国数学家在圆周率上的研究了解吗?

生:魏晋时期的数学家刘徽在《九章算术》中求得了圆周率 π 的近似值。

师:那你知道刘徽当时求得的圆周率精确到了几位小数吗?

生:精确到了4位小数。

师:是的,刘徽运用割圆术把正多边形的边数逐渐增加,从正六边形到正十二边形再到正二十四边形去逼近圆周,求得了圆周率 π 的近似值是3.1416,这是当时世界上精确度最高的 π 的近似值。还有同学要对我国数学家在圆周率上的研究进行补充吗?

生:我国数学家祖冲之也研究过圆周率,他把圆周率精确到了小数点后7位。

教师:你补充得很正确。在刘徽研究完圆周率200年后,我国南北朝时期著名的数学家祖冲之将圆分成24576条边,用同样的方法,求得圆周率 π 的值介于3.1415926和3.1415927之间。为了便于运用,他用两个分数——$\frac{22}{7}$ 和 $\frac{355}{113}$ 代替 π 的近似值。这种思想比西方早了1000多年。为了纪念祖冲之,我们把 $\frac{355}{113}$ 称为"祖率"。

(三)片段三

请学生谈一谈对我国古人研究圆周率的感悟。

师:现在我们了解了我国古人在圆周率上的研究成就,大家有什么体会吗?

生：我国古人对圆周率的研究经历了很长时间，说明他们也遇到了很多困难，这就告诉我们在面对困难时要像古人一样坚持到底。

生：我国数学家祖冲之将圆周率 π 精确到了小数点后7位，比西方早了1000多年，说明我国的古人非常有智慧。

师：的确，我国古人是很有智慧的，在魏晋时期就得到了当时世界上精确度最高的 π 的近似值。而且，他们对真理有着执着的追求，不断地精确圆周率的值，即便过程很漫长且遇到了很多困难，他们也没有轻言放弃。因此，大家也要学习我国古人的这种探索研究精神和遇到困难坚持不懈的品质。在日常学习中，遇到困难很正常，但我们要学会勇敢面对困难，在难题面前有钻研精神，敢于挑战难题，敢于克服难题。

案例分析

中华文化源远流长、博大精深，我国在数学上更是取得了很多伟大成就，对于学生来说，了解我国的数学史非常有必要。在数学史融入课堂的过程中，教师可以把著名的数学人物作为一个载体，通过介绍该人物在数学上的研究及成就，让学生有所感悟，进而培养学生的民族精神。那么，如何能让学生真切地感悟其中的道理呢？我认为可以采取以下两个措施。

（一）给予学生自主探索的过程

在本次教学过程中，我安排学生自己测直径和周长，然后计算周长和直径的比值，从而自己研究出它们的比值就是熟悉的圆周率。这样的做法一是能培养学生对知识的好奇心和探索欲，二是能提升学生解决问题的能力，三是能培养学生的钻研精神，四是能提升学生学习数学的兴趣和信心。这一环节的设置，其实也是让学生走一遍古人的探索之路，从而自己感受到追寻真理的意义。

（二）教师一步步引导学生

首先我让学生自由谈论对我国圆周率发展史的认识，其次进行归纳、补充。这样，就在课堂中发挥了学生的主体作用，教师作为引导者，一步步帮助学生了解这一段数学史。学生在这一过程中也能更加真切地感受到我国古人的智慧，能结合自己之前自主探索的过程体会到知识探求的不易。最后由学生说出自己的感悟。教师进行补充的教学环节也是为了让学生能自发地感悟到其中的道理，培养学生的思考能力。

因此，教师在把中国传统数学文化融入课堂时，首先要做到以学生为主体、教师为主导，给予学生自主探索的过程；其次可以结合著名数学人物，为理性课堂增添一点感性色彩；最后要通过一段数学史让学生有所感悟，这个感悟既要贴近自身的学习，也要体现民族自豪感。在本节课上，我通过介绍我国古代圆周率的研究历史，展现了我国古人为追求真理坚持不懈、面对挫折仍执着追求的精神，帮助学生树立学好数学的信心，正确看待在学习过程中遇到的困难，进一步提升学生学习数学的兴趣，培养学生的民族自豪感。

（作者：顾瑾娜）

第七节　地理学科指南与案例

一、地理学科对《中华优秀传统文化进中小学课程教材指南》的理解和应用

地理学是研究地理环境，以及人类活动与地理环境关系的科学，具有综合性和区域性等特点。在高中阶段，地理学科可以提供给学生认识自然界和进行社会实践的理论知识与方法指导，培养学生学以致用的地理学科素养。

"观察现实情景→发现地理问题→探究问题根源→拓展知识应用"是学好高中地理课程的重要途径。通过分析、探究自然与人文现象，并谋求人类的可持续发展，培养"有见识、有胸怀、有责任感"的当代中学生，则是高中地理课程的育人价值所在。

高中地理学科核心素养包括：区域认知、综合思维、地理实践力和人地

协调观。中国古代"天人合一"的人地关系思想，正契合了人地协调观。因此，地理新教材本身就包含了体现人地协调观的中华优秀传统文化实例，可以作为落实中华优秀传统文化教育的切入点。同时，也尝试引入了中国古代地理思想、地理著作、物质与非物质文化遗产的部分实例，作为地理学科教学过程中的补充素材。

二、梳理地理学科涉及的知识内容

首先，通读教材，找出在教材中本身已配置的中华优秀传统文化实例，如"地理"的词源、中国古代天文历法成就、走马灯原理、哈尼梯田的"四素同构"等。

其次，结合地理学科基础知识，引入相应的中华优秀传统文化实例，如中国古代天文观测记载、中国古代水循环记载、古代诗词歌赋中对气象和气候的描述等。

最后，对这些素材按照内容进行分类，看看哪些适合作为课前引入，哪些适合进行案例分析。例如，"地理"的词源可以作为前言导入；中国古代水循环记载可以进行案例分析，用于引导学生绘制水循环过程示意图；古代诗词歌赋中对气象和气候的描述，可以用于我国季风气候教学。

三、探索在课堂教学中融合特色的策略与方法

一是找准中华优秀传统文化与地理学科教学的契合点，二是提高两者的融合度。例如，对于"水循环"这一内容，课标的要求是"运用示意图，说明水循环的过程"，以往的教学模式通常就是首先给出示意图，其次请学生说出过程；现在则尝试首先引入我国古代不同时期对水循环的文字记载，其次请学生根据不同阶段的文字记载，画出对应的水循环环节，再次整合为水循环示意图，最后根据示意图说出水循环的过程。这样的教学模式不仅促使学生了解中华优秀传统文化，而且促使学生认识到我国古代人民对自然的认知是不断观察、不断思考、不断总结的过程与结果，有效实现了在课堂教学中融合中华优秀传统文化教育特色（见表2.5）。

表2.5 地理学科高一学段至高二学段融合中华优秀传统文化教学目标

学段 内容	学段	
	高一	高二
文化理解	高一必修一《前言》：了解"地理"的词源（《汉书》《周易》），认识到中华民族关注自然环境和社会人文，体现了道法自然与教化天下的思想	高二必修二《协调人地关系，走可持续发展之路》：了解"中国古代朴素的人地关系思想"的发展演变，认识到"天人合一"是我国古代人地关系思想的高度概括
文化认同	高一必修一《地球的宇宙环境》：了解我国古代天文历法成就，认识到其是中华民族悠久历史文化的重要组成部分和文化精华；了解我国最新、最前沿的天文研究成果，激发学生振兴中华的爱国情怀 高一必修一《自然界的水循环》：通过分组"讨论跨流域调水的利与弊"，认识到中国古代水利工程背后蕴含的惠民利民、安民富民思想	高二必修二《城乡空间》：了解哈尼梯田是由森林、村寨、梯田、水系共同构成的完整的传统乡村生态栖居系统，认识到中华民族道法自然、天人合一的思想 高二必修二《城乡空间》：了解苏州"保护古城、发展新区"的城市建设思路、总体规划等探索和实践，认识到中华民族革故鼎新、与时俱进的思想
文化践行	高一必修一《大气的受热过程与运动》：尝试小组合作制作走马灯，在理解热力环流原理的同时，感受中华民族道法自然的思想	高二必修二《城镇化》：分组开展家人通勤情况小调查，合作完成数据汇总统计，提出降低城市通勤成本的好点子，由此形成惠民利民思想

四、教学案例

在课堂情境教学中学"地"明"理"
——河西走廊地区中华传统地域文化课例研究

　　《对中学地理学科育人价值的再认识》一文写道："中等学校的育人价值包含了两方面的内容：一是让学生获得适应社会发展和终身发展所需要的基础知识和基本技能；二是帮助学生树立积极向上的人生观、世界观，养成良好的思想品德和个性素质，成为一个合格的公民。"由此可见，在地理课堂教学中，我们必须重视学科育人价值，不仅要"教书"还要"育人"。其实，"教书"与"育人"并不是两件事，而是一件事的不同方面。因此，如何在教学实践中，利用良好的教学方法把"教书"和"育人"两者有机地结合起来，是一个值得我们深入研究的问题。本节课结合我近两年地理情境教学的实践研究，以"河西走廊地区"为例，讲述我对于这一问题的思考。

　　本节课在教学内容上属于区域地理,在学习方法上属于自主学习。本节课内容包括河西走廊的地理位置、历史文化、气候特征、经济发展、生态环境等概况。为了体现本节课自主学习的特点,我采取基于学习单的导学方式组织学生学习,引导学生在地图册的辅助下深度解读教材文本和文本提供的材料,在其搭建的情境下进行自主学习,主动构建河西走廊地区的地理知识,巩固区域地理学习技能。

　　同桌两人一组,合作学习,在教师的布置下依次完成以下各模块。

模块 1

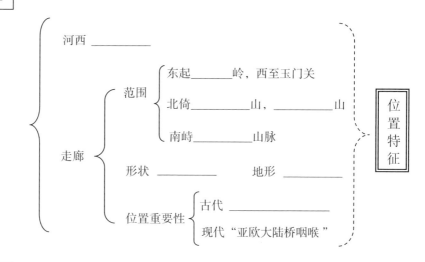

模块 2

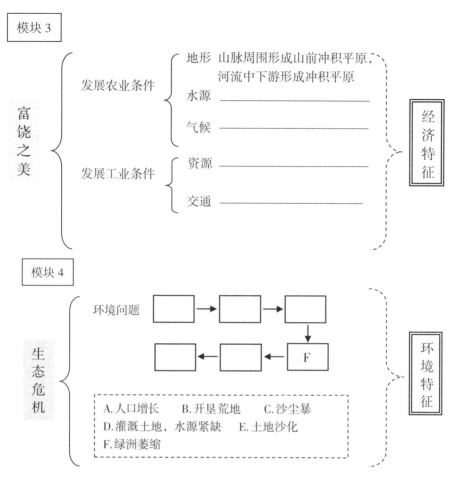

模块3

富饶之美

发展农业条件
- 地形 山脉周围形成山前冲积平原，河流中下游形成冲积平原
- 水源 ＿＿＿＿＿＿＿＿＿＿＿＿
- 气候 ＿＿＿＿＿＿＿＿＿＿＿＿

发展工业条件
- 资源 ＿＿＿＿＿＿＿＿＿＿＿＿
- 交通 ＿＿＿＿＿＿＿＿＿＿＿＿

经济特征

模块4

生态危机

环境问题 □ → □ → □

□ ← □ ← F

A.人口增长　　B.开垦荒地　　C.沙尘暴
D.灌溉土地，水源紧缺　　E.土地沙化
F.绿洲萎缩

环境特征

案例分析

　　我通过近两年的实践研究累积了很多地理情境教学素材。情境教学中的"真、美、情、思"是我的主要理念。第一，以"真实"的世界作为突破口。比如，在教授"河西走廊地区"时，可以结合当地风光，用真实的场景激起学生的学习兴趣。第二，用"美"的情境作为辅助。学生对美有着本能的追求，地理景观的自然美就是地理情境课堂最好的辅助。第三，以"情感"作为纽带。一节好课不仅仅要让学生学会知识，更要通过学习激发出学生的情感。比如，在本课例的学习中，生态破坏影响到我们的城市，要让学生从情境中感受到环保的重要性，提高环保意识。第四，让"思想"成为核心。教学不能一味灌输，只有创造良好

的思维情境，才能让学生主动探索、发现问题。

本课例育人价值的渗透还在于站在学生的角度编写教学目标。导学案主要是为了引导学生预习教材，有目的地带着问题听课而设计的，因此应该站在学生的角度叙述，让学生明白自己在这节课上要完成哪些学习目标，通过导学案的引导，了解学习的重点和难点。

在教学设计中，"说文解字""荒凉之美""富饶之美""生态危机"四大模块分别对应教材中关于河西走廊地区的地理位置、气候特征、经济发展和生态环境四部分内容。知识框架的构建应围绕教学目标，紧扣教材，从整体上实现知识结构和知识间的内在联系，使知识条理化、系统化和整体化。在编写时，一些关键词和重点内容也可以设计成填空题，从而凸显其重要性。

纵观整份"河西走廊地区"导学案设计，例题设计由易到难，具有一定的梯度性。在设计过程中，尽量满足不同层次学生的需要，要使学优生感到挑战，中等生受到激励，学困生也能尝到成功的喜悦，让每个学生都学有所得，最大限度地调动学生学习的积极性，提高学生自主学习区域地理的信心。

关注促进学生发展的地理，关注贴近学生生活的地理，关注实践与应用地理。在学"地"明"理"教学过程中育人价值的体现，本身也是一个"育己"（教师提升自我）的过程。教师只有把对地理的热爱之情投入教学过程中，才能真正激发学生学习的动力与兴趣，从而在育人的过程中，与学生共同成长。

（作者：万琼）

爱国情、兴国志
——以"中国天眼"为例

案例背景

高一地理必修一的《走进地理学》中明确提出："地理学不仅让我们学会用地理的眼光欣赏和认识地理事物，还能利用地理信息技术分析探究自然与人文现象，并谋求人类的可持续发展。这是有见识、有胸怀、有责任感的当代中学生所应追求的。"因此，在地理学科教学中，必须融合家国情怀教育。

高一地理必修一的《地球的宇宙环境》，开篇就设置了"探究"栏目——"'中国天眼'能发现什么"，简述了我国从古至今开展天文观测的历程、成就及未来发展前景，包括我国是最早进行天文观测和记录的国家之一，我国古代的天文仪器、二十四节气、天文历法等，更侧重介绍了有"中国天眼"之称的500米口径球面射电望远镜（FAST）的特点、用途、对人类探索宇宙的意义等，是很好的家国情怀教育素材。而且，"中国天眼之父"南仁东为"中国天眼"燃尽生命，成就国之骄傲的先进事迹，也可以补充到该栏目中，进一步增强家国情怀教育的效果。

通过分析教材不难发现，该"探究"栏目的设置并不是孤立的，而是与教材正文有着紧密的内在联系。因此，将该栏目的内容与教材正文进行有机结合，不仅可以让学生更多地了解我国古代天文领域的伟大成就及我国在天文探索方面的最新进展，还可以激发学生的爱国情和兴国志（见表2.6）。

表2.6 "探究"栏目内容与教材正文内容的结合

"探究"栏目内容	教材正文内容
我国是最早进行天文观测和记录的国家之一	"宇宙"一词的由来 太阳黑子
浑天仪、观星台	天体与天体系统
二十四节气、天文历法	太阳对地球的影响
"中国天眼"的特点、用途、对人类探索宇宙的意义	可观测宇宙的范围

"中国天眼"的正式启用，不仅使我们了解到我国天文观测事业的最新进展，也使我们重新关注了我国古代天文观测的伟大成就。那么，学生对我国古代天文观测的伟大成就了解多少呢？这是学习的基础。

因此，我首先让学生"说一说，你知道的我国古代天文观测成果"。不出所料，学生能说出"二十四节气"，但是有关其他方面的成就就基本说不出来了。

于是，我让学生阅读教材中关于"宇宙"一词的介绍，然后进行了

问答。

师：为什么我国古人会产生空间的认知呢？

生：因为古人生活在地球表面，向四面看，就能感知到空间的存在。

师：那么，时间的认知是怎么产生的呢？

生：古人看着太阳每天东升西落，白天和黑夜随之交替出现，就产生了时间的认知。

师：哦，也就是说，古人是仰望天空，观测到了日月星辰的变化，由此产生了时间的概念。

经过这一环节，学生自然而然地被引导到天文观测这个行为上，那么，我就可以继续介绍我国古代的天文仪器，并与教材内容进行关联。

于是，我出示了浑天仪的图文资料，并补充了"浑天说"和浑天仪（汉代张衡版）的内容，在学生自主阅读教材后，进行提问。

补充内容：

"浑天说"是我国古代的一种重要宇宙理论，认为"浑天如鸡子，天体圆如蛋丸，地如鸡中黄"，天内充满了水，天靠气支撑着，地则浮在水面上。

汉代张衡改进的浑天仪，主体是几层均可运转的圆圈，最外层周长一丈四尺六寸。各层分别刻着内、外规，南、北极，黄、赤道，二十四节气，二十八列宿，还有"中""外"星辰和日、月、五纬等天象。仪上附着两个漏壶，壶底有孔，滴水推动圆圈，圆圈按着刻度慢慢转动。于是各种天文现象便赫然展现在人们眼前。

师："浑天说"和浑天仪，体现了我国古代相对较为科学的宇宙理论，那么，现代天文学观测的结果与浑天说是不是相近呢？

生：人类从地球上观测到的宇宙空间，也是球状空间，就好像是"鸡子"。宇宙中的物质被称为"天体"，绝大多数是质量、体积很大的恒星，但是距离地球很遥远，因此就像"蛋丸"。而从观测者角度来看，地球是很大的，就好像"鸡中黄"。因此，无论古代还是现代，天文观测的观测范围和观测精度有差异，但理论是相近的。

学生此时对我国古代天文观测的成就已十分叹服。因此，趁热打铁，继续展示"中国天眼"的图文资料，并进行提问。

师：大家知道"中国天眼"是什么吗？

生：知道，一种天文望远镜。

师：但是，这个望远镜和我们日常见到的望远镜，怎么长得很不一样啊？

生：这个是收集宇宙射线的望远镜，不是那种直接能看到图像的望远镜。

师：那么为什么不是收集图像，而是收集射线呢？

生：因为外国有哈勃望远镜之类的，我们要错位竞争，搞点射线的。

师：其实，欧美国家早就有射电望远镜了，并不是只有我国才有啊！

生：可是，我国这个射电望远镜是世界上最大的，世界第一啊，也是很牛了！

师：同学们的语气很自豪啊。确实，"中国天眼"是目前世界上最大，可以收集更多、更远宇宙射线的射电望远镜，对人类天文观测有着重要的积极意义。

此时学生已经感到很自豪了，因此要适时推向最高潮，继续展示南仁东先生的事迹，并进行提问。

师：南仁东先生为什么被称为"中国天眼之父"呢？

生：因为是他坚持建设"天眼"项目，而且呕心沥血，最终完成了"天眼"的建设。

师：那么，大家知道他为什么要坚持建设吗？

生：因为要做世界第一。

师：只是世界第一这么简单吗？

生：应该还是要更好地探索宇宙吧，我国在这个领域要走在世界前列。

师：确实啊，中华民族的伟大复兴不仅要体现在经济、社会方面，还要在科学研究领域奋勇迈进。

在本教学片段的结尾，我展示了南仁东先生的一句话——"人类之所以脱颖而出，就是因为有一种对未知的探索精神"。

生：哦，原来如此，我们都要学习这种探索精神才对。

………………

案例分析

（一）找准立足点

本节课的情感价值观教育目标是引导学生了解我国古代天文观测

的成就和现代天文观测的最新进展，感受中国人探索未知的精神，激发学生的爱国情和兴国志。因此，教师在教学时，首先要找准切合点，以我国古代的天文观测成就和最新进展为素材，将中华优秀传统文化教育自然融入目标教学中，使之成为教学的自觉行为。

（二）紧扣中心点

家国情怀是本节课的情感价值观教育目标。因此，要紧紧围绕该目标，进行材料的筛选。这节课是通过让学生了解我国古代的天文观测成就和最新进展落实的。首先，是"宇宙"一词的由来和含义；其次，是"浑天说"和浑天仪的科学性；最后，是"中国天眼"的特点、用途、意义。在内容上层层递进，由古至今，展望未来，激发了学生的民族自豪感。

（三）拓展延伸点

在本课中，学生的民族自豪感是通过有序的引导被激发出来的。但是，不能仅仅停留在民族自豪感上，而是要继续提高到家国情怀的高度上。因此，拓展了"中国天眼之父"南仁东先生的事迹，让学生认识到应该有家国情怀，继往开来，开拓创新，积极投身到实现中华民族伟大复兴的事业中去。

（作者：栾建辉、张嫩）

第八节　化学学科指南与案例

一、化学学科对《中华优秀传统文化进中小学课程教材指南》的理解和应用

中华优秀传统文化是中华民族历史上各种文化思想和精神观念的总体表征，是中华民族生存发展的精神力量源泉和中国特色社会主义文化植根

的沃土。在化学教学中渗透中华优秀传统文化和国情教育，是提升化学学科育人品质、进行爱国主义教育、落实立德树人根本任务的重要途径。

一般认为，化学是近代从西方传入中国的"舶来品"，与我国传统文化联系不多。因此，化学教学中难以体现中华优秀传统文化。但实际上，我国古代与化学有关的工艺有着很高的水平，对不少物质的认识深度和利用水平也走在当时世界的前列。因此，了解我国历史上的一些化学发明，有助于认识我国古代劳动人民的智慧与创造能力。当然，在化学教学中渗透中华优秀传统文化还应紧跟时代发展，结合我国在化学、化工等方面取得的巨大成就，以激发学生的民族自尊心、自信心、自豪感和社会责任感，激励他们为祖国富强而发奋学习。这些内容在丰富教学素材的同时，还能对学生进行潜移默化的爱国主义教育。

化学中的国情教育涉及矿产资源和水资源、工农业生产、科技成就及环保等内容，全面描述我国资源分布与利用现状，传播环保与科学发展理念。既介绍伟大成就，也不回避在发展过程中存在的问题，在激发爱国热情的基础上使学生客观、正确地认识国情；提高学生对社会热点问题的参与度和判断能力，有助于他们日后更好地服务于国家的建设事业。这既是爱国主义教育的重要方面，也是化学教育本土化的重要切入点。

二、梳理化学学科涉及的知识内容

化学学科教师依据教材，分章节对知识内容进行梳理，并对每个涉及的知识点按照古代成就、传统技艺、现代发展及理念、科学家及科学精神等几个方面进行深入挖掘。

三、探索在课堂教学中融合特色的策略与方法

（一）化学知识与传统历史相结合

在化学教学中，找到化学学科与中华优秀传统文化的契合点，把古代、近代、现代优秀的化学成就融入课程，在课堂中加强中华优秀传统文化的渗透，对学生进行爱国主义教育。例如，对于古代高超的制陶技术、青铜冶炼技术、四大发明等，现代结晶牛胰岛素、青蒿素、高分子材料等，可以采用

图片展示、谜语猜词等方式，将其融入课程教学中。

（二）进行科学态度、科学精神的教育

通过交流分享、专题报告等形式让学生了解我国科学家在科学技术方面的伟大贡献，如侯德榜制碱法、张青莲测定相对原子质量、屠呦呦提取青蒿素等，开展以"天下兴亡，匹夫有责"为重点的家国情怀教育。

（三）培养学生可持续发展意识，体现社会责任

在中华五千多年的历史中，中华民族的和谐文化基因在许多人的心中根深蒂固，如以孔子为代表的儒家就追求"天人合一"，这代表着人与自然和谐相处的最高境界，强调人尊重自然就是保护自己。因此，可以在教学中关注一些环境保护的问题，有助于学生深刻地看待科学与社会发展的关系，树立可持续发展理念，提高自身综合素质；可以让学生通过查阅资料、调查走访、参观考察等形式参与实践活动，在思考与实践中加深对化学原理的理解，树立可持续发展意识。

（四）进行趣味渗透

学生的天性是好动、好玩。增强趣味性，可以引起学生的注意与兴趣，激发学生的表现欲、探究欲和创造欲。例如，我国古代诗词中就蕴含着诸多化学的思想、原理、方法等，这就需要教师努力拓展自己的视野，增加自己的知识储备，提升自己的文化厚度。

四、教学案例

《梦溪笔谈》融入高中化学教学初探

《普通高中化学课程标准》（2017年版）中提出，更新教学内容，有机融入中华优秀传统文化，促进学科核心素养的落实。[①] 可见，人文素养教育和中华优秀传统文化的渗透在高中化学教学中越来越受到关注与重视。

---

① 中华人民共和国教育部.普通高中化学课程标准（2017年版）[M].北京：人民教育出版社，2018.

目前,在化学课堂中,常见的中华优秀传统文化融入主要是一些诗词内容,例如,于谦的《石灰吟》、苏轼的《石炭行》等。将中华优秀传统文化在课堂中展现的同时也体现出物质的性质,让学生根据诗词中的内容进行提炼,不仅传承了中华优秀传统文化,还培养了学生信息提炼、证据推理、独立思考的素养。不过,这些诗词中涉及的化学知识内容相对比较集中。在沪科版各年级的化学教材中,都有"化学史话"的版块,给学生介绍相关科学家及背后的历史故事,让学生了解化学史,培养学生敢于质疑的科学精神、攻坚克难的科学态度。我在梳理后发现有以下内容涉及中华优秀传统文化(见表2.7)。

表2.7 沪科版化学教材中涉及中华优秀传统文化的内容梳理

教材年级	教材章节	涉及我国中华优秀传统文化的内容
高一第一学期	2.1 "以食盐为原料的化工产品"	23页,图2.1:《天工开物》中制海盐 26页,"化学史话":吴蕴初"味精大王"
高二第一学期	8.1 "应用广泛的金属材料——钢铁"	4页,"化学史话":钢和铁的冶炼史
高二第二学期	11.1 "碳氢化合物的宝库——石油"	4页,"化学史话":哪一个国家最早利用石油
高二第二学期	12.1 "杜康酿酒话乙醇"	49页,50页,"拓宽视野":杜康与酒

在高二第二学期教材11.1"碳氢化合物的宝库——石油"一课的"化学史话"中,"哪一个国家最早利用石油"提到《梦溪笔谈》对石油有记载。《梦溪笔谈》记载了许多化学方面的知识,它是研究我国化学发展史,尤其是研究北宋时期化学发展状况的重要资料。因此,本文拟将沈括的《梦溪笔谈》融入高中化学课堂教学中,拓展并深入挖掘高中化学教学中人文素养培育的教学内容。

(一)《梦溪笔谈》中的化学物质类别和化学反应

1.有机物

(1)石油。石油在我国很早就被发现,历史悠久。《梦溪笔谈》卷二十四《杂志一》中写道:"鄜延境内有石油,旧说高奴县出脂水即此也。生于水际沙石,与泉水相杂,惘惘而出,土人以雉尾裛之,乃采入缶中,颇似淳漆,燃之如麻,但烟甚浓,所沾幄幕皆黑。"[①]沈括第一次科学地

---

① 冯馨尹,杨发福.《梦溪笔谈》融入中学化学教学的探索[J].化学教育(中英文),2020,41(11):55-58.

将此物质命名为"石油"，这个名称我们沿用至今。

（2）酒精。在《梦溪笔谈》中，沈括比较了汉宋两个朝代的酿酒方法和计量单位，比较了两个朝代的酒的酒精含量。

2. 晶体

《梦溪笔谈》第496条记载了当时各地盐湖的副产物"太阴玄晶"的性质和异同。"太阴玄晶"即高中化学中的石膏晶体（$CaSO_4 \cdot 2H_2O$）。在描述石膏晶体的过程中，沈括还记载了生石膏经高温煅烧后生成熟石膏的分解反应（$CaSO_4 \cdot 2H_2O \xrightarrow{\text{煅烧}} CaSO_4 \cdot \frac{1}{2}H_2O + \frac{3}{2}H_2O$）。《梦溪笔谈》还提到了胆矾（$CuSO_4 \cdot 5H_2O$）、芒硝（$Na_2SO_4 \cdot 10H_2O$）、苦盐（$MgSO_4 \cdot 7H_2O$）、盐碱（$MgCl_2 \cdot 6H_2O$）、中药凝水石（$MgSO_4 \cdot K_2SO_4 \cdot 4H_2O$）等各类其他晶体。[①]

3. 非金属单质及其化合物

在《梦溪笔谈》中的非金属元素主要出现在和朱砂有关的物质与反应中。朱砂、丹砂都是含HgS的矿物，古时常用其冶炼丹药。沈括在书中还提出朱砂和丹砂在炼制后有毒，服用后"一夕而毙"，这里涉及HgS和金属的置换反应生成有毒的Hg单质。

4. 金属及其冶炼

（1）炼钢。《梦溪笔谈》第56条记录了古时炼钢的两种方法：灌钢法和低温炼钢法。书中已经有了生铁、熟铁、钢等各类合金的名称和概念。

（2）炼铜。《梦溪笔谈》记载了"烹胆矾则成铜，熬胆矾铁釜，久之亦化为铜"。这种炼铜方法即我们现在说的"湿法炼铜"，涉及硫酸铜溶液和铁单质的置换反应：$CuSO_4 + Fe \rightarrow FeSO_4 + Cu$。

（二）融入《梦溪笔谈》的课堂教学

在高二第一学期教材8.1"应用广泛的金属材料——钢铁"中，将《梦溪笔谈》的相关内容融入课堂教学中，对将《梦溪笔谈》融入高中课堂教学进行了初步探索（见表2.8）。

---

① 张年宝，周健.谈《梦溪笔谈》中的化学[J].中学化学教学参考，2007（9）：43-44.

表2.8　融入《梦溪笔谈》的课堂教学片段

教学环节	教师活动	学生活动	设计意图
1. 视频导入	播放《古兵器大揭秘》第二季、第三季中的片段，展示《梦溪笔谈》中关于灌钢法炼钢的操作过程	根据视频中的信息收集相关资料：生铁和熟铁的概念与差异、钢的概念	培养学生初步学会提取关键信息、收集各种信息证据的素养。展现我国古代劳动人民的智慧，传承中华优秀传统文化
2. 合金	提问一：根据所查资料，生铁、熟铁、钢属于纯净物还是混合物？在成分的组成上有什么相同和不同？ 提问二：根据概念，我们将这三种物质都称为"合金"。请归纳出合金的概念（两种或两种以上的金属，或金属与非金属经熔合形成的均匀而具有金属特性的物质）	厘清概念，生铁、熟铁、钢都含有铁和碳的混合物，且含碳量不同。生铁、钢、熟铁的含碳量依次递减 根据三种物质成分归纳合金概念	培养学生提取信息，并运用比较、归纳等方法对信息进行加工的素养
3. 结构与性质	讲述合金具有金属的特性《梦溪笔谈》提到"古人以剂钢为刃"，因为其性质硬而韧，有良好的弹性。引导学生从金属晶体的结构角度解释该性质 引导学生比较钢和纯铁的硬度大小；比较生铁和熟铁的熔点高低；思考为什么不用生铁而要用钢做刃	预测合金的物理性质，钢的优点；从金属晶体的结构解释合金性质	学生初步对物质的性质提出合理假设，根据金属晶体的微观结构理解物质的性质，形成"结构决定性质，性质决定应用"的观念，并根据微观结构推测物质可能具有的性质
4. 延伸	引导学生将化学和生活实际联系在一起，观察身边的事物，感受化学在生活中的渗透	评判《梦溪笔谈》中灌钢法的优点和意义；列举在生活中我们常见的其他合金，并说明、解释其优点	培养学生观察力、独立思考的能力，认识中华优秀传统文化及其在历史发展中的重要作用

（三）结语

在高二第一学期教材8.1"应用广泛的金属材料——钢铁"一课的"化学史话"中，"钢和铁的冶炼史"提到了"灌钢技术"，但只是一笔带过，没有详细介绍。本节课将《梦溪笔谈》中的炼钢内容首先以视频播放的形式呈现给学生，让学生直观感受灌钢技术；其次将中华优秀传统文化和高中化学学科知识相结合，培养学生的人文素养；最后将化学知识和实际生产过程相结合，让学生了解实际操作，认识化学对社会发展

的重大贡献，有利于培养学生的综合学科素养。

（作者：杨艺）

第九节　物理学科指南与案例

一、物理学科对《中华优秀传统文化进中小学课程教材指南》的理解和应用

物理组教师认真研究新教材，分章节梳理新教材中能融合中华优秀传统文化的内容，完成了物理新教材必修一和必修二融合办学特色的学科指南。以该指南为依据，在新教材落地后，利用单元设计把指南中涉及的中华优秀传统文化内容加以落实。

二、梳理物理学科涉及的知识内容

在编写指南前，物理教师经过充分沟通，一致认为，不同学科融合中华优秀传统文化的方式有所不同，我们要立足物理新教材，让学生在国家课程的学习中自然而然地感受到学校办学特色。我们对必修一和必修二的八个单元进行分割，每人负责两个单元的融合内容梳理，通过仔细阅读教材，在字里行间寻找体现中华优秀传统文化的内容。虽然可融合的内容并不多，但是我们从章导图和节导图中努力挖掘相关资源，以我国的工程和技术成就为抓手，激发学生的家国情怀，让他们怀揣着强国梦努力学习。这样不仅丰富了中华优秀传统文化教育内容，也体现了物理学科特色。

三、探索在课堂教学中融合特色的策略与方法

伴随着新教材的落地，我们开展了物理学科融合办学特色的实践，主要

从文化理解、文化认同、文化践行三个角度进行。针对高一年级，我们认真研究新教材，在教材内容中寻找与中华优秀传统文化相关的结合点。例如，在相互作用与牛顿运动定律部分，介绍《考工记》等中华传统科学典籍和水运仪象台等科学发明，使学生感受我国古代劳动人民的聪明才智，进而感悟他们勇于创新的思想；在机械运动与物理模型部分，介绍古代度量衡、传统桥梁建筑等，使学生进一步了解中华民族顺应和改造自然的独特智慧与创造力。在文化践行中，集体编写物理学科融合中华优秀传统文化教学指南，以点带面，让学生在物理学习的实践中了解中华优秀传统文化。首先，以长假作业的形式让学生走访、了解我国古代桥梁，让学生结合物理学科知识进行情境建模，学以致用；其次，利用通识课以纸桥承重项目为载体，融入中华优秀传统文化中的古代桥梁等建筑，让学生制作工程模型，并组织结构设计和承重比赛；最后，利用拓展课的形式学习中华优秀传统文化，如古建筑中的斗拱和榫卯结构的研究与制作等。

后续在高二、高三阶段，我们将继续寻找传承中华优秀传统文化的内容，使用一切可以帮助学生达成学习目标的学科融合教学资源。在编写单元设计时，提炼整个单元的教学目标，与中华优秀传统文化进行结合。如在机械振动与机械波部分，介绍鱼洗等特色技艺；在液体和气体部分，介绍都江堰水利工程等，使学生进一步增强民族自豪感，坚定文化自信。最终在大单元层面，落实物理学科与中华优秀传统文化相结合的教学目标。

四、教学案例

物理学科教学中渗透中华优秀传统文化的实践与思考
——"榫"与"卯"中的物理学

"STS"（science、technology、society）研究是时下教育界的热点，引起了教育人士的热议。当前，物理教学中存在较多的问题，如学科与人文联系不足，教材中缺少相关中华优秀传统文化内容等。因此，我们物理组教师在解决上述存在的问题时，将中华优秀传统文化渗透进物理

教学中，努力培养具有较高文化素养的学生。

（一）增强民族精神教育

在物理教学进程中，融入民族意识、民族文化、民族价值观等内容的共同特质，增强民族凝聚力。中华优秀传统文化蕴含着强烈的民族精神，将其融入物理教学中，能激发学生的爱国主义精神，从而达到学校的德育目标。

（二）促进学生身心健康发展

在当前的课堂教学中，强调让学生实现全面发展。教师在教学过程中，也应重视利用课堂教学时间，培养学生形成正确的价值观念。通过渗透中华优秀传统文化的方式，营造积极的教学氛围，帮助学生树立正确的思想观念，让学生可以运用到自己的实际生活中，实现身心健康发展。

（三）培养自主创新精神

中华优秀传统文化是中华文明的智慧结晶。学习中华优秀传统文化，有利于培养学生自强不息的奋斗精神，有利于促进学生的个性发展与思维创新；能激发学生自主创作与创新精神，进而培养他们奋发向上、积极进取的精神。

（一）教学分析

这是一节引导课，教师引导学生通过欣赏故宫的各建筑，根据图片、视频展示出来的画面，学会观察和评述，从而提升学生的观察能力、感知能力、形象思维能力和表述能力。

（二）教学目标

（1）初步了解我国古代建筑艺术的外观、结构、布局及各自不同的风格特点，品味古代能工巧匠的智慧，培养民族自豪感。

（2）运用收集、整理资料的方法，参与探究性学习，更新对力学、几何学的实用性认识。

（三）教学重点、难点

教学重点：欣赏我国古代建筑的外观、结构、布局。

教学难点：认识我国古代建筑对力学的应用。

（四）教学准备

教师准备：课件、图片、学习卡。

学生准备：校本资料。

（五）教学环节

1. 导入新课

师：同学们，在外出旅行时，你见过哪些古代建筑？

生：长城、黄鹤楼、朱家峪等。

师：它们有什么样的特点？

生：长城很长。

师：同学们的假期生活真丰富，老师在假期里也去过一些名胜古迹，我们一起了解一下。

（学生分享发言。）

师：我国是四大文明古国之一，在历史长河中，流传下了无数珍贵的物质和文化遗产，而其中，重要的一部分就是古建筑木结构。古建筑木结构在世界建筑之林中独树一帜，影响深远，是东方建筑的代表。古建筑木结构有其独特的构造方式，如高台基、榫卯连接、平摆浮搁、侧脚和升起、雀替、斗拱铺作层等，展现出良好的抗震性能。不用一钉一铆，整体以木构架为主要承重构件，全靠木构件之间相互搭接和穿插而建造。被称为三大"世界奇塔"之一的释迦塔，是我国现存最高、最古老的木塔，历经九百多年依然屹立不倒。

（板书：我国古代建筑瑰宝——榫卯。）

媒体使用：用全国的典型古建筑案例激发学生的民族自豪感，用我国古代家具的变迁引起学生对榫卯的兴趣。

2. 介绍榫卯

师：古建筑木结构总体可分为井干式、抬梁式和穿斗式等三种形式。梁柱是主要的受力构件，承载建筑自身及外界荷载，而榫卯节点将梁柱构件连接到一起，形成木构架。因此，梁柱节点的榫卯连接是木结构研究中的重要部分。在榫卯节点中，榫为凸出木构件，卯为凹部木构件。榫卯节点具有不同于现代建筑结构节点的特性，其既具有很强的转动能力又能传递一定的弯矩，具有明显的半刚性特性。常见的榫卯连接形式有直榫和燕尾榫两种。在直榫中，榫径与榫头同宽，多用于木构件的穿插；燕尾榫榫头宽度大于榫径宽度，一般用于水平木构件与竖直木构件间的连接。

媒体使用：古建筑中的榫卯。

学生活动：识别视频中的榫和卯。

3.探究榫卯连接中的力学原理

师：以燕尾榫为例，分析榫卯节点在地震中的受力机理。为了在施工时安装方便，一般卯口尺寸略大于榫头尺寸。因此，在榫卯节点中会存在一定的间隙。当外部震动较小时，榫卯之间发生微小转动，结构利用构件转动与接触面间的摩擦抵消震动破坏的能量。当外部震动较大时，榫卯节点会产生弯矩、轴力和剪力。此时，梁受到力的作用，榫头与卯口产生挤压应力，梁上的轴力与摩擦力、挤压应力平衡。随着梁震动位移增大，榫头以榫径为支点，与卯口内壁之间发生位移。由于燕尾榫榫头宽度大于榫径宽度，当位移产生时，榫头侧面受到卯口侧壁挤压应力增大，摩擦力也相应增加。相对滑移产生剪力，此时，榫头顶部与卯口上部挤压作用明显，弯矩作用产生。当转角增大到一定程度时，卯口侧壁与榫头侧面的挤压应力达到极限值，会导致卯口破坏或榫头折断。

媒体使用：榫与卯连接。

学生活动：寻找榫卯中涉及的物理学原理。

案例分析

（1）通过使用媒体，以全国的典型古建筑案例激发学生的民族自豪感，用我国古代家具的变迁引起学生对榫卯的兴趣。

（2）展示古建筑中的榫卯，让学生识别视频中的榫和卯。榫卯不仅充分展现了中式生活中的艺术成就与文化底蕴，还具有实用性功能。此外，结构严谨、使用寿命长是其精髓之所在，也是人们推崇它的重要原因。

（3）用媒体展示榫与卯的连接，让学生亲身体验榫与卯的连接。通过近距离体验，学生感受到榫卯结构深刻的文化内涵不仅表现在木结构家具的拼接中，而且体现了古代中国科技与人文的结合——科学合理的结构、高超的加工生产技术和厚重内敛的人文气息。

学生通过学习，不仅赞叹于中华优秀传统文化的博大精深，还拉近了历史与现实的距离，自然而然地感受到物理学推动了社会和科技的进步，社会和科技的进步反过来又促进了物理学的发展。这是自然的奇妙和科技力量的结合。

（作者：杨颖伶）

第十节 生物学科指南与案例

一、生物学科对《中华优秀传统文化进中小学课程教材指南》的理解和应用

中华优秀传统文化绵延数千年，博大精深、源远流长，具有鲜明的民族特色和极大的包容性，是中华民族智慧的结晶和人文精神的积淀，为中华民族的发展和壮大提供了丰厚的精神滋养。

将现代生物学内容与中华优秀传统文化内容结合起来，可以实现传统文化的创造性转化、创新性发展。"人法地，地法天，天法道，道法自然"出自《道德经》，体现了我国古人朴素的自然观。在现代生物学中，进化思想和生态学思想则是最核心的两大思想，反映了自然界运行的法则。如何将两者结合起来并实现升华、发展呢？将"道法自然，天人合一"的思想理念融入生物学课程，可以与生态学思想、美丽中国建设相结合，升华、发展为生态文明思想；将"尚和合，求大同"的思想理念融入生物学课程，可以与生命的系统观、进化观相结合，升华、发展为认同人类命运共同体的理念。

继承弘扬中华优秀传统文化，发展社会主义先进文化，使学生坚定中国

特色社会主义道路自信、理论自信、制度自信和文化自信，引导学生形成正确的世界观、人生观、价值观。新课标基于生物学科独特的育人价值，凝练了生物学科核心素养。生物学科核心素养中的"社会责任"是指"基于生物学的认识，参与个人与社会事务的讨论，做出理性解释和判断，解决生产生活问题的担当和能力"。将中华优秀传统文化与培养生物学科核心素养中的"社会责任"有机结合起来，有助于积极培养具有国际视野、家国情怀的社会主义建设者和接班人。

中国中学生物学科教研组从学科特点出发，结合对中华优秀传统文化的理解，力图从三个层面进行融合（图2.14），旨在于生物课堂教学中渗透中华优秀传统文化，提升学生文化素养。

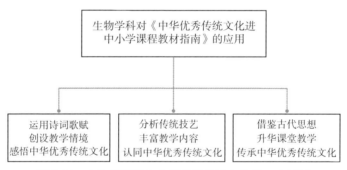

图2.14　生物学科融合中华优秀传统文化的三个层面

二、梳理生物学科涉及的知识内容

生物学科教研组成员分工合作、各取所长，通过多种渠道收集、汇总资源，并分析研究具体的知识内容融合路径。

一是从中华优秀传统文化框架四个大方面的具体教育点出发，去寻找在生物学中能与之对应的内容，再将两者结合起来（见表2.9）。

表2.9　中华优秀传统文化与生物学科融合的具体教育点

核心思想理念	中华传统美德	中华人文精神	中华民族智慧 （思维方式）
革故鼎新、与时俱进	天下兴亡、匹夫有责	求同存异、和而不同	直觉体悟

续表

核心思想理念	中华传统美德	中华人文精神	中华民族智慧（思维方式）
脚踏实地、实事求是	精忠报国、振兴中华	文以载道、以文化人	整体思维
惠民利民、安民富民	崇德向善、见贤思齐	形神兼备、情景交融	辩证思维
道法自然、天人合一	孝悌忠信、礼义廉耻	俭约自守、中和泰和	意象思维

二是开拓深度融合的思路，并构建有效路径。第一，深挖教材课本信息，寻找显性融合路径。教研组先后认真研读了上海版生命科学教材、上海版生物学新教材、人教版生物学教材、苏教版生物学教材等，寻找并梳理各版本教材中可融合中华优秀传统文化的知识点，在整合后形成校本资源库。第二，借助期刊文献，借鉴有效融合途径。教研组定期阅读《生物学教学》《生物学通报》《生物高考指南》等核心期刊，在其发表的最新成果中寻找、借鉴、研讨、实践中华优秀传统文化与生物学融合的有效路径。第三，研读相关书籍，提升整体思想理念。教研组开展了中华优秀传统文化与生物学有机融合的系列阅读，从《生物发展研究》《古代生物与医学》《影响世界的中国植物》等书籍中梳理出兼具深度与广度的思想脉络。

三、探索在课堂教学中融合特色的策略与方法

以"文献法"为依托，形成中华优秀传统文化与生物学教学相融合的系列活动，引导学生积极运用生物学知识与方法，关注社会议题，科学理性地弘扬中华优秀传统文化，成为健康中国的促进者和实践者。通过向他人宣传关爱生命的观念和知识，崇尚健康文明的生活方式，培养学生的"社会责任"。在此基础上，从以下四个方面进行系统性的深度学科融合：在生物学科理念中渗透中华优秀传统文化，在生物概念教学中渗透中华优秀传统文化，在生物实验教学中渗透中华优秀传统文化，在生物学科作业中渗透中华优秀传统文化。

四、教学案例

《走进生命科学的世纪》
——指向培养学生民族自豪感的教学案例

（一）设计思想

　　生命科学是以生命为研究对象的科学和技术的总称，它是研究生命活动及其规律的科学，涉及医学、农学、健康、环境等领域。[①]生物学科的研究对象是活生生的生命体和丰富奇异的生命现象。正是因为研究的对象主体都是生命体，所以在复杂的生理活动以外，其实还蕴含着更丰富的情感变化。民族自豪感是对本民族的敬仰，敬佩本民族既继承灿烂光辉的文化成果，又不断发展创新，既吸收各民族文化的优秀成果，又具有明显的自身特色，在和谐相处的观念下形成个人持续健康发展的意识，凝聚振兴中华的神圣使命感和责任感，形成弘扬中华民族精神、包容多元文化的国际意识。我在教学实践中发现，将教材中的民族精神教育资源结合重要节日（纪念日）中的民族精神教育资源及向其他学科借鉴的资源与教学内容相结合，可为学生提供从"体验"到"感悟"，直至升华到"形成"正确、高尚价值观的真实体验。本节课从高中生命科学的绪论《走进生命科学的世纪》着眼，以发掘教材中的民族精神教育资源，借学生身边的热点事件创设情境，在进行辩证思考的基础上点燃学生对本学科学习的热情，以此为学科学习创造良好的"软环境"。

（二）教学分析

1. 教材分析

　　生命科学在高中阶段的课程目标，强调自觉维护国家尊严和利益，热爱中国共产党，热爱社会主义；继承中华民族的优秀传统，弘扬民族精神；理解并尊重文化的多样性，善于汲取多元文化中的优秀成果。[②]

---

① 顾福康，周忠良.生命科学（试用本）[M].上海：上海科学技术出版社，2007：6.
② 上海市教育委员会.上海市中学生命科学课程标准（试行稿）[M].上海：上海教育出版社，2004：4.

整个章节为上海二期课改后重新整合与扩容的绪论部分。与以往教材不同的是，在阐述发展史的同时，它更强调"励志"，即激发学生持续性的内在兴趣与学科思维的渗透。

《走进生命科学的世纪》是上海《生命科学》（试用本）第一册第一章第一节的内容，课时安排为1课时。教学内容涉及在生命科学发展进程中的重大历史事件及贡献、研究领域的现状与前景、生命科学概念等重点，强调了技术的发展对推动生命科学发展的重要意义。因此，在教学实践中，可将本节课视作初高中生命科学教学的过渡课，在梳理学科的"过去"、"现在"与"未来"的过程中承上启下，回忆初中阶段的学习过程与感悟，并激发学生在高中阶段的学习热情，但此目标的达成也是本节课的教学难点。针对如何在"励志"过程中培养学生的学科思维，给教师留有极大的自主处理空间，教学设计的创造性火花易于迸发。

2. 学情分析

学生在初中阶段的学习体验中已初步形成对生命科学的学科认识，有一定的知识储备。但受认知水平的限制，学生对生命科学学科的发展历程，以及我国在该领域中的贡献与当前在国际层面的地位并不十分了解。因此，学生对学科的学习热情往往只停留在普及知识层面，尚不能将生命科学的探究式思维模式借为己用，弱化了学习的积极性与主动性。

3. 教学条件分析

针对在激发学生持续性学习兴趣的过程中渗透学科思维的教学目标，将可挖掘的教学条件整理如下。

（1）全面整理课本资源。教材在阐明生命科学过去、现在和未来的过程中，渗透了诸多里程碑式的事件。其中，不难发现，我国科学家对生命科学的推动作用是不容小觑的。现整理资料如表2.10所示。

表2.10　我国生命科学发展进程中的大事件

时间		事件
古代	约公元前5000年	种植水稻
	约公元前3000年	饲养猪
	春秋时代	《诗经》中记载的动植物共200多种

续表

时间		事件
古代	北魏时代	农学家贾思勰所著《齐民要术》，总结我国古代劳动人民对农作物进行人工选择、人工杂交及定向培育的科学原理和方法
	明代	李时珍《本草纲目》记载了1094种药用植物和444种动物
当代	1965年	我国科学家成功合成了结晶牛胰岛素，不仅实现了世界上首次人工合成蛋白质的壮举，还为全世界的糖尿病患者带来了生的希望
	1981年	中国科学院上海生化研究所的科学家利用化学和酶促相结合方法，合成的酵母丙氨酸转移核糖核酸，在科学上，特别是在生命起源的研究上有重大意义
	1999年9月	我国科学家加入"人类基因组计划"，负责测定人类基因组全部序列的1%，即3号染色体上的3000万个碱基对的全部序列
	2000年5月	开始实施"水稻基因组计划"

课本呈现了上述培养民族自豪感的素材，其中，涵盖文字与图片。教师要做的便是，在备课过程中利用参考书籍、网络和报纸等多种途径使细节更加具体。

（2）促进学生自主学习的扩充性资料。课前，通过学案引导学生预习发展史，并鼓励学生针对某一事件进行资料扩充，如通过阅读图书、查找报纸、请教教师及网络搜索等方式搜集该事件的相关资料。不仅为课堂学习做准备，为班内共享提供素材，为学生丰富学习途径，还为培养学生的自主学习能力提供了锻炼的情境。

（3）实践性教学环境。在教室配备计算机、投影仪、音响等多媒体设备的基础上，充分采用图片展示、模型观察、视频观看、课堂交流等方式。通过合理而丰富的教学手段，灵活组织学生进行拓展性资料的展示，以此增强学生的感性认识，并激发学生对本学科的学习热情。

（三）教学目标

（1）知道生命科学发展进程中的重大历史事件及我国对生命科学发展的贡献。

（2）知道生命科学研究领域的现状与前景，以及生命科学的概念。

（3）关注网络和报刊上现代生命科学发展对人类经济、生活与科学发展贡献的相关信息及知识。

（4）感悟科学探究的曲折与乐趣，感悟科学家在探究过程中敢于质疑、勇于探索的精神，以及严谨、持之以恒的科学态度。

（5）感悟生命科学的价值和未来的美好前景，为初步形成投身科学研究的使命感打下基础。

（四）教学策略与手段

在课堂中，以"演示法"开展生命科学发展史的教学。借助图片、投影视频等手段，在原有的理性认识下，直观地增强学生的感性认识，从而深化其理性认识。化静为动，其逼真程度和直观程度更高，较适合本课的教学特点。

辅以"抛锚式"教学模式，以"人类基因组计划"创设情境，确定问题，开展自主学习、协作学习等教学环节。在解决问题的过程中，直接反映出学生的学习效果；在充分发挥学生主体性的同时，间接培养学生的创新能力、解决问题能力、独立思考能力及合作能力等。

（五）教学过程

2.11 《走进生命科学的世纪》教学过程

教学内容	教师的组织和引导	学生活动	教学意图
一、引入	结合学生活动，梳理生命科学的过去、现在和未来，着重介绍里程碑式的生物学事件	在初中阶段的学习基础上，阐述个人对生命科学学科领域的了解	唤起记忆，在学生原有认知基础上搭建学科框架
二、生命科学发展史	1. 早期 水稻种植 贾思勰《齐民要术》 李时珍《本草纲目》 林耐：生物分类法则 显微镜的发明 施莱登和施旺：细胞学说 达尔文：进化论 2. 当代 材料一：中国于1999年9月在美、英、日、德、法之后，成为第六个参与国，负责测定人类基因组全部序列的1%，即3号染色体上的3000万个碱基对的全部序列	思考： 中国目前的生命科学研究处于什么水平？ 通过参与"人类基因组计划"，我国在帮助全人类破译基因密码之余，获得了什么？ 中国的下一步计划是什么？ 讨论：该计划为何定名为"炎黄99"	引导学生理解，目前，我国可以与发达国家一同进行科学研究，我国在科技上正飞速发展，与世界先进国家接轨 体会民族精神的几个层面：对其他国家、民族的虚心学习，鼓励怀疑探索和冒险的勇气，倡导开拓的创新精神

续表

教学内容	教师的组织和引导	学生活动	教学意图
二、生命科学发展史	材料二：自1999年承担被称为生命"登月计划"的人类基因组计划的测定人类基因组全部序列的1%任务后，中国于2006年开始独立进行"炎黄一号"计划，即全球第一例中国人标准基因组序列图谱测定工作。该项目已于2007年10月11日完成 材料三："炎黄99"计划。本材料重点引导学生注意：该计划为何定名为"炎黄99" 解释： ①对99个人的研究基本可以排除实验结果的偶然性，依照平行重复的实验原则，具有科学价值； ②本研究课题完全由中国人独立完成，"炎黄"代表我们的民族，"99"是中国表示"多"常用的数字，名字中处处体现出民族特色与精神，细致入微 3. 展望 后基因组学 转基因技术 基因治疗 脑科学 生物多样性		引发思考，在学生对我国科学家如此良苦用心表示感叹的同时，民族自豪感被再次点燃，民族精神逐渐得到渗透 进一步形成"服务祖国"的价值观，树立任何方向的学习和工作都要融入祖国发展、推动祖国前进的人生观
三、小结	课后活动：借助多种媒体渠道，收集我国目前在生命科学领域的研究进展	了解生命科学发展史，梳理生命科学的定义	加深对生命科学课程的了解。借助内驱力，激发学生的学习兴趣与热情，明确个人的学习目的

（六）问题研讨

在课后反思过程中，我发现很多学生对我国科学家由衷敬佩，并对生命科学学科有了新的认识，产生了学习本学科的强大动力。学生通过课堂"励志"，不仅对本学科今后的学习有了小"志"，还为将来的人生价值打下基础，立下了大"志"。人的发展是一生的经历，课程理念的体现是整体教学的架设，民族自豪感的树立是教育综合体系的宗旨。因此，民族自豪感并不是一朝一夕、一个环节、一门课程能成功树立的，但作为生命科学学科的任课教师，如何从本学科入手，在体现民族精神的同时促使学生树立民族自豪感呢？我进行了如下思索。

在生命科学教学实践中促使学生树立民族自豪感的途径有以下几条。

第一，挖掘教材中的民族精神教育资源。对课本素材进行梳理、整合与运用，使学生得到潜移默化的教育。

第二，结合重要节日（纪念日）中的民族精神资源。在生命科学教学过程中，适逢某些重要节日（纪念日），特别是在一些传统民族节日时，教师可以此为契机对学生渗透民族精神教育，使学生树立民族自豪感。

第三，向其他学科借鉴资源。从历史、化学等学科中挖掘民族精神教育资源，学科教学之间的相互融合、紧密沟通，不仅使学习成为一个有机的整体，事件和知识点得到反复强化，而且可以达成在"教育一盘棋"的框架下，系统构建民族自豪感、时时渗透民族精神的理念。

由此可见，在教学过程中，有意识地设计一些环节，既可以逐渐激发学生的民族自豪感，其实对授课教师也是一次民族精神的洗礼。学生心中民族自豪感的激发，完全可以成为提高教学有效性的一个有力抓手。教学与民族精神相辅相成、充分融合，可以收到事半功倍的效果。

（作者：张放）

第十一节　英语学科指南与案例

一、英语学科对《中华优秀传统文化进中小学课程教材指南》的理解和应用

新课标明确规定，英语学科核心素养之一为文化意识，即学生对中外文化的理解和对优秀文化的认同及在全球化背景下表现出的跨文化认知、态度与行为取向。由此可见，通过英语课程落实学生中华优秀传统文化教育是实现英语学科育人价值的重要内容。同时，新教材的落地极大地丰富了英语课堂教学内容及教育教学形式，并在多个层面有意渗透中华优秀传统

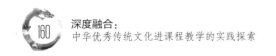
文化，这为英语学科国家课程融合中华优秀传统文化的尝试创造了先决条件。

自英语学科新教材投入使用后，高中英语组全体教师通力合作、积极研讨，充分挖掘高一必修教材各单元和中华优秀传统文化的连接点，并思考其背后的育人目标及在教学实践中的落实方法，最终编写出《高一英语上外版新教材融合中华优秀传统文化教学指南》，作为教师日常教学的参考。而在新教材教学及日常学生活动开展中，组内教师也在不断完善和丰富英语学科融合特色的各项实践，并且初见成效。

二、梳理英语学科涉及的知识内容

经过英语组教师的共同努力，我们从文化理解、文化认同、文化践行三个维度，对各年级英语学科融合特色教学的内容做了以下梳理。

文化理解即借助聚焦中华优秀传统文化的英语语言资料，系统了解、深刻认识中华优秀传统文化中的核心思想理念、中华传统美德、中华人文精神。在高一年级，就新教材中链接中华优秀传统文化的相关内容，拓展补充同一类型或同一话题之下介绍中华优秀传统文化的英文文章，引导学生积累、梳理富有中华文化意蕴的英语表达，初步领略在英语视域下中国故事的特有魅力；在高二年级，从学生的兴趣点和理解力出发，开展有关中华优秀传统文化的多模态英语专题学习，通过影音、图像、文本等不同呈现形式，深化学生对中华优秀传统文化艺术、习俗、理念等特定方面之表现形式、历史由来及当代意义的综合理解；在高三年级，在英语听力、阅读、写作、口语等方面的练习和考查中融入中华优秀传统文化，将显性的知识和隐性的渗透相结合，进一步提升学生关注中华优秀传统文化的意识、增强学生对所获中华优秀传统文化信息的内化。

文化认同即通过中西语言、习俗、社会结构等方面的对比探究，尊重并珍视中华优秀传统文化的丰富内涵、历史渊源及坚实力量。在高一年级，鼓励学生以小组为单位，选择感兴趣或想推介的中华优秀传统文化专题，进行历史追溯、资料收集，并基于此在班级或年级层面进行英语分享展示，以更加客观、全面地认识中华优秀传统文化，领悟民族独特智慧；在高二年级，带领学生欣赏、分析不同文化之下多样的艺术作品、人文风貌，设计比较异同及追本溯源的探究活动，搭建中西文化对比的"脚手架"，从而引导学生更加理性地看待外部世界，坚定文化自信；在高三年级，基于学生对中华优秀传统文化的已有理解，开展对特定问题的研讨，在提出问题、解决问题的过程中，帮助学生自主探究、深度思考并形成相应的课题，从而深刻体悟中华优秀传统文化的重要意义。

文化践行即依托中英互译、跨文化交流体验等实践活动，继承中华优秀传统文化之精髓，并结合时代要求进行文化创新和传播。在高一年级，结合学生课内外对中华优秀传统文化的涉猎，设计诸如介绍文化名人、分享中国汉字、推广历史名城、讲述中华故事等活动，以录制微视频、绘制海报、开展演讲等形式让学生把对中华民族智慧的体悟表达出来，以期促成学生知行合一，继承传统；在高二年级，充分利用新教材中中国经典作品的英译文本，启发学生积累中英互译的技巧，感悟两种语言文字的不同特点，同时，鼓励学生尝试英译不同体裁的中国故事，如诗歌、散文、戏剧、小说片段、场馆介绍等，在分享、交流、改善的过程中，进一步提升跨文化交际能力；在高三年级，在中国故事英译文本的基础上，鼓励学生大胆创新，将文本材料改编成剧本，适当添加新的时代元素，并最终以舞台剧或话剧的形式用英语演绎出来，以期全面提升学生素养，使学生在传承中华优秀传统文化的同时，还能进行文化创新，从而更好地弘扬中华优秀传统文化。

三、探索在课堂教学中融合特色的策略与方法

在英语组教师的商讨下，我们将英语学科融合特色教学的策略概述为"英译中国志，颂扬民族情"。旨在通过在英语语言视域下对中华优秀传统文化元素的学习、翻译、演绎等方式，加深学生对中华优秀传统文化的理解，坚定文化自信，增强国家认同和家国情怀，从而让学生在汲取文化精髓的同时，积极传播中华优秀传统文化。

具体的实施路径则是，在各年级的各学期教学中，建构学生"表达积累—实践提升—成果展示"这一循环上升模式，并在探索实践中不断调整。具体以2021学年上学期高一年级教学为例。

（1）表达积累期：9—10月。在高一国家课程的日常教学中，积极挖掘

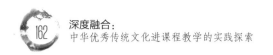

中华优秀传统文化的相关切入点，提供更多融合特色的机会和活动，强化学生探索和表达的欲望。同时，在阅读活动中，开展中华优秀传统文化故事阅读，利用阅读单及学生展示等形式，引导学生积累词汇表达，培养学生用英语推广中华优秀传统文化的意识。

（2）实践提升期：11—12月。在全校范围内，开设一些不同层次的英译活动，给学生提供各种练习和展示的平台，如中国古诗词的翻译、二十四节气的故事介绍、校史英译、百本红色期刊创刊号英译等，可以通过拍摄微视频、朗读录音、作品风采展示的形式进行分享。在此过程中，教师会给予一定的指导，帮助学生提升翻译"信、达、雅"的水平，提高学生跨文化交流的能力。

（3）成果展示期：1月。发动高一各班级学生的力量，将本学期积累及实践的材料进行改编、创编，形成一个较为成熟的中国故事英语剧本，通过甄选演员和排练，最终于本学期末完成一次舞台剧展演，以夯实学生所得，并实现输入到输出的转化。

四、教学案例

串接文化，提升素养

——以"Confucius"专题阅读为例

　　英语学科核心素养中的文化意识是学生对中外文化的理解和对优秀文化的认同。要落实这一点，就需要教师在发展学生英语语言能力的同时，还要引导他们学习、理解和鉴赏中外优秀文化，培养家国情怀，坚定文化自信。新落地的上外版英语教材响应新课标的号召，在选材和内容等多个方面体现出与中国文化的连接。如何充分利用这些连接，实现在英语教学中渗透中华优秀传统文化？如何由文本过渡到认知，切实培养学生的文化意识？这成了每位英语教师必须思考的问题。

　　新课标明确指出，语篇是语言学习的主要载体，而指向学科核心素

养的学习活动是学生学习的基本形式,这就为教师的教学实践指明了
方向:借助教材相关内容及相应课外补充语篇的学习,实现学生对文化
知识的构建和积累;通过学习理解类、应用实践类、迁移创新类活动的
开展巩固、内化学生所学。基于此,以上外版教材"Unit 1 School Life"
中涉及的孔子名言和教育理念为中心,汇集多篇有关孔子生平经历的
多模态语篇,为学生编织起一个相对全面的文化知识网,并在这些语篇
基础上组织不同形式的活动,以期使学生在把握语言知识和文本结构
之余,还能明晰语篇承载的文化内涵和价值取向,提升用英语讲述、传
播中国文化的意识和能力。

高一年级学生通过义务教育课程的学习,已经积累了一定的中国文
化及英语语言知识,然而,对原汁原味的英语翻译的中国故事的阅读则
少之又少。因此,必然存在语言、句式等理解层面的问题,致使在阅读
之后的输出成了较大难点。为给学生学习搭建台阶,从英语语言和文
化内涵两个维度分别设置了分级任务单,并调动合作学习小组的力量
积极产出,使学生所得最大化。本案例是学生依次完成语篇"Confucius
Climbs Mount Tai"语言任务及文化任务的过程呈现。

学生在第一遍阅读语篇的过程中,完成了相应的重点单词、词组配
对任务,基于此,教师开始了更深层的问题引导。

Teacher: Why did Confucius climb Mount Tai instead of a small
mountain?

Student: Because he believed that Mount Tai was regarded as the holiest
one of the Five Sacred Mountains. He was going to pay his respects to Mount
Tai and to investigate how the ancient rulers sacrificed on this mountain.

Teacher: Yes, you've located the correct evidence in the text. But how
do you understand the word "sacrificed" here?

Student: I know "sacrifice" means "to give up something important",
which obviously shouldn't be its meaning here.

Teacher: Sure, so it must have a lot to do with our ancient culture. You
can associate what you've known before with the context, and think again.

Student：Oh, I think it may refer to the activity where rulers kill animals to pray for peace or success.

Teacher：Nice guess！ So, "sacrifice" has a second meaning that is to kill an animal or a person and offer it or them to a god, in order to please the god. You see, even if people of different cultures couldn't communicate with each other freely in ancient times, they still shared something in common. And that is magic about human civilization.

在这个过程中，教师引导学生结合自身有关中国历史的知识储备，猜测出在该语境中"sacrifice"的新含义，进而加深对中国文化的理解，体悟不同文化之间的内在联系。由此，教师进一步提问，将学生的关注点由语言提升至文本承载的价值取向。

Teacher：What did Confucius find on the top of the mountain？

Student：He found the swirling "sea of clouds", with crag after crag stretching into the distance.

Teacher：It must be a breathtaking scene. Can you guys translate it into Chinese？

Student：Maybe"云海缭绕、山峰叠嶂".

Teacher：Very good！ Then what's Confucius response after seeing it？

Student：By climbing Mount Tai, one can encompass the whole world at a single glance. Suddenly all the sufferings and hardships of humanity become of no consequence. By standing on a high place you get a broad panorama of things, and in that way your horizons become wider. This mountain really is a place to offer sacrifices！

Teacher：How do you understand it？

Student：Mount Tai is a very suitable place to do sacred worship and people may forget all the bad feelings to get relaxed after climbing it.

Teacher：It's true in the literal meaning. But did Confucius marvel at the wonderful scenery only？

Student：No, he also talked about people's horizons, people's scope of knowledge and so on.

Teacher: Indeed. What will happen if one has got a wide horizon then？

Student: One can find that hardships and sufferings are only temporary and trivial，and then one can develop a more positive attitude to coping with these situations.

Teacher: I can't agree with you more！ Now work in groups to write a speech intended for your friends from our sister school about the line from Mencius "孔子登东山而小鲁，登泰山而小天下".

在以上环节中，教师通过提问将学生思考提升至挖掘文本承载的文化内涵和价值取向层面，而学生回答中呈现的问题也是教师预计之中的。借助教师的引导和同伴的帮助，学生最终能达成新的认知和共识，对接后阶段的学习活动。

该语篇描述孔子登泰山的经历，通过孔子和弟子的对话及与荣启期的邂逅，介绍了孔子的所见、所闻、所感，以夹叙夹议的形式传递出孔子的修养和主张。因为是对中国故事的英译，语篇中存在许多生词及熟词生义，而古文精练的特点在一定程度上又增加了句式的丰富度，这些无疑都加大了学生阅读的难度。此外，该语篇的深层内涵较为隐性，只有学生调动孔子生平、历史时期等相关知识储备方能正确领悟。综上所述，尽管语篇是讲中国故事，但是要确保学生达到预期的学习效果仍需要根据学情做出策略引导，我做了以下两个方面的尝试。

（一）基于学生学习规律设计问题链，让阅读理解由表及里

问题链既是教师发出课堂指令，推动教学过程发展的重要依托，也是课堂内容逻辑层层递进的实现途径。严密、适切的问题链设计能保障课堂教学的紧凑与高效，正是出于这一考虑，我将问题链充分运用到课堂之上。首先，由涉及文本情节的问题入手链接到对关键词和句式的正确理解上，让学生在掌握语篇语言知识的同时，显性地感知中英文表达的差异及积累必要的表达；其次，探讨有关孔子情感变化及登山感受的问题，源自文本又高出文本，发挥着隐性的引导作用，将学生思考由聚焦敬畏大自然这一表象迁移至感悟豁达人生观这一深层内涵。这

样的问题链设计符合学生的学习认知规律，便于学生触及，因而，可以持续吸引学生的注意力，同时也实现了中英语言及文化知识的对接，从而深化学生理解，促成教学目标的达成。

（二）调动学生已有认知创设真情境，让意识提升水到渠成

英语学习活动观强调，教师要审视课堂教学设计的合理性和有效性，并且为学生设计有情境、有层次、有实效的学习活动。这一点在渗透中华优秀传统文化的英语教学中非常重要，原因有二。其一，在真实情境之下的活动能最大限度地激活学生学习内驱力；活动的开展是学生的知识输出，依赖于学生的知识输入，无论是对孔子登泰山过程的复述还是向姐妹校同学介绍"孔子登泰山而小天下"的文化内涵，都要求学生在语言知识和文化内涵上有所获得，从而让学生摆脱对已知知识的厌倦，达到更高层次的学习。其二，在真实情境之下的活动让用英语讲中国故事的意义不言自喻，从而有助于学生文化意识的形成；虽然国家层面宣扬在文化产业上要推进国际传播能力建设，讲好中国故事，同时，近几年的高考命题中越来越多地融合了中华优秀传统文化元素，但是对于高一年级的学生而言，学习用英语讲述中国故事最直观具体的成果就是完成了一个任务，而当任务能顺利完成时，学生的能力和素养已然成形，这才是课堂教学的最佳归宿。

中华优秀传统文化之博大精深和源远流长，并非在英语课堂上的某一次尝试和涉及就能涵盖的。唯有在基础课程中贯穿始终，充分利用好教材中的素材，巧妙引入中华优秀传统文化，利用严密适切的问题链提升教学，积极联系现实生活落实英语学习活动观，方能有所突破。

（作者：齐越）

中华优秀传统文化在英语阅读教学中的实践渗透
—— 以 9A Unit 2 Reading "Fishing with birds" 为例

案例背景

英语学科核心素养主要包括：语言能力、思维品质、文化意识和学习能力四个维度。语言能力是在掌握听、说、读、看、写五项技能的基

础上，培养学生的理解与表达能力、语言意识和语感；思维品质是学生在逻辑性、批判性、创新性等方面所表现出来的能力和水平；文化意识是学生对中外文化的理解和对优秀文化的认同，让学生形成自己的文化立场与态度，培养文化鉴别能力；学习能力是学生积极主动运用学习策略、拓宽学习渠道、努力提升学习效率的意识和能力。

课例单元集中体现了英语的文化性、工具性。教学中以文本为载体，通过对传统技能相关内容的学习，引导学生树立正确的价值观，传承弘扬中华优秀传统文化。首先，课例基于语篇的理念，以核心素养四维目标为导向，通过"读前—读中—读后"三段式阅读模式设置教学活动。读前关注学生的情感体验，激发阅读兴趣；读中围绕语篇的主旨、结构设计环节，培养学生的思维品质；读后围绕写作意图进行提问，提升学生的文化意识；课后布置实践性作业，培养学生的自主学习意识和能力。其次，我围绕学生的个体化差异及多元化需求进行教学设计。在授课时，利用多媒体技术，播放图片、视频等，与学生进行知识与情感上的互动；同时，根据学生的差异及学习能力，开展小组合作和分层教学，以提高学生的学习兴趣、合作精神和自主学习能力，从而落实英语学科核心素养四维教学目标。

（一）内容分析

课例选自《牛津英语》（上海版）9A（九年级上册）Unit 2 Reading "Fishing with birds"。《牛津英语》在每个单元都设置了一个功能话题，以 Reading 为中心，辐射到 Listening、Grammar、Speaking、Writing 等部分。阅读教学是每个单元的主体，该部分涉及的话题和知识点引领单元走向，并且在接下来的不同版块再度进行巩固与补充。Unit 2 的单元话题是 "Traditional skills"（传统技能），本节课则讲述了 "cormorants fishing"（鸬鹚捕鱼）这项古老捕鱼技艺的方法及其现状与未来。在教学时，不仅要让学生获取语言知识，还要着重培养学生正确的文化意识。

（二）学情分析

本课的授课对象是九年级学生，根据新课标对初中英语教学目标的要求，九年级学生应达到四级水平，即学生能理解读物中的事件发生顺序和人物行为；能从简单的文章中找出有关信息，理解大意；能根据上下文猜测生词的意思；能理解并解释图表提供的信息。授课班级的部分学生虽然已具备课标要求的阅读理解能力，掌握了一些阅读理解的策略，但信息整合能力较为薄弱。因此，教师应以语境下的问题为导向，提高学生阅读的整合和思辨能力。但是，少部分学生由于词汇量少、起点低、基础弱，英语水平远低于课标的要求，因此英语能力参差不齐是该班级的显著特点。为了照顾学生的差异性，教师应给学生搭建学习支架，开展分层教学。

（三）教学目标

基于英语学科核心素养的四维目标、语篇内容和学情，我设计了以下教学目标。

（1）语言能力：能认读、理解课文中的生词和短语，并尝试在语境中运用；能运用"略读""找读"等阅读策略，理解课文内容，概括文章结构；能根据思维导图和关键词描述鸬鹚捕鱼的过程。

（2）思维品质：能梳理鸬鹚捕鱼的过去与现状，预测其未来发展，分析鸬鹚捕鱼存在的合理性。

（3）文化意识：能理解作者的写作意图，树立保护鸬鹚捕鱼和其他传统技能的意识，传播中华优秀传统文化。

（4）学习能力：学生能在作业环节利用有效资源，查阅其他的中国传统技能并主动分享。

案 例 描 述

Step 1：读前阶段——激活背景知识，激发阅读兴趣

1. 导入环节（Lead-in）

向学生展示几幅运动类的图片，并遮住部分细节，让学生猜测每项运动的名称，如swimming、skiing、playing football等，然后展示课本上的图片，从而过渡到"fishing"这个主题；在展示图片的过程中，讲解钓鱼运动的相关词汇，即本课生词"fisherman、fishing boat、net"。

设计意图：猜谜游戏的设置可以吸引学生注意力，激发学习兴趣，调动学生感官，自然流畅地导入本课主题；以图片的形式呈现课文生词，使学生在语境中掌握关于fishing的重点词汇，加深对目标语言的认知，为读中阶段教学做铺垫。

2. 头脑风暴（Brain storming）

学生自由讨论并回答以下问题。

（1）Do you know how to fish？ What tools can you use for fishing？

（2）Discuss：Which way of fishing do you prefer and why？

（3）What do you think of fishing with birds？ What do you want to know about this traditional fishing？

设计意图：问题（1）和问题（2）是开放性问题，可以引导学生从已有生活经验出发，依托自身文化背景，发表对不同捕鱼方式的看法，养成开放性、创新性思维；问题（3）旨在让学生主动提出问题，构成信息差，形成阅读期待。

Step 2：读中阶段——整体把握结构，深度解读文本

1. 略读（Skimming）

（1）给学生展示课本上的图片，让学生浏览课文的插图、题目、各段首句，获取以下信息：①What's the name of this fisherman and the name of this kind of birds？ ②What is he doing now？ ③Where does it usually take place？ ④When did people start to use this way of fishing？

（2）在第二次阅读时，要求学生用一个短语概括段落大意；并在此基础上指导学生提取每段的关键词，概括课文大意。

设计意图：教师让学生观察课文中的插图、题目、各段首句，并且围绕who、what、where、when设置问题，能让学生抓住重点进行跳跃式阅读，训练其"略读"策略，提高阅读效率，同时，强化了"看"这项阅读能力；教师让学生通过提取关键词的方式，归纳段落及课文的主旨大意，可以培养其信息提取与整合能力，整体感知段落间的逻辑关系，符合英语学科核心素养目标对学生语言能力的新要求。

2. 精读（Close Reading）

（1）阅读第一自然段。概括王大民的job、age、build、hobby，让学

生总结人物描写的方式;在此基础上,训练学生口头描述某个人物的能力,引导口语输出,教师应给学生补充相关词汇,降低难度,搭建教学支架。

设计意图:上述教学活动旨在培养学生在阅读过程中归纳、总结语篇中主要信息的能力,推动学生从单项的略读训练,深化到概括、整合、输出等综合性阅读练习,有利于提升在核心素养视角下学生的知识迁移能力。

(2)阅读第二自然段。读前预测:What do cormorants look like？ If you were Wang Damin, which kind of birds do you want to choose？ 读后,让学生结合表格对比、归纳鸬鹚和其他鸟类的差异,回答以下问题:

① What do cormorants look like？ Use a sentence to describe it;

② What are the differences between cormorants and others？

③ Why did fishermen use cormorants to catch fish？

设计意图:读前预测可激发学生主动学习的欲望,培养其自主学习的能力。提取文本内容、补全表格信息,在知识层面上可以增进学生对鸬鹚特点的了解,促进知识的内化;在能力层面上,通过3个"概况、比较、辨析"的分层问题,引发不同英语水平学生的思考,培养其思维的逻辑性。

(3)阅读第三自然段。首先,播放一段视频,使学生感知鸬鹚捕鱼的过程,并记录视频中的动词;其次,观后回归文本,定位不同的时间点对应的动词并依次把画出的动词填入mind-map;最后,让学生根据思维导图复述鸬鹚捕鱼的过程。在授课过程中,教师引导学生演绎动词含义、内化词汇理解。

设计意图:第三自然段是本课的主体,重难点是动词教学。一个亮点是教师通过视频、演绎等方式营造语境,使学生在语境中理解鸬鹚捕鱼的动态过程,这是该部分教学的重中之重;另一个亮点就是思维导图的运用,教师让学生根据思维导图复述鸬鹚捕鱼的过程,能提高学生口语表达能力,从而强化英语学科素养目标提出的"听、说、读、写、看"各项技能。

（4）阅读第四自然段。让学生找出课文提及的时间点,引导学生思考并回答以下问题,随之进行情感教育,为读后环节做铺垫。①Where was cormorants fishing once practiced？②Are young people interested in how to fish with cormorants today？③What may happen to cormorants fishing in 50 years？

设计意图:通过指导学生运用"找读"的方式,分析鸬鹚捕鱼的过去与现状,并预测未来的发展,引导学生形成分析、判断、预测的思维能力。设置的3个问题更侧重于对学生的情感教育,教师希望通过对鸬鹚捕鱼不同阶段的剖析,初步唤起学生对可能失传的中国传统技能的忧患意识,形成文化认同感,发挥英语学科的育人价值。

Step 3: 读后阶段——深挖文本内涵,提升文化意识

1. 探究与讨论（Group Discussion）

以小组为单位,讨论以下3个问题,从而理解作者的写作意图。（1）Is cormorants fishing a good way to catch fish？Why or why not？（2）Is there any disadvantage of cormorants fishing, and how to improve it？（3）How can people protect this way of fishing？

设计意图:基于作者的写作意图,教师设计了开放性题目,问题设置难度依次增加、层层深入、直击主题。该环节的教学目标是提升学生英语学科素养中的思维品质、文化意识。分析鸬鹚捕鱼的优缺点,可以帮助学生形成批判性思维;探讨如何保护这项古老的捕鱼技能则是课程情感教育的体现,旨在唤起学生保护中国传统技能的意识。

2. 情境化分层活动（Context Based Hierarchical Activities）

设计以下两项活动。

活动1: 模拟情境演绎（指向英语水平较好的学生）

Situation: Damin and other fishermen in his village are too old to catch fish with cormorants any longer, so they will retire soon.Now some young fishermen want to give up this traditional way of fishing. Suppose you are a reporter to interview them, try to convince them to continue it.

活动2: 续写故事结尾（指向英语水平一般的学生）

Time comes to 2070, Damin and other fishermen have already passed away.

设计意图:以上两项教学活动都是通过合作学习方式进行的应用实践类活动,都强调语言知识在情境中的具体应用,有利于培养学生的自学能力和团队精神,是生本教育理念和因材施教精神的集中体现。无论是模拟情境演绎还是续写故事结尾,都可以衍生出丰富多样的创意,活化语言材料,培养学生创新性的思维品质。

Step 4: 课后作业——讲述中国故事,传播中国文化

(1)Try to spread cormorants fishing to people around you.

(2)Surf the Internet and find more information about other traditional Chinese skills and share them with other classmates.

设计意图:意在让学生利用身边的有效资源,以制作海报、讲故事、录制视频等形式,去探索与分享其他的中国传统技能。这不仅可以优化作业形式,还可以培养学生的知识迁移能力和自主学习能力;同时,让学生学会用英语讲述中国故事、传播中国文化,既是对其文化意识的培养,也是课后作业实用性和针对性的体现。

案例分析

基于英语学科核心素养四维目标设计好一节阅读课,我认为教师在教学中要注意以下几个方面的问题。

(一)解读语篇深层化

语篇是内容与思想的结合,是作者写作意图的依托。好的语篇通常具有逻辑清晰、层次分明、结构合理等特点。在教学中,教师既要开展引领学生解读语篇标题、文体、结构、语言等指向语言能力的教学活动,也要组织解读语篇写作目的、情感态度、逻辑关系等培养思维品质和文化意识的教学环节。在课例授课中,教师从"鸬鹚捕鱼"话题出发,上端体现核心素养,下端整合学习内容,具有解读语篇深层化的特点。

(二)教学目标全面化

在教学目标方面,我根据教学材料和授课对象的特点,在备课环节做了深入的思考。基于核心素养的教学理念,从语言能力、思维品质、

文化意识、学习能力四个方面制定教学目标，力求实现英语教学工具性和人文性的统一。教师的每项教学活动都应在四维目标的引领下，环环深入，以实现"教—学—练"的统一。

（三）课堂提问层次化

课堂提问的层次性体现在三个方面：一是问题设置的梯度性，二是问题类型的多样性，三是问题指向的分层性。在设置问题时，应难易结合、梯度清晰：一是要由闭合性问题向开放性问题过渡；二是要设置概括、比较、分类、演绎等不同类型的题目，培养学生的英语核心素养；三是要考虑到学生英语水平的个体化差异，设置分层问题，将因材施教的教育思想落到实处，促进不同英语水平学生思考能力的提升。

（四）教学活动情境化

语言的运用离不开情境的创设，教师以教材情境为基础，创设贴近学生生活实际的情境，让学生有话可说，是增强学生参与度、提升学生知识理解力、培养学生感受力的立足点。因此，在核心素养视角下的英语教学，在教学内容选择上应改变脱离语境的知识学习，将知识学习与技能发展融入主题、语境、语篇和语用之中。上述课例教学在导入环节就很重视情境的创设，读中环节的动词理解、思维导图运用和读后环节的情境演绎、续写都是基于语境而安排设置的，较好地实现了教学活动的情境化。

综上所述，基于高中课程改革的大环境，初中英语教师应有意识地在日常英语阅读教学中，以英语学科核心素养四维目标为导向，以解读语篇为基础，通过情景化的教学活动和以生为本的教学理念建构英语课堂，全面塑造学生英语学科的语言能力、思维品质、文化意识和学习能力，为初中学生能更好地适应高中阶段的英语学习，做好初高中衔接提供充分的保障。

（作者：沈妙莉）

第十二节　信息技术学科指南与案例

一、信息技术学科对《中华优秀传统文化进中小学课程教材指南》的理解和应用

现在的学生是新一代伴随着数字化工具成长起来的"数字原住民"。因此，教师必须结合时代要求，衔接古今，赋予中华优秀传统文化新的时代内涵和现代表达形式，促进学生创造性转化和创新性发展，使其成为涵养社会主义核心价值观的重要源泉。

二、梳理信息技术学科涉及的知识内容

以高一年级必修一《数据与计算》为例。

单元一"数据与大数据"的项目主题是"项目技术伴我学"，学生项目活动是制作双语版电子书《三国演义》。汉字也是字符，在用计算机处理汉字时，也要采用二进制表示的编码，通过学习汉字编码的过程，进一步体悟汉字文化的源远流长、博大精深。

单元二"算法与程序设计"的项目主题是"编程应用助健康"，学生项目活动是设计跑步机程序。我国古代也有被称为"术"的算法，最早出现在《周髀算经》和《九章算术》中。《九章算术》总结了战国、秦、汉等时期的数学成就，收录了200多个与生产、生活实践有联系的应用问题，其中，每道应用问题都有问（题目）、答（答案）、术（解题的步骤）三项内容。算法就是解决问题的具体方法和步骤。

单元三"数据处理与应用"的项目主题是"交通数据利抉择"，学生项目活动是共享单车数据的采集、分析和可视化。共享单车的诞生，顺应了"绿色出行"的环保理念，解决了人们出行"最后一公里"的烦恼。然而，数据在体现和创造价值的同时，也面临严峻的安全风险。在复杂的应用环境下，

保障国家重要数据、企业机密数据和用户个人隐私数据等不外泄，是数据安全的首要任务。

单元四"走近人工智能"的项目主题是"智能工具好帮手"，学生项目活动是体验人脸识别和鸢尾花分类。人工智能是我国新一轮科技革命和产业变革的重要驱动力量。2017年，国务院印发的《新一代人工智能发展规划》中提出："到2020年，人工智能总体技术和应用与世界先进水平同步，人工智能产业成为新的重要经济增长点，人工智能技术应用成为改善民生的新途径，有力支撑进入创新型国家行列和实现全面建成小康社会的奋斗目标；到2025年，人工智能基础理论实现重大突破，部分技术与应用达到世界领先水平，人工智能成为带动我国产业升级和经济转型的主要动力，智能社会建设取得积极进展；到2030年，人工智能理论、技术与应用总体达到世界领先水平，成为世界主要人工智能创新中心，智能经济、智能社会取得明显成效，为跻身创新型国家前列和经济强国奠定重要基础。"

三、探索在课堂教学中融合特色的策略与方法

在新型教学模式下，如何以中华优秀传统文化做项目情境导入，并将其融入算法和程序、数据处理与人工智能等学习项目实践中，培养学生的核心素养是信息技术学科教师应思考的问题。因此，确定本学科策略为"融传统文化，智中国少年"。

四、教学案例

天工开物
—— 人工智能与现代中国

（一）课程版块介绍

各位同学，大家好！很高兴和你们相聚云端，这里是中国中学"新

六艺"线上课程"天工开物"课程群的"人工智能与现代中国"线上课堂，我是今天的授课教师叶旭慧。从古至今，人类的智慧以探索突破未知，用科技通往未来。古有《天工开物》，今有人工智能。科技不断赋予万物新的智慧，人类也从未停止认知的脚步。

2017年，国务院印发《新一代人工智能发展规划》，明确人工智能产业要成为新的重要经济增长点，人工智能技术应用要成为改善民生的新途径；到2025年，人工智能要成为带动我国产业升级和经济转型的主要动力，智能社会建设要取得积极进展。

（二）课程内涵介绍

《天工开物》是我国明末"四大科技名著"之一，在世界科技史上占有十分重要的地位，已被译成日、英、德、法等多种文字。《天工开物》是世界上第一部关于农业和手工业生产的综合性著作，也是我国古代的一部综合性科学技术著作，国外学者称它为"中国17世纪的工艺百科全书"。《天工开物》对我国古代的各项技术进行了系统总结，建构了一个完整的科学技术体系，尤其是机械技术，在书中有非常详细的记述。

《天工开物》的作者宋应星，字长庚，江西省奉新县人，生于明万历十五年（1587年），明代科学家。明崇祯七年（1634年），任江西省分宜县教谕，由于对经义八股文不感兴趣，因此把主要精力放在深入调查、研究在当时被称为"实学"的科技知识上，并着手撰写《天工开物》一书，花了整整三年时间，于1637年完成了这部伟大的科技史名作。

（播放视频：2分21秒。）

古有《天工开物》，今人继往开来。

（一）主要内容框架

当人类进化成熟时，那些超越生存需求的创造力便初现，我们的祖先希望用这些建筑、绘画、雕塑、语言等表达对永恒的渴求，在人类不停地创造和纪念中形成了文明。但永恒从来脆弱。为了保护文明不致消亡，有人选择成为守护它的人，思考如何延续它的生命，创造更伟大的文明。

我们今天的项目为"用人工智能激活历史"，将从3个活动展开叙述。

活动1：修复长城。（文物是不能永生，也不能再生的。）

活动2：复制莫高窟。（敦煌是搬不出去的，它不是馆藏文物。）

活动3：合成满族语语音库。（很多真实、具象的东西，会随着声音消失而消失。）

（二）互动环节

讨论背景：2016年3月，谷歌开发的人工智能围棋软件阿尔法围棋4：1大胜韩国围棋九段棋手李世石，让人类陷入对自身身份与未来人工智能终将取代"人类智慧"的隐忧中。"未来人工智能是否会毁灭人类"的话题再一次以高调姿态进入公众视野。

七年过去了，你认为人工智能会取代人类吗？（将在活动3做出回应。）

（三）主体内容讲解

活动1：修复长城

白天，怀柔山区，小雨转中雨，最高气温21℃，老赫自小在这里长大，箭扣长城对他而言，就像是他家的一堵墙，但是，现在好些都塌了。建筑工人要赶在一场暴雨到来之前，用这种沿用了几百年的办法，把建筑材料运送到一个特殊的工地，那里是三段长城汇集之处的北京结。这次修缮的目标是长744米、斜度接近直角的城墙。

李洪刚和其他箭扣长城人工智能修复项目的成员，正在做第二次数字化采集。以往的修复工作都是基于传统测绘手段获得的缺损建筑数据，不仅耗时长，还会遗漏不少信息。李洪刚团队与武汉大学黄先锋教授进行合作，用无人机对长城数据进行全角度采集，用拍摄到的照片生成3D模型后，人工智能技术将对其进行自动化缺损检测，进而对长城进行数字化虚拟修复。长城是中国最为世人所知的文明遗迹之一，在修建之初，就是防御工事，往往修建在难以到达的地势之上，在年久失修之后，它就更难以到达了。要想为修缮工作做先期勘测，在过去就要花费大量的人力和时间。而无人机的引入，将彻底改变这种状况。但复杂的地势和植被情况，使得无人机即使拥有"千里眼"，也难以跟

长城确认"眼神"。

人工智能3D对抗生成网络这项技术让他们看到了希望。团队的最终目的，就是要让人工智能像人脑那样，自动补充长城的缺损，并提供修缮建议。

（播放视频：35秒。）

从2D到3D不只是一个数字的变化，而是对算法和计算能力的双重考验。人工智能可以解释为算法或程序，它诞生于1956年，但直到2012年，卷积神经网络AlexNet的诞生，才将人工智能引向深度学习。

（互动环节）带着问题看视频，请问：人工智能技术的发展需要哪三个要素？

（播放视频：42秒。）

人工智能技术的发展需要三个要素：数据、算法和算力。在前几年，"大数据"是一个热词。大家都知道，大数据本身并不必然意味着大价值。数据是资源，要得到资源的价值，就必须进行有效的数据分析。

今天，有效的数据分析主要依靠机器学习算法，特别是其中的深度学习算法取得了巨大进展，刚才视频中的卷积神经网络就属于深度学习算法，而且是在大数据、大算力的支持下发挥出巨大的威力。深度神经网络是非常庞大的系统，要训练出来需要很多数据、很强算力的支撑。人工智能算法模型对于算力的巨大需求，也推动了今天芯片产业的发展。例如，现在训练深度神经网络用到的GPU（图形处理器），早期原本是用于图像处理、图形渲染的。因此，没有深度神经网络这么大的需求，GPU就很难有今天这么大的市场。因此，我们可以看到，人工智能算法模型的发展与算力、芯片发展之间，有相互促进的作用。

活动2：复制莫高窟

相对于修复长城时的翻山越岭，在无法自由伸展的狭小洞窟里，工作的难度显而易见。敦煌研究院的吴健团队正在为莫高窟158号洞窟做数字化采集工作。将每幅壁画分成若干小幅进行拍摄，再输出到电脑上拼接还原成整体壁画，形成与原作完全一致且高度清晰的数字档案。

（播放视频：25秒。）

每平方米的壁画大约需要拍摄300张照片，完成一个中型洞窟的拍摄大约需要1个月，后期拼接大约需要3个月。以这样的速度，吴健团队每年能完成20个洞窟的数字化采集工作。

在敦煌鸣沙山东部,有一处1700米长的断崖。在1600多年前,因为僧人乐尊在断崖上的一次眺望,这里成为人类历史上最著名的洞穴——莫高窟。此后的1000余年,无名的匠人开凿了735个洞窟,其中,492个洞窟中有壁画和彩塑,为我们记录下了丝绸之路的历史和艺术。这是莫高窟的第一批照片,拍摄于1907年。100多年来,照相技术越来越先进,而洞窟里的色彩却越来越模糊。自1944年敦煌研究所建立以后,一批批守望者来到这里,对这些世间仅有的珍宝进行抢救性的保护和记录。1983年,吴健在大学毕业后加入敦煌研究院,成为记录历史的人。

传统的记录方式有三个缺陷:一是没办法解决形变的问题,二是很多洞窟没有拍摄距离,三是有很多障碍物。

1999年,敦煌研究院引进数字技术。20余年间,通过前期拍摄结合后期拼接,变形和障碍物的难题被攻克,画面精度提升了8倍。然而,莫高窟还有近200个洞窟在等待着吴健和他的团队。为了与侵蚀洞窟的风沙和生物抢时间,敦煌研究院与浙江大学计算机系共同研发,将人工智能嵌入照相设备,使它可以在洞窟中自行移动,自动调节灯光,在按下快门的同时,图像信息即时显示在拼图的系统中。

(播放视频:9秒。)

除了自动拍照外,这套设备中的三维定位系统还可以在后期处理时校正画面的透视与变形。它是通过一个巧妙的设计,注入人工智能技术,不仅加大了采集量,减少了成本,提高了效率,而且拍摄的质量是一致的。

敦煌不再遥远。吴健团队用数字技术,将莫高窟带到了2000多千米之外的石家庄,数字摄影叠加人工智能,帮助人们走近敦煌。现在,我们的数字化技术更加高效地把这些面临衰败的文物保存下来,同时,开发、利用这些数据,让更多的人去分享。藏在莫高窟深处的千年岁月,被吴健团队复制出来。用科技留住历史,是这些守望者的探索。文明,正在被人工智能技术凝固在时间之中。

活动3:合成满族语语音库

本次航班的目的地是黑河机场。邓春雷正在练习满族语。在每一

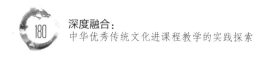

亿个中国人中，只有一人能熟练掌握这种语言。

语言能记录信息、表达爱，也能在茫茫人海中，让你立刻回到故乡。但是，每两周就有一种语言从全世界已知的6000多种语言中消失。邓春雷是一位不会讲满族语的满族人，他的工作是用人工智能的方法，对人声进行采集、运算，将其合成为一个语音库。他希望找到一位会讲满族语的老人，亲耳听到自己民族的语言。

每个人都有独特的声纹，也就是音色特征。人工智能声学模型训练，必须基于真实的、有规律的真人朗读音频数据。邓春雷团队提前做好了声调定义、标注方案。由于是第一次采集，何奶奶先要以日常语言内容建立声学基准。

（播放视频：9秒。）

清王朝是中国历史上最后一个封建王朝，距离今天不过100多年，如今却要面临满族语言消失的窘境。当有一天这些老人都不在了，那么，谁还会说满族语呢？这种语言消失了，那么，其他一些用语言承载的文化和历史是不是也就随之消失了呢？

原始的满文和满族文化散落在边远地区，甚至是遥远的历史中，用人工智能抢救满文，或许还能为打开这个民族的历史，留下最后一把钥匙。

这次采集共录制到630分钟的样音，在回到上海后将被用于合成个体语言样本。在没有任何满族语相关数据的基础上，人工智能将帮助邓春雷寻找语言中不同尺度的音节、语义之间的关联和模式。

（播放视频：11秒。）

经过处理，邓春雷团队得到了2500多条语句数据，能否从中顺利提取声纹特征、语言规律、语调程式，关键在于人工智能技术与具有超强算力的服务器协同配合。

人工智能这一手段，其实只能做记录和复制。装在何奶奶脑中的，其实除了满族语的表达以外，可能更多的还有她对满族语的感情，对满族历史文化的记忆，这些都是人工智能技术无法取代的。（回应互动环节的问题——人工智能会取代人类吗？）

（四）本课小结

守望家园，凝固历史。在它们消失之前，我们还能做些什么呢？

长城的虚拟修复，涉及大量3D影像的处理，因此，我们需要非常大的内存的支持，以及40～80个核心的处理能力。目前实现的深度网络模型，针对箭扣长城4处大的塌方式缺损，和十几处大裂缝，能自动完成识别和虚拟修复，估计出所需用料。

对敦煌的这种情感，激起我对敦煌的一种眷恋，一种追求。

时间奔走不停，万物生长不息，文明既被我们创造，也在成就我们。不同的是，今天的守望者面对的是前人未曾到达过的、被重新定义的未来。

（一）时代传承与发展

2020年4月27日，《人民日报》科技版对地平线公司"天工开物"人工智能开发平台进行了专门报道，报道充分赞扬了"天工开物"对降低人工智能开发门槛、赋能产业智慧升级的积极作用，并对基于平台打造的首个边缘人工智能开发者社区给予了肯定。

该平台基于自研的人工智能芯片打造，由模型仓库、人工智能芯片工具链，以及人工智能应用开发中间件三大功能模块构成，旨在通过降低开发门槛、提升开发速度、保证开发质量，赋能产业智慧升级。近年来，人工智能底层技术和落地应用持续突破。在新一代"天工开物"人工智能开发平台基础上，地平线公司将打造首个边缘人工智能开发者社区。该社区以传播技术力量为核心驱动力，打造实用的边缘人工智能开发平台，助推人工智能应用落地。

（二）校园传承与发展

从高一上学期的通识课程，到专业初级，再到专业高级，直至最终指导学生完成高中阶段的课题论文，学校课程中心对校本课程的整体规划合理、落实到位。同时，学生社团也有指导教师给予相应的专业辅助。学生在掌握信息技术基础知识之外，还可以选修高一下学期开设

的专业初级课程"从编程基础到数据分析"和高二上学期开设的专业高级课程"从数据分析到人工智能"，并在高二下学期完成高中阶段的课题论文，其间也可以参与各级、各类比赛，提高综合能力。

我校的竺钱成、胡李俊和王飞儿同学，在2021年第三届国际青少年人工智能交流展示会（IAIF）、2021年上海市"未来杯"科技创新大赛、徐汇区未来工程师大赛中均获三等奖。另外，我校获徐汇区未来工程师大赛三等奖的还有余琢非、俞泽彬和周正航同学。

（三）结语

永恒的梦想，引导科技进步……

我国先人对机器充满智慧而大胆的探索，依然在典籍中闪耀着难以湮没的光芒，他们在"智造"的苦旅中蹚过水、探过路，留下了永恒的经典。但是，空有躯壳的机器作用有限，我们还要教会它们如何思考。

同学们，你们被称为生于中国的新一代"数字原住民"。通过学习，今天的你们将具备对于中华优秀传统文化"古为今用"更深刻的体悟，也将具备结合新时代背景进行再创造的更强创新能力。

"天工开物"课程群的"人工智能与现代中国"课程就讲到这里，期待下次再见。

（作者：叶旭慧）

第三章

校本课程特色发展

衔接传统文化，聚焦素养培育

2017年，中国中学在成为上海市特色普通高中项目校后，以中华优秀传统文化教育为主轴，全面开启"特色项目—学校特色—特色学校"的建设征程。

　　党的十九大报告指出，"深入挖掘中华优秀传统文化蕴含的思想观念、人文精神、道德规范，结合时代要求继承创新，让中华文化展现出永久魅力和时代风采"。党的二十大报告也指出，十年来"中华优秀传统文化得到创造性转化、创新性发展"。创建以来，中国中学在"中国情怀"课程群基础上构建了"新六艺"校本课程群，从文化、制度、平台、教研、师资等全域层面探索整体实践路径，中华优秀传统文化教育的办学特色不断彰显。

　　充分吸收了中华优秀传统文化的校本课程既独立发展又兼容并包，在明德惟馨、文以载道、格物致知、行健自强、真美育人、知行合一六大课程模块中助力学生成长。

第一节 "天工开物：从程序设计到数据分析"项目教学实践

一、问题界定

中国中学创办于1933年，是一所具有光荣爱国传统和深厚历史积淀的学校，注重在学科课程中全面融入并强化文化理解与传承。我们的学生被称为生于中国的新一代"数字原住民"，尤其是立志于今后往计算机、大数据和人工智能相关专业发展的学生，为他们打造一门相关课程是学校和教师义不容辞的职责。

为了更好地培养学生的计算思维，促进学生对中华优秀传统文化"古为今用"的深刻体悟，培养学生具有结合新时代背景进行再创造、再诠释的文化传承理念及意识，我结合高中信息技术教材，根据本校学情，采用项目学习的形式开展教学研究与实践。

二、创意方案

近年来，基础教育领域发生了深刻变革。课程与教学理念不断更新，信息技术与教学深度融合，《中国教育现代化2035》为我们绘制了实现教育现代化的蓝图，而实现的关键在于落实。教育现代化不仅仅意味着课堂教学应用现代装备或采用现代教学方式模式。教育实践的核心过程不是课堂教学，而是课前的课程开发、教学设计及课后的教育系统分析的过程。

《高中阶段教育普及攻坚计划（2017—2020年）》在某种意义上促进了高中教育多样化。高中教育质量均衡并非同质化发展，而是要依据人才成长的规律，走差异化发展之路。未来高中应错位竞争、特色发展，在科技、人文、艺术诸领域等不同方面发力，走课程特色化的发展道路。而学科核心素养是学科育人价值的集中体现，是学生通过学科学习逐步形成的正确价

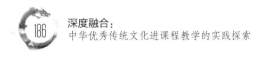

值观、必备品格和关键能力。

　　高中信息技术学科核心素养，由信息意识、计算思维、数字化学习与创新、信息社会责任四个核心要素组成。其中，计算思维是指个体运用计算机科学领域的思想方法，在形成问题解决方案的过程中产生的一系列思维活动。具备计算思维的学生，在信息活动中能采用计算机处理的方式，界定问题、抽象特征、建立结构模型、合理组织数据；通过判断、分析与综合各种信息资源，运用合理算法形成解决问题的方案；总结利用计算机解决问题的过程与方法，并迁移到与之相关的其他问题解决中。尽管计算思维不等同于程序设计，但不可否认的是，程序设计作为一种理解和表达计算思维的方式，既是发展计算思维的最好途径之一，也是高中信息技术教育的一个重要落脚点。

三、实施要点

（一）课程目标

　　本课程目标为采用符合高中生学力的、有情境、可综合实践的项目教学，以增强其利用智能技术服务人类发展的责任感与能力。

　　通过项目活动，学生能真实体验利用数据处理软件工具或平台，处理数据和发现信息的过程，从而引发学生对大数据时代数据如何改变人们生活进行深入思考，发展学生的信息意识；通过完成项目活动中的各项任务，学生不仅能具备操作数据处理技术工具的技能，还能了解这些技术工具的工作方法和应用流程，处理好人与技术工具的关系，发展计算思维；学生在分析数据的基础上，撰写解决问题的分析报告，学会用数字化工具表达思想、建构知识，养成数字化学习与创新的习惯；在实施项目活动的过程中，学生认识到数据安全的重要性，理解对数据进行保护的意义，积极承担信息社会责任。

（二）课程结构和内容

　　本课程的结构和内容见表3.1。

表3.1 "天工开物：从程序设计到数据分析"课程结构和内容

项目主题	知识体系	核心素养
数字解读中华名著 （衔接拓展）	Python 文件操作 Python 中文分词 Python 图形界面开发	信息意识 计算思维 数字化学习与创新 信息社会责任
看小学生用大数据分析苏东坡 （学生个人研究）	数据分析报告与应用	
我们眼中的"非遗"大数据 （小组合作研究）	数据采集 数据整理 数据统计分析 数据可视化 数据分析报告 数据安全	

（三）项目教学环节和设计思路分析

项目1：数字解读中华名著

通过对信息技术新教材必修一《数据与计算》第二章"算法与程序设计"的学习，学生已了解算法与算法描述的基本概念、程序设计语言Python的基本知识、常用算法及其程序实现。因此，在本课程中设计的项目"数字解读中华名著"主要起到衔接和拓展学习的作用，涉及的主要新知识点有Python的文件操作、中文分词Jieba库和图形界面开发Tkinter库。

在编程教学的范例内容选择方面，教师往往会首先选择数理问题，因为数学、物理等学科问题的数据关系明确，容易构造数学模型，并且简单易懂，难点在于需要更精确地分析学生的数学知识基础；而四大名著等主题内容因为容易激发学生兴趣，降低认知难度，适用范围广，也极受欢迎。

结合本课程的实施，我认识到在向学生传递教学内容的过程中，任务情境的创设只有贴近学生真实生活，才能激发其学习兴趣。弘扬中华优秀传统文化和《红楼梦》的整本书阅读，都是本校高一学生的真实学习情境，对激发学生的学习动机和探究热情起到了积极的作用。

项目2：看小学生用大数据分析苏东坡

给学生布置高一寒假作业，思考项目2的实施，分为两个项目任务：（1）预习数据分析报告与应用，了解数据分析报告的种类和组成，完成一份数据分析报告通常经历的过程；（2）看看清华附小的学生是如何用大数据分析苏东坡的，请思考：你能做得更好吗？

运用数据反映、分析和研究某项事物的现状、问题与原因，发现其本质和规律，得出分析结论并给出解决方案，是数据分析过程和思路的最后呈现。一份完整的数据分析报告，应当围绕目标确定范围，遵循一定的架构，系统地反映事物数据分析的全貌，为决策者提供科学、严谨的依据。

该项目是学生个人研究，给他们提供了一定的知识技能框架。高中生已具备一定的自学能力，在开展项目学习过程中，将情境设为对人文领域的探究，既有一个大致框架，又给了学生自由发挥的空间；既促进了信息技术学科核心素养的落实，又有机融入了中华优秀传统文化，培养了学生的社会责任感、创新精神和实践能力。

项目3：我们眼中的"非遗"大数据

在以上项目实践的基础上，小组成员明确分工，分步实施数据采集、数据整理、数据统计分析和数据可视化，体验数据处理的全过程；小组成员合作完成一份数据分析报告，并制作PPT准备交流展示。

1. 数据采集与数据整理

国家级非遗代表性项目名录数据来源：中国非遗网·中国非遗数字博物馆（https://www.ihchina.cn/）。

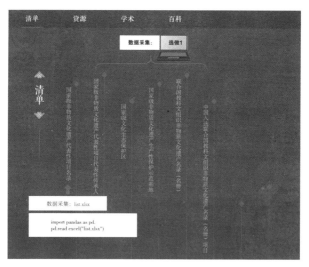

图3.1　数据采集任务

2. 数据统计分析与数据可视化

数据统计分析：项目任务单所示仅为一种角度，也可从其他角度分析。

数据可视化：手绘效果和动态可视化可选。

3. 数据分析报告与交流展示PPT

查阅中国"非遗"网，了解更多上海"非遗"项目知识。思考：如何从自身做起保护"非遗"项目？查阅沪剧项目介绍网页，分析沪剧传承是否存在危机，可否用数据加以佐证？小组讨论：沪剧传承保护为何任务艰巨？如何保护沪剧传承？自己能做点什么？总结Python如何实现数据筛选功能，强调非遗保护的重要性。

四、核心成果

本课程丰富了学校的"天工开物"课程群，并落实到位。学生在完成必修课程的同时，还可以选修高一下学期学校开设的专业初级课程"天工开物：从程序设计到数据分析"和高二上学期开设的专业高级课程"天工开物：从数据分析到人工智能"，并在高二下学期完成高中阶段的课题论文，其间也可以参与各级、各类比赛，提高综合能力。

本课程教师分别开设市级公开课"单变量的线性回归""人工智能的作用和影响"，区级公开课"体验人脸识别"和校级公开课"循环结构的Python实现"。"信息安全与社会责任——信息加密"入选市级公共安全教育活动精品课程。

我校学生张奕萱、江昕怡、何梦宜、王羽倩、周逸琪、朱至莹、吴鑫、吴桐获2020年第十七届上海市未来工程师大赛（高中组）二等奖；竺钱成、胡李俊和王飞儿同学，在2021年第三届国际青少年人工智能交流展示会（IAIF）、2021年上海市"未来杯"科技创新大赛、徐汇区未来工程师大赛中均获三等奖；获徐汇区未来工程师大赛三等奖的还有余琢非、俞泽彬和周正航同学。

五、效果与感悟

"天工开物：从程序设计到数据分析"是高一下学期的专业初级课程，每周两个课时，课程分为三个项目，即数字解读中华名著、看小学生用大数据分析苏东坡、我们眼中的"非遗"大数据。遵循"情境—主题—规划—探究—实施—成果—评价"的主线，引导学生在项目案例的学习过程中，掌握提出问题、分析问题、探究问题、解决问题的方法，并在学习实践的过程中，

注意以下问题：

（1）发展学生的计算思维，引导学生明确问题、分解任务；

（2）适当增加"留白"空间，给学生更多探究余地；

（3）分组合作学习，培养学生的社会适应性；

（4）设置可选项目任务，注重分层教学和多元评价。

（作者：叶旭慧）

第二节　纸片春秋——博古社历史桌游设计探索

一、问题界定

伴随着教育改革的不断推进，学科核心素养已经成为教师课堂设计的共识。然而，除了课堂教学的引导外，如何在活动中真切感悟，帮助学生将抽象的学科素养具象为一种思维模式和行动导向，考验着教师学科特色活动设计的功力。在课程转型的同时，我校正在创办特色学校，以中华优秀传统文化的传承与发展作为自身的办学特色。与学校发展相配合，历史学科教研组采用"史地联袂，中外交融"的教学策略，试图在国家课程体系中发掘教学资源，用具象的地点位置展现历史发展的空间，在时空结合下分析中华优秀传统文化形成的原因与辐射情况，在追根溯源中促进学生对中华优秀传统文化的理解和认同，在各类活动中实现文化践行。因此，作为国家课程的拓展，历史社团成为开展活动实践的重要平台。

二、行动方案

游戏化教学早已成为在信息化社会下，课堂教学采用的一种互动模式。对于在流媒体环境下成长起来的新时代高中生而言，游戏化教学能有效弥补灌输式教学对学生长时间注意力吸引的缺陷，在轻松的活动中达成知识训练和知识迁移的目的。

本次探索活动以中国国家图书馆"中华古籍资源库"为资料支架，以宋朝为背景舞台，设计了一款名为"梦粱录"的历史桌游，由学生作为活动主体，教师作为辅助，以核心问题引导桌游筹备、设计、实施、推广等环节的推进。通过桌游的人、事、物，摆脱教材与课堂的局限，拓展学生对我国历史的了解。借助桌游中的剧情设计，帮助学生体验宋朝人物的生活情境，感受中华优秀传统文化的魅力，落实学科核心素养的养成。

首先，以史料实证明确时代概览。历史史料是一切历史活动的起点和支撑。通过对宋朝资料的收集、整理，围绕核心问题的阐述对收集的资料进行必要的取舍，实践"实"（真实）和"证"（论证）的协作，感受历史学科的科学性、严谨性。

其次，以时空观念构建桌游逻辑。历史具有发展性，对身处其中的人、事、物留下它的印记。通过对桌游类型的选择、剧情逻辑的勾连，尝试理解、解释古人的行为，习惯将时代背景纳入思考的范畴，体会历史学家不苟求、不妄谈的精神品质。

最后，以家国情怀拓展探究活动。家国情怀学习和探究历史应有的价值取向与人文追求，也是传承中华优秀传统文化的归属。通过对桌游的设计推广，提取出宋朝的时代"亮点"，激发学生对我国历史的认同。以情怀为导向，向更纵深的方面铺展。

●———— **核心问题** ————●

历史类的桌游不能仅是人与物的简单堆叠

时代概览
- □ 历史类桌游的缺憾有哪些？
- □ 以宋朝为设计背景的优势有哪些？

剧情设计
- □ 哪种剧情适合我们？
- □ 剧情与历史如何勾连？
- □ 如何兼顾历史与游戏？

推广开拓
- □ 如何推广最适恰？
- □ 在宋朝之后还能有什么？

学习资源
- · 国家课程教材文本
- · 宋代笔记小说等
- · 桌游分类与游戏经验

学习策略
- · 合作学习
- · 主题探究
- · 小组讨论

学习素养
- · 史料实证
- · 时空观念
- · 家国情怀

图3.2 桌游设计流程

三、实施要点

（一）双向了解，组建小组

通过教师介绍、自主阅读和视频观赏，学生了解宋朝的历史情况概论，理解宋朝社会的独特历史魅力，统一以宋朝为桌游背景的思想认识。随后，按照学生自身意愿和所长，把他们分为设计、文案、美工三个功能小组，在不同环节中分别牵头，推进游戏的制作。

（二）试水实验，明晰要求

组织社团学生讨论自己心目中的桌游设想，按照易上手程度进行分类，选定最容易操作的沙盘战斗系列桌游作为社团游戏的初步尝试，并在试玩后组织讨论。这个简单的试水实验，方便学生将生活中已经接触过的桌游迁移入社团活动，有助于活动的整体推进。同时，在游戏的设计、操作过程中，学生深入了解游戏各个不同环节、不同部分的操作要义。在游戏试玩之后的讨论环节中，学生在教师引导下了解了沙盘游戏的缺陷，即在任何时代背景下都可以套用，缺乏与本社团重点突破的北宋历史的紧密联系性。最后使学生在思想上统一，坚定对剧情类桌游设计的认可。

运筹帷幄：大宋

玩家在游戏中分别扮演大宋、辽、西夏三国开国皇帝的角色，经营国家，购买城池，招揽人才，厉兵秣马，率军一统天下。在棋盘外围，玩家需要通过经营国家购买城池，以此扩充军队上限，招募士兵投入棋盘中央的沙场，运筹帷幄之中，指挥士兵于千里之外。或以大军压境，或以奇兵制胜，皆由玩家自行决定。

本桌游特色如下：

人才系统：通过棋盘外围的人才格，招揽人才。不同的人才将会带来不同的效果，或是充盈国库，或是增强战斗能力。合理的人才搭配将会创造巨大的优势。

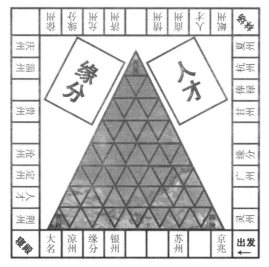

图3.3　游戏地图设计

缘分系统：随机事件将为游戏带来一丝不确定性……

精英单位系统：一位久经沙场的老兵可以获得晋升；三大势力各有不同的强力精英单位——大宋的西北禁军、辽的大帐皮室军、西夏的铁鹞子，他们将会是一统天下的骨干力量。

（三）收集资料，构思剧情

在明确了剧情类桌游的设计方案后，再次组织讨论，初步确定桌游剧情为案件推理，以拓展桌游的推广前景。随后，利用中国国家图书馆"中华古籍资源库"作为图文资料平台，查找适宜的宋朝案件与奇闻轶事，并构建起应有的人物关系和逻辑情节。

1.剧情主线的选择

组织学生分头翻阅"中华古籍资源库"收入的记录宋朝案件情况的古籍，如《棠阴比事》《折狱龟鉴》等，找到记录相对完整且感兴趣的案件，并在社团内进行"招标"。此举既锻炼了学生查阅史料的能力，也实践了桌游要有史实依据的原则。在推荐、讨论的过程中，进一步提炼桌游应具备的隐蔽性、波折性等案件特征，大大提升剧情的吸引力，以增强游戏的可玩性。

学生最终确定案件原型如下：

张咏许尚书镇蜀日，因出过委巷，闻人哭，惧而不哀，亟使讯之。

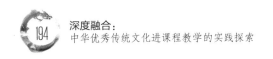

云："夫暴卒。"乃付吏穷治。吏往熟视，略不见其要害。而妻教吏搜顶发，当有验。及往视之，果有大钉陷其脑中。吏喜，辄矜妻能，悉以告咏。咏使呼出，厚加赏劳，问所知之由，令并鞫其事。盖尝害夫，亦用此谋。发棺视尸，其钉尚在，遂与哭妇俱刑于市。

——（宋）郑克《折狱龟鉴》

2. 游戏角色的创设

借鉴其他剧情推理类桌游的经验，社团学生还安排了官吏、仵作、游民等游戏角色设定，并再次在"中华古籍资源库"中，翻看宋朝人留下的丰富笔记内容，如《夷坚志》《东京梦华录》《宋朝事实类苑》等，寻找可用的奇闻轶事，借此勾连游戏角色和剧情主线之间的逻辑联系。只有用宋朝人物的所行所想构造社团创设的宋朝社会，才能避免背离特定的时空背景，消弭时代隔阂感。

学生找到的勾连人物关系可用的资料如下：

临安小巷民孙三者，一夫一妇，每旦携热肉出售，常戒其妻曰："照管猫儿，都城并无此种，莫要教外闻见。若放出，必被人偷去，切须挂念。"日日申言不已，邻里未尝相往还，旦数闻其语，或云："想只是虎斑，旧时罕有，如今亦不足贵。"一日，忽拽索出，到门，妻急抱回，见者皆骇。猫乾红深色，尾足毛须尽然，无不叹羡。孙三归，痛棰其妻。已而浸浸达于内侍之耳，即遣人以直评买。孙拒之曰："我爱此猫如性命，岂能割舍？"内侍求之甚力，竟以钱三百千取之。内侍得猫，不胜喜，欲调驯然安贴，乃以进入。已而色泽渐淡，才及半月，全成白猫。走访孙氏，既徙居矣。盖用染马缨绋之法，积日为伪。

——（南宋）洪迈《夷坚志》

（说明：游戏角色可借由此故事与受害者建立联系，产生作案嫌疑，在游戏中协助官吏破案以自证清白。）

3. 游戏趣味的调整

有了众多的史料作为支撑以后，桌游的剧情设计历史学科特征外显。但是，社团活动的初衷，是尝试游戏化教学，自然不可忽视游戏的可玩性，而变成历史资料的堆积。通过对触发性剧情的设计，更进一步地利用收集到的微小史料，解读史料背后的隐藏信息，加深对宋朝历史的认识与了解。在游戏开展过程中，也能更好地重构完整的宋朝社会，提升游戏者的历史体验感，并利用触发剧情的"不确定性"，进一步增强桌游的趣味性。

学生找到的可用资料如下：

> 郑毅夫尝说：艺祖朝，声登闻鼓求亡猪者。上手诏忠献赵公曰："今日有人声登闻鼓来问朕觅亡猪，朕又何尝见他猪耶？然与卿共喜者，知天下无冤民。"

——王得臣《麈史》

（说明：借由这段史料，可以将皇帝对国内海晏河清、天下无怨的愿景转变为对案件侦破过程中的证据要求，提高案件侦破的难度。）

四、核心成果

（一）初步提升学生的历史知识与素养意识

由于时间限制，在本文撰写时，人物剧情和触发性剧情的设计仍在进行之中。但根据在学期结束前社团成员成长情况量表的填写情况（见表3.2），可以发现大部分学生对宋朝的了解都有了较明显的提升。在最后一次社团讨论中，学生已经主动表示需要更进一步收集有关宋朝婚姻关系、探案流程、解剖能力等各方面的资料，以完整剧情创作，史料实证素养和时空观念素养得到了明显张扬。

表3.2 社团成员成长情况量表

单位：人

历史知识	在参与社团活动前			在参与社团活动后		
	无甚了解	一般了解	较多了解	无甚了解	一般了解	较多了解
政治制度		15			10	5
经济发展		15			10	5
思想文化	2	10	3		7	8
典型人物	5	10			9	6

续表

历史知识	在参与社团活动前			在参与社团活动后		
	无甚了解	一般了解	较多了解	无甚了解	一般了解	较多了解
文物建筑	12	3			9	6
史料典籍	10	5			10	5

（二）初步形成融合中华优秀传统文化的历史课程

以游戏化教学为手段，以"中华古籍资源库"为支撑，教师的身份从讲授者转变为观察者和辅助者，学生在学科研究任务驱动下不断实践核心素养的要求。以宋朝为抓手，结合桌游设计的各环节，基本构建起融合中华优秀传统文化的历史学科社团课程，在对历史的深入体验中，了解我国历史，树立历史自信和文化自信。

（三）初步建立了博古社的基本框架

作为学校菁莪社团群新加入的成员，以本案例探索为核心发展起来的博古社，其基本成员构成和组织框架形成了一定的规模，既丰富了菁莪社团群的内容，也助力学校融合中华优秀传统文化课程的完善。

五、效果与感悟

通过本案例的探索实践，社团成员对课堂历史知识有了明显的拓展，对如何寻找所需历史资料有了明确的方向，在史料实证和时空观念等素养的渗透与感悟下，对在高度繁荣的商品经济下的宋朝社会也有了更多的认可，并愿意在教师的指导下更细致地探讨一些长时间脉络下的历史问题，对传统思想文化有了更好的理解与认同。在小组讨论与合作中，社团成员彼此间的了解不断深入，团队意识日益增强。

同时，经过本次社团实践，教师本人对在新课标下如何设计学科特色活动有了更多的经验与信心。以任务为驱动，社团的长时段、大工程式实践也可以缩略为课堂的小片段、微探究式探讨，只要在学生充分投入的思维活动中适时引导，学科核心素养就会在潜移默化中感染学生。

但是，桌游的设计开发是一个十分复杂的流程，在课程目前已经完成的部分中，能看出学生对桌游的热情会随着史料收集难度的增加而不断消减，这时就需要不断重组，使任务分工更具指向性，从而使学生的活动投入性相对提高。此外，中华优秀传统文化的精神内涵可以通过桌游内角色的行为进行体验，如何能深层地内化为认同，甚至让学生乐于践行传承？除了本身的桌游设计活动之外，是否可以配合其他的展示活动得到进一步升华？也许可以在与其他社团的联动中，进一步思考与发展。

最后，无论"梦粱录"历史桌游最终成果如何，都要感谢只要一个号召下就奔赴而来的社团成员。感谢社长吴宇恒对整个剧情文本的修订，设计组胡润霖、束晟杰、王嘉睿完成的沙盘版试水游戏，文案组吴浩天查找到的游戏主剧情，以及美工组王浥青、俞琴敏设计绘制的桌游卡片。因为你们的存在，社团更有活力；也因为你们的付出，设想变成可能。

（作者：荣赟）

第三节　融合中华优秀传统文化与"BOPPPS"教学模式的行动实践——稷下辩论社课程领导创意设计

一、问题界定

如今很多学校开设的辩论课程大多围绕社会热点问题开展，很少让学生在正反两面的批判性较量中，思索传统文化与现代科技冲击下的时代适应性。中国中学一直坚持将中华优秀传统文化作为办学特色。因此，如何于辩论中提升学生对中华优秀传统文化的思辨能力，让中华优秀传统文化在辩论课程中注入新的活力，成为我校稷下辩论社课程的挑战。

二、行动方案设计

思辨能力就是思考、辨析能力。所谓思考，即分析、推理、判断等思维活动；所谓辨析，即对事物的情况、类别、事理等的辨别分析。层次分明、条厘清楚的分析，清楚准确、明白有力的说理，是思辨能力的主要特征。

"BOPPPS"教学模式的理论依据是认知理论和建构主义，该模型源于加拿大的教师技能培训，是一种以教育目标为导向，以学生为中心的新型教学模式。"BOPPPS"教学模式由Bridge-in（引入）、Objective（学习目标）、Pre-assessment（前测）、Participatory Learning（参与式学习）、Post-assessment（后测）和Summary（学生总结）六个教学环节构成。缺乏思辨能力的学生，普遍存在学习兴趣低、学习目标不明确、学习方式及评价方式单一的问题。改良课程实施和评价方式，引入"BOPPPS"教学模式，有助于学生在社团课程中提升兴趣，聚焦课程思考。

图3.4 "BOPPPS"教学模式

首先，讲究引入技巧和方式。课堂引入方式一定要生动有趣，激发学生的好奇心与探索欲。此外，引入活动应注重学生的迁移能力培养，将学生已有知识和本节课可能遇到的问题有效衔接。

其次，明晰学习目标。教师在每节课强调学习目标，既便于学生掌握学习的重难点，也为后续的自我评估明确方向。此外，还可以在课堂上穿插前测和后测，以便调整后续教学内容的深度及进度，让课程的目标更加聚焦。

再次，采用丰富多样的讨论方式。以丰富有趣的授课方式充分激发学生的学习热情，既能加深学生对所学内容的理解，又能强化学生的语言表达能力、协作沟通能力及思辨能力。

最后，改良评价方式。过程性评价与结果性评价相结合，学生自评、小组评价及教师评价相结合。此外，还可以将学生对知识的归纳、总结纳入评价体系。

三、实施要点

以我校稷下辩论社融合中华优秀传统文化与"BOPPPS"教学模式的行动实践为例，总结实施要点。

（一）吸引学生的入项活动（Bridge-in）

首先，需要将教室的陈设尽可能按照古时稷下学宫摆设；其次，可以配合中国中学中华优秀传统文化下的"无校服日"，让学生身着春秋战国时期的服饰进入教室；最后，让学生查阅给定主题的资料。

出示背景：

> 春秋战国时期，群雄并起，称霸争雄，社会处于激烈动荡与变革之中，中国走向统一的大趋势已露端倪。怎样实现由乱到治、由分裂到统一？是实行王道还是霸道？进入教室的你们展开了激烈的争论……

（二）基于高中语文学科的核心素养课程目标（Objective）

高中语文学科的核心素养包括四个方面：语言建构与运用，思维发展与品质，审美鉴赏与创造，文化传承与理解。其中，最后一个核心素养"文化传承与理解"和我们一直强调的挖掘、探索中华优秀传统文化不谋而合。

稷下辩论社将以辩论为载体，以中华优秀传统文化为依托，提高学生语言表达和逻辑思维能力，培养团队精神，以辩论驱动学生主动探究中华优秀传统文化的继承与发展问题。参加该社团，学生将获得以下主要能力：

（1）学生可以理解和运用普通话发音的方法与技巧，能借助对语言、文字的学习，初步理解、包容和借鉴不同民族、不同区域、不同国家的文化，尊重多样文化，吸收人类文化的精华。

（2）学生可以掌握辩论的基本方法，有理有据地说明并论证自己的观点，体会中华文化的博大精深、源远流长，继承中华优秀传统文化，理解并认同中华优秀传统文化，产生热爱中华优秀传统文化的感情，提高道德修养，增强文化自信。

（3）学生可以做到速记，提升基于辩论的议论文写作能力，与他人合作，增强团队意识，能与组员一同关注并积极参与当代文化传播和交流。在运用语言、文字的过程中，提高自己的文化自觉，初步形成对个人与国家、个人与社会、个人与自然关系的思考和认识，树立积极向上的人生理想，增强为民族振兴而努力的使命感和社会责任感。

（三）丰富多样的讨论方式（Participatory Learning）

稷下辩论社课程将采取三种授课方式，分别是传统课堂传授式、小组讨论式及辩论实操式。前期10个课时，主要围绕学生的语音语调训练、辩论的基本概念、辩论的准备工作进行，采用教师传授、视频观摩和小组讨论的方式。选择稷下辩论社的学生中仅有极少数有辩论实战经历，大多数学生对辩论的理解都停留于电视节目《奇葩说》，认为辩论很有意思，因此选择了这个社团。他们不清楚辩论的流程，辩论的顺序，辩论材料的搜集准备。经过10个课时的理论学习和视频观摩，学生逐渐培养了理性思维和批判意识，也懂得了辩论赛中的基本规则。

有了前期的理论知识储备后，课程进入辩论的模拟演练阶段。学生依据自由选择的小组通过抽签分成了正方和反方，围绕"出世容易入世难还是入世容易出世难"、"中华文化面对外部的冲击坚守本我还是改变自我"和"全球化推动还是阻碍中华文化的进程"等辩题展开了辩论。这个过程并不顺利，有些女生性格内向、说话声音极小、眼睛一直盯着手稿；而有些男生不遵守赛制，想说什么就直接站起来打断对方辩手的发言。经过几场辩论赛的实战，大部分学生最终能遵守赛制，克服内心的恐惧，自信大方地表达自己的观点，抓住对方辩手的纰漏进行驳论。

（四）交互合理的评价方式（Summary）

本课程的学习自学生进入教室时起，就是以小组为单位的合作探究性语言类活动，因此采取了学生自评、小组评价和教师评价相结合的评价方式（见表3.3）。

表3.3　稷下辩论社课程评价表

评价内容	评价指标	评价形式		
		学生自评	小组评价	教师评价
行为规范	进入专用教室，行为举止是否文明	☆☆☆☆☆	☆☆☆☆☆	☆☆☆☆☆

续表

评价内容	评价指标	评价形式		
		学生自评	小组评价	教师评价
上课质量	上课是否专注	☆☆☆☆☆	☆☆☆☆☆	☆☆☆☆☆
	上课是否积极与教师互动	☆☆☆☆☆	☆☆☆☆☆	☆☆☆☆☆
	是否独立自主按照要求完成教师布置的任务	☆☆☆☆☆	☆☆☆☆☆	☆☆☆☆☆
	是否能自主总结每节课的知识要点	☆☆☆☆☆	☆☆☆☆☆	☆☆☆☆☆
小组合作	小组合作是否全程参与	☆☆☆☆☆	☆☆☆☆☆	☆☆☆☆☆
	小组合作是否积极配合	☆☆☆☆☆	☆☆☆☆☆	☆☆☆☆☆
	辩题表达是否逻辑清晰	☆☆☆☆☆	☆☆☆☆☆	☆☆☆☆☆
口头表达	口语表达是否清晰流畅	☆☆☆☆☆	☆☆☆☆☆	☆☆☆☆☆
	口语表达逻辑是否严密	☆☆☆☆☆	☆☆☆☆☆	☆☆☆☆☆
	口语表达是否自信大方	☆☆☆☆☆	☆☆☆☆☆	☆☆☆☆☆
	辩论的语音、语调是否正确、自然	☆☆☆☆☆	☆☆☆☆☆	☆☆☆☆☆
论文写作	论文字数是否达到要求	☆☆☆☆☆	☆☆☆☆☆	☆☆☆☆☆
	论文是否精简概括	☆☆☆☆☆	☆☆☆☆☆	☆☆☆☆☆
文化理解	选择我国某个特定的文化现象开展专题研究，了解其发展脉络及其背后凸显的人文精神	☆☆☆☆☆	☆☆☆☆☆	☆☆☆☆☆
	在时间深度（历史视角）和空间广度（国际视野）上加深对本民族文化和他民族文化的认识与理解	☆☆☆☆☆	☆☆☆☆☆	☆☆☆☆☆
	具有尊重多元差异的立场和开放包容的心态，对社会上常见的文化现象和相关观点做出评价与反思	☆☆☆☆☆	☆☆☆☆☆	☆☆☆☆☆
文化认同	对中华优秀传统文化具有充分的感受与认知	☆☆☆☆☆	☆☆☆☆☆	☆☆☆☆☆
	感悟中华文明在世界历史中的重要地位，对中华民族的文化生命力及其发展前景具有坚定信念和情感认同	☆☆☆☆☆	☆☆☆☆☆	☆☆☆☆☆

续表

评价内容	评价指标	评价形式		
		学生自评	小组评价	教师评价
文化践行	能自觉遵循中华优秀传统文化中蕴含的价值观念、道德伦理、行为习惯，自觉以中华传统美德律己修身	☆ ☆ ☆ ☆ ☆	☆ ☆ ☆ ☆ ☆	☆ ☆ ☆ ☆ ☆
	积极宣传中华优秀传统文化中的经典案例，并体现讲仁爱、重民本、守诚信、崇正义、尚和合、求大同的时代价值	☆ ☆ ☆ ☆ ☆	☆ ☆ ☆ ☆ ☆	☆ ☆ ☆ ☆ ☆
总评	☆ ☆ ☆ ☆ ☆			

注：超级棒★★★★★；有点儿棒★★★★☆；还不错★★★☆☆；仍需努力★★☆☆☆；仍需再努力★☆☆☆☆。

四、核心成果

（一）初步探索了激发学生传统文化与现代科技冲击下的时代适应性思辨能力的策略

通过"BOPPPS"教学模式，稷下辩论社培养出了一批对辩论有兴趣，对中华优秀传统文化有积累、有思辨能力的学生。更有部分学生从初登台的胆怯内向蜕变成模拟赛上的镇定自若。

（二）教师构建了融合中华优秀传统文化与"BOPPPS"教学模式的课程体系

通过入项活动（Bridge-in）、核心素养课程目标（Objective）、丰富多样的讨论方式（Participatory Learning）、交互合理的评价方式（Summary）等的个性化实施，教师逐渐构建了融合中华优秀传统文化与"BOPPPS"教学模式的课程体系。

（三）学校丰富了"菁莪"社团群

以学校育人目标为导向，以"菁莪"社团体系建设为保障，以学生核心素养能力为抓手，"学校—校本课程中心—教师个体"的课程实施网络得以联动，为推进学校德育工作起到了促进作用。

五、效果与感悟

（一）效果

以"BOPPPS"教学模式为导向的社团活动成效显著，教师与学生都在社团活动中获得了成长。

1. 以趣促学

学生能有理有据地说明并论证自己的观点，也逐渐体会到中华文化的博大精深，学会思辨性地看待中华文化，提高了道德修养，真正实现了社团以趣促学的目的。

2. 以学炼能

学生在社团中习得的这些能力，帮助他们在学习知识与技巧的同时发展思维能力和写作能力。在运用语言、文字辩论的过程中，不断探索对个人与国家、个人与社会、个人与自然关系的思考和认识，培养了社会责任感和国家认同感。

3. 以能会友

在一场场友谊赛中，辩论队队员结下了深厚的友谊，并将这种友谊延伸到社团活动之外。学生交到了志趣相投的朋友，丰富了自己的校园生活。

（二）感悟

通过一段时间的实践，我对"BOPPPS"教学模式的运用有两点感悟：

第一，选择稷下辩论社的人数较多，因此，并不是每个学生都能以辩手的身份参与模拟辩论赛，但是，在"BOPPPS"课堂模式的引导下，大部分学生都有了能力的提升。

第二，目前，稷下辩论社的"BOPPPS"教学模式仍处于逐步摸索探究的过程，希望能与更多志同道合的同人探索建设之路。

（作者：王晔）

第四节　岐黄:从术到道——厚植中华优秀传统文化的高中生"课题式"社团活动的实践研究

一、研究背景

(一)政策层面

2021年7月,中共中央办公厅国务院办公厅印发了《关于进一步减轻义务教育阶段学生作业负担和校外培训负担的意见》,提出"双减"即减轻义务教育阶段学生作业负担、减轻校外培训负担。文件指出要强化学校教育主阵地作用,提升学校课后服务水平,不仅要保障学生在校课后服务时间,还要在学生课后活动内容上进行创新与探索。早在2017年9月教育部发布的《中小学德育工作指南》(以下简称《指南》)指出,要加强中华优秀传统文化教育,引导学生了解中华优秀传统文化的历史渊源、发展脉络、精神内涵,增强文化自觉和文化自信。学校社团活动是学生在文化课学习之外进行素质教育拓展的主要阵地,是落实《指南》中中华优秀传统文化教育的关键部分,也是全面落实"双减"政策的重要力量。

(二)学校层面

中国中学以中华优秀传统文化作为特色校创办理念,开展了大量关于中华优秀传统文化教育与学科相融合的课程和社团,旨在让学生能在课程和社团活动中以理论为先,敢于实践,勇于创新,将兴趣不断提升发展成为志趣。在实践与探究中发现,社团课程的开展对学生的行动力、价值观也具有潜移默化的影响。从某种角度而言,学生社团活动比日常课堂教学的内容更丰富,形式更生动,更贴近学生兴趣与生活,德育效果也更明显。

(三)研究层面

目前,在"双减"背景下的社团活动中,多所学校引入课外学习资源,弘扬中华优秀传统文化,但是,在这个过程中更多着重于形式,或者简单体验，有些走马观花的味道。岐黄学社的社团宗旨就是承接学校中华优秀传统文化，传承中医药文化脉络，定位创新社团志趣。在活动中，更是通过"课题式"自主合作探究的学习模式，以结合中华优秀传统文化的一些"创作"作为切入点，结合其发展文化、历史价值等深度剖析，课程重在实践，贵在感悟。同时，也在活动中深化学生的合作意识与探究意识，在拓展学生思维能力的同时增强学生传统文化素养，增进文化自信。

二、行动方案设计

（一）课程目标

（1）通过"课题式"社团活动，学生能了解中医药文化的发展脉络，进行文化探索性及文化真实性验证的探究活动，以增强传统文化素养，增进文化自信与文化认同，扎实人文底蕴。

（2）改善目前社团中存在的单一化、碎片化的传统教学模式问题。学生主动探索、拓展思维模式、改变学习方式，统整融合中华优秀传统文化的自主探究性社团群落，并能与高中生课题探究接轨，形成可迁移的深度探究思维能力。

（3）学生通过课程学习，紧密联系、加强合作，最后能以多种形式进行探究成果展示，强化交流协作能力及行动力（如文化展板设计、中草药产品介绍等）。

（二）课程结构与内容

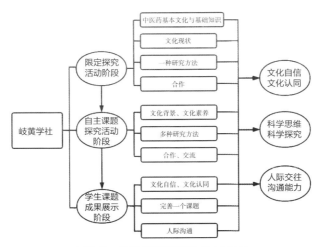

图3.5 岐黄学社课程结构与内容

三、实施要点

（一）限定探究活动阶段

限定探究活动过程主要处于社团活动初期，让学生在活动中了解社团基本文化，以及社团所需的基础知识，并且在第一次探究活动中积极思考，做出尝试，与小组成员协作交流，初步领略探究活动的基本模式。

初识岐黄："我身边的中草药"问卷设计调查

活动设计：有别于既有的知识体系及传统的课堂教学模式，又由于目前学生对中草药知识的匮乏、中草药现状认知的缺失，岐黄学社的第一次活动设计以"我身边的中草药"问卷设计调查为一个小型探究课题入手，在准备的过程中初步了解各种不同角度的中草药文化，在交流展示的过程中产生思维碰撞，形成对中草药知识和文化的初识。

活动意义：学生会使用一些基本的信息获取方法，如问卷设计调查、走访调查；学生自主探究，对中草药知识与文化有自己的探索和领悟，初入岐黄。

活动评价：

①课程组之间学生评选，我最喜欢的问卷设计（学生互评）；

②教师选出不同维度的问卷设计结果，如最受欢迎问卷、最具探究价值问卷、最有影响意义问卷等。

活动过程："岐黄之源"

在问卷统计结果交流过程中，有一位学生的问卷设计了这样一个问题："你知道什么是岐黄吗？"问卷统计结果显示，有78%的人对岐黄之术知之甚少。在场的学生也仅仅知道我们的社团名称叫作"岐黄学社"，只知道它是一门与中草药、中医药相关的课程，也不知道"岐黄"的来源，大家的头上都是一个大大的问号。好在负责介绍的学生精心准备了关于"岐黄"的含义论证。这样的一问一解，让在场的学生了解了"岐黄"的含义，知道了社团"岐黄学社"的名称由来，对课程内容大概有了了解，即中草药、中医药学习。当然除了该问题以外，其中还有更多有意思、有意义的问题设计，如对中草药文化的认同程度、身边常见的中草药种类及其药效等。像这样学生自主探究、相互沟通交流的学习过程，相较于传统的课堂模式，不仅更能激发学生学习兴趣，而且有助于学生掌握一定的探究能力，更快地形成自身对社团课程的初步认知，以便在后续的活动中进一步验证与发展。

图3.6　问卷调查结果分析统计表

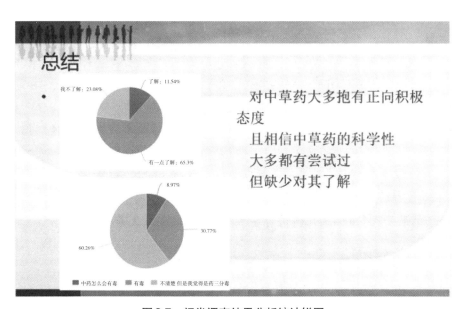

图3.7　问卷调查结果分析统计饼图

"岐黄"含义：据说黄帝和他的臣子岐伯都能治病，黄帝常与岐伯讨论医学，并以问答形式写成《黄帝内经》。其文简而意博，其理深奥有趣，是我国现存较早的一部医学文献。后世因此称中医学为"岐黄之术"，"岐黄"也被视为医家之祖，并由此引申出专指正统中医、中医学，更多的则是作为中医、中医学的代称。

（二）自主课题探究活动阶段

首先，基于初期的学习，在已有的基础知识上能适应小组兴趣，选择一种中草药或其衍生物进行文化寻根，如枸杞子、枇杷膏等；其次，小组协作调查，厘清其来源、发展历史、现代情况及发展前景，形成自己的课题；最后，初步完成课题相关兴趣调查表及指定课题研究启动表。

寻根溯源：一种中草药的"刨根问底"

活动设计：中草药文化是中华文化的精粹，学生在对一些中草药知识与应用有了简单的认知之后，需要进一步挖掘中华优秀传统文化中的中草药魅力。其实，这也是一种对于中华优秀传统文化的深耕，因为它们必然是相辅相成、浑然一体的。因此，设计寻根溯源活动，从一种中草药出发，探寻中草药的文化脉络（来源、发展、趣闻等），走进中华优秀传统文化的传承与创新。

活动意义：学生通过对中草药的寻根溯源，既深入了解中草药的故事，也明白中华文化是连绵不断的，是传承发展的，以增强文化自信；同时，也学会一种课题探究的方式及过程性描述。

活动评价：

①学生评价：课程组之间学生进行自主研究课题中期汇报并进行互评；

②教师评价：对课题进行中期指导与论证，阶段性修正。

评价方案：通过"课题研究启动表"20%，"课题中期评价表"20%，"结果呈现"60%的比例进行学生评价；论文完成优秀者额外加分。

课题相关兴趣调查表			
微生物发酵原理的了解程度	熟悉	知道	不清楚
传统酿造工艺的掌握程度	熟练	一般	生疏
课题方向的选择	有多个想法想尝试或者创新课题	有简单的课题	无
课程方案的设计制定	有明确的设计方案	有简单的想法	无

附表：
1. 课题方向选择

2. 课程方案初步设计

根据表格填写情况，分为优秀（A）、良好（B）、尚可（C）、需努力（D）四个层次。

课题研究启动表	
课题名称：	
组内成员：	

1. 明确计划（包括课题材料、实验操作、小组分工、时间节点等方面）

根据表格填写情况，分为优秀（A）、良好（B）、尚可（C）、需努力（D）四个层次。

课题中期评价表	
课题名称：	
组内成员：	

1. 实验存在不足或者问题

2. 实验改进方案（简案）

图3.8　评价方案

活动过程：枸杞子可以被替代吗？

在自主选择探究过程中，有一个小组选择了中草药枸杞子进行文化探究。该小组从枸杞子的文化来源出发，在故事中了解名称的由来，也以一则小故事分析枸杞子的功效：滋阴补肾，利于调养。最后，结合闻名天下的宁夏中卫红枸杞，完成了海报展板设计；结合枸杞子的药性特点及种植优势，深入探究中草药传统文化发展。

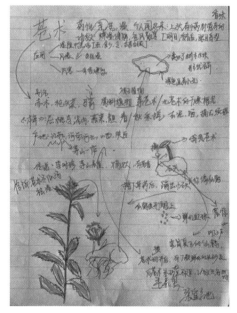

图3.9　学生分析手稿

相传战国时，将军百战死，壮士十年归。狗子戍边归来，已是满脸须发。路见家乡正闹饥荒，田园荒芜，路人讨吃，饿殍遍地，众乡邻面带菜色，孩子嗷嗷待哺，狗子甚为惶恐，不知老母与妻子现状如何。到家，见老母发丝如银，神采奕奕，妻子面色红润，不似路人饥饿之状，甚为惊讶。谓妻曰："路见乡邻皆饥，唯母与尔饱满，何也？"妻对曰："尔从军后，吾终日劳作，勉为生计，去今之年，蝗灾涝害，颗粒无收，吾采山间红果与母充饥，方免其饿。"其母曰："吾若非尔媳采红果食之，命已殒矣！"狗子喜泣，对妻更为敬之。邻人闻之，争相采食，谓之"狗杞氏"。后人发觉狗妻杞氏所采山间红果有滋阴、补血、养肺、健胃之功效，民间医生采之入药，改其名为枸杞子。

（三）学生课题成果展示阶段

学生能展开交流，通过多元化的呈现方式（如课例报告、活动方案设计、校内科技节展示、校外文化宣传等）展示小组探究成果。

知行合一：行动性研究课题成果展示

活动设计：在学生完成至少半学期的中草药知识学习、文化探究之后，怎样对所学知识进行考究、整合和应用是一大难题。因此，社团采取自主行动性研究课题成果展示作为最终小组评价依据，让学生能把知识付诸实践。由此催生出了多样的实践研究，如传统香囊的改良探究、线香制作、艾条自制、梨膏糖制作等。

活动意义：学生能在行动性研究课题中增强小组协作能力，各司其职，完成课题研究的分工，并能与高中生课题对接，最终形成高质量的研究报告；学生能更好地体验、感受中华优秀传统文化，能将中草药文化融入生活。

活动评价：

①课程组之间学生进行课题展示成果评价；

②教师对课题进行结题评价，提出存在问题的反思与改进；

③制成新闻稿进行推送，评选出校内学生最感兴趣课题、最具探究性课题等。

活动过程：上海梨膏糖手作实录

小组成员主要有四位，他们有明确的分工：其中，两位学生负责数据收集、材料采购、市场调研等活动，一位学生负责后期文章撰写与展示PPT制作，一位学生（小毛）负责梨膏糖制作视频的录制与过程性照片收集。其中，让我印象较深的是名叫小毛的学生，他之前在我的生物课堂上表现得并不积极，学习成绩也堪忧，但是，他在本次探究活动中表现出的积极性及思考深度，让我不得不对他进行重新审视。小毛在本次活动中任务最重，完成整个梨膏糖的熬制流程大约需要八个小时，但是，他在这一过程中投入的远远不止八个小时，在第一次失败之后，他进行了第二次药方改制的探究实验，最终获得了成功。明面上他花了十六个小时，但是，当我问及梨膏糖的文化、来源、相应中草药的功效时，他都能侃侃而谈，因此，我想他在十六个小时之余还有更多的学习与了解。就是这样一个探究过程，让我看到了他身上具有的科研品格与探索精神，让我发现了一个有别于课堂教学的不同人格。

图3.10　梨膏糖制作材料

图3.11　梨膏糖制作成品

四、核心成果

（一）兴趣引领志趣，激发学生内驱力

首先从中草药的限定项目入手，培养学生的基本探究能力；其次通过课

题开展结合小组兴趣方向进一步确定小组自选课题探究，激发学生内驱力，使他们学会用科学的方法和手段进行调查研究或实践探究。在探究中，增强学生中华优秀传统文化的素养，增进学生对中华优秀传统文化的认同。

（二）专业赋能课程，助力教师课程设计

首先以生物学为核心切入点，引领教师进行中草药课程相关设计，如中草药植株分类课程、中草药药理实验课程；其次与地理、化学等学科形成跨学科的拓展课程，构建学科专业引领的跨学科课程体系框架。

（三）传统融合科创，优化学校育人体系

以中华优秀传统文化为核心，赋予中草药课程科技创新力量，结合现代课程知识对相关中草药进行深入的课题研究与改变创新，如学生探究课题——洛神花茶的原料探究与配比改进，培养学生科创精神，优化学校育人体系。

五、效果与感悟

（一）课程效果

（1）在课程开展过程中，学生团队更乐于探索、分享，对中草药相关内容、传统文化更有兴趣。

（2）学生学会用一些常见的科研手段，如文献研究、实践探索等，发现身边的中草药并进行讨论和深入研究。

（3）在问题探讨和活动展示中，从学生获得感与活动结果方面的总结反思，教师增进了对课程的理解力，认识到课程的缺陷与不足，尝试完善课程活动设计与课程框架。

（二）问题及反思、改进

问题一：由于本社团活动多数都是以小组为探究单位，因此，目前既定的小组模式普遍存在组长挑重担、组员"划水"的问题。

改进措施：

（1）组长轮换制。

（2）根据项目特点，给团队任务设置不同的角色，让学生选择自己感兴趣的角色，完成小组合作任务。

（3）除了布置团队任务外，也要布置个人任务，需要学生提交独立的个人成果。

（4）在课程内容和成果展示上进行创新，增加学生的选择性，提高学生参与度。

问题二：核心驱动问题的设计维度比较单一。

改进措施：

（1）问题设计应更具挑战性和开放性，能让学生深入进行探究而不止步于实质结果。

（2）从生活实际出发设计驱动问题。

（3）在问题设计上分阶段，可以设计问题链或过渡性挖掘问题。

问题三：评价量表欠缺，对学生的表现评价维度比较单一。

改进措施。

（1）设置多个维度的评价量表，从探究能力、参与度、表现能力等不同维度做好教师评价。

（2）做好学生课题组之间的互评及组内的组员互评，对评价进行细化分类。

（作者：李健）

第五节　任务驱动中的盘扣传承中国故事
——中华盘艺课程设计

一、问题界定

中华盘艺课程依托中国中学"新六艺"课程平台，不断深挖课程潜力、丰富课程活动，提升学生的"新六艺"素养。中华盘艺课程自2012年开设以来，培养了200余名学生传承人，并为学生提供了感受盘扣魅力的机会和平台。中华盘艺课程将劳育、美育、智育、德育有机融合，将古典与现代，个人对美的追求和传统审美结合起来，致力于培育学生热爱劳动、感悟鉴赏、创意表达、合作担当、文化自信、尊重差异等素养。

在社团课程的实际推进中，发现学生在非遗传承上有三大问题亟须解决。第一，部分学生虽然对盘扣技艺的学习、领悟、钻研能力强，但是执着于劳作，甚至简单依赖图纸进行机械制作，使课程美育、智育的目标无法达成；第二，部分学生虽然表现出天马行空的想象力，但是不愿意进一步钻研非遗技艺，背离了劳育的初衷，本末倒置也不利于盘艺非遗传承；第三，大部分学生倾向于安静设计、制作盘扣作品，极少主动地、有组织地进行对外宣传，没有意识到课程更大的智育、德育价值。

二、改良方案

"任务驱动"是一种建立在建构主义教学理论基础上的教学法，要求在教学过程中，以完成一个个具体的任务为线索，把教学内容巧妙地隐含在每个任务之中，让学生自己提出问题，并经过独立的思考和教师的点拨，自己解决问题。"任务驱动"的主要结构是"呈现任务—明确任务—完成任务—任务评价"。在盘艺课程的各环节，要把握非遗传承本质，明确培养目标，立足社团活动，以"任务驱动"教学模式体现"专家为主导，学生为主体"的教学思想和策略。

以盘艺传承为基础开发学习任务，应以盘扣工艺步骤为依据，体现真实劳动过程、工作步骤和工艺要求。每个学习任务都应体现"盘扎—整形—塞芯—封烫—修整"的盘扣制作流程，将盘扣具象化理解的认知体系解构，再按照传统工艺流程进行重构，通过完整、连续的一系列动作体现以行动为导向的教学理念。

以学生活动为中心设计学习任务，应根据学生的兴趣审美组织教学，体现因材施教原则，鼓励、激发学生的创作欲望，体现培养学生自主学习、创新能力的目标。

以综合性活动为依托设计学习任务，应以培养学生专业能力、方法能力、社会能力为基础，为学生实践搭建平台，助力学生综合素质的提升。

学习任务的设置顺序要符合学生认知规律，可以考虑从简单到复杂，从单一到综合的排列方法。喜欢劳作的学生爱动手、善于钻研，喜欢设计的学生则思维活跃、喜欢探究。因此，设计任务一方面要让学生各展所长，进一步巩固、提高学生学习兴趣；另一方面要设置学生可以企及的挑战，鼓励、引导学生突破舒适区，实现自我提升。

三、实施要点

（一）综合分析学生情况

通过教授葫芦扣制作技巧，如盘扣软条、硬条工艺区别与盘扣基本设计方法，引导学生自主完成第一次软条盘扣设计作品；在课堂分享后，选出具有可操作性和吸引力的设计，开展盘扣设计实践，从而全面掌握学生学习情况，精准"扶贫"。在分析时，我们不仅要关注学生对材料工艺的理解、审美爱好及绘画水平等，还要关注学生在实践中的操作能力和个人特点等，以全面了解学生的现状和任务需求（见表3.4）。

表3.4　综合表现评估

维度	观察点
工艺设计基本素养	1. 对材料工艺的理解（层次：软条工艺、硬条工艺、盘扣设计基本方法运用） 2. 审美爱好（类型：中式古代艺术、西方古典艺术、现代艺术、动漫等） 3. 绘画水平（程度：一般、较好、极好）
操作能力	1. 工艺技术领悟力（程度：一般、较好、极好） 2. 实际操作能力（程度：一般、较好、极好）
个人特点	1. 定力（类型：不足、极好） 2. 创造性（是否善于变通、突破常规） 3. 综合表达（表达欲望、表达能力）

（二）确立合适的任务分组

根据学生工艺设计素养、操作能力、个人特点进行异质化分组，确保每组学生任务达成度均衡，让学生能在学习任务中各展所长，获得成就感和能力提升；根据阶段学习任务、审美爱好，鼓励学生在此基础上进行同质化分组，同时，确保对学生的吸引力和驱动性。

（三）采用"任务驱动"实施

在排摸情况、确立分组后，逐步推进"任务驱动"。针对学生不同特点，基于盘扣非遗工艺传承，以个性化设计丰富学生审美创新体验，以综合参赛展示等活动开阔人文视野，引导学生树立正确的审美观、文化观。

1. 盘艺传承

体验非遗传承人职业，通过学习盘扣制作技巧，在传统盘扣花型的制作中，熟练使用盘扣工具，进一步精细盘扎、整形、塞芯、封烫、修整、装裱等工艺步骤，学会尊重非遗、尊重劳动。

串串可爱小葡萄

师：现在请同学们介绍自己的设计。

生：我设计了紫藤花，它的花型整体感好，紫色调的柔和让它充满魅力。

师：自然中的植物是一种很好的设计灵感来源，但设计还应该有一个抽象表达的过程。同时，要考虑盘扣的制作工艺问题，而这款作品的定位是装饰画、胸针或其他，也需要在设计中考虑。建议后续进行修改、调整。

生：我设计了东方明珠和玉兰花结合的工艺品，它能很好地代表上海。

师：这幅设计图非常漂亮，但是，在图中，我们可以看到花纹无法实现对扎、固定等操作，这会直接影响到一款盘扣作品的展现，需要进一步调整。

生：我想设计一个葡萄架，搭配大大小小的葡萄，灵感来自国画中的葡萄。使用软条带子制作方便，大小可以随意选择，这样搭配起来显得错落有致。

师：这款设计的可操作性非常强，很适合软条应用，如果再搭配上硬条制作叶片，将非常具有观赏性。

学生活动：学生学习制作盘扣小葡萄。

2. 技术支撑，创意融合

在掌握了一定的盘扣工艺技巧后，鼓励学生在原有分组的基础上，根据学习任务进一步分组协作，开展创意设计制作。围绕学生的兴趣审美发布学习任务，如中华传统纹饰艺术与盘扣结合设计、西方绘画与盘扣艺术融合设计、动漫主题盘扣作品设计等，鼓励学生根据学习任务设计盘扣衍生周边，

开发盘扣工艺更多的可能性。

盘扣与点翠的美好相遇

生：我们小组对中华传统手工艺点翠很感兴趣，之前老师也教过我们通过赏析结合元素进行设计，创造性是我们中华盘艺课程最特别的地方，我们想在互动环节中，展示以点翠为灵感的盘扣作品，感受美和无限的可能。

师：这个想法很好，但它实际的制作过程是非常长的，我们需要选择既能展示盘扣技巧和精致之美，又具有可操作性的工艺技巧。同学们可以进一步讨论一下这个环节的操作性。

学生：将点翠与盘扣相融合拓宽了传统点翠的呈现方式。我组成员通过对点翠纹样的研究，设计了经典纹理与盘扣相结合的图样。我们在两者结合的过程中，发现这不仅使盘扣本身的呈现形式变得更多元，也使点翠突破原料的限制而实现更广泛的审美传播。这款作品能同时宣传两种中华优秀传统文化，促进大众对传统首饰、服饰文化的了解。

3. 团队协作，综合提升

在课程实践中，学生在学习盘扣技艺，设计制作盘扣作品的同时，还开展了课题研究、网课拍摄等特色社团活动，积极参与市区各级、各类比赛和综合展示活动，全方位地发扬盘扣艺术，更好地展示盘扣魅力。

指上心间的魅力盘扣

师：根据区青少年活动中心关于推荐中国中学中华盘艺项目进行市级线上展示的活动要求，现在请同学们介绍一下各组的拍摄计划。

生：我们小组认为，服装中的盘扣及盘扣元素使用是盘扣的根本，因此，我们在拍摄中可以展示在品牌、高级定制服饰中运用的盘扣元素，进而讲解盘扣在当下对服装设计的影响及如何探索更多的可能性。

师：盘扣的兴盛就在于它与服装的充分结合，盘扣的功能性、装饰性对服装的发展也起到了画龙点睛的作用。但这次的活动视频，首先要从整体上展示中国中学盘艺课程的全貌，片长有限。你们小组的想法虽然好，但不能突出表现我们盘艺课程的特色。

生：我们小组觉得可以在拍摄的过程性镜头中，展现制作扣头的过程，扣头是盘扣最基本的组件，镜头语言也很能突出盘扣的主题。我们觉得三个学生一组，一个学生指导，用颜色艳丽的玉线制作应该可行。

师：能考虑到镜头语言和人员调度，艺术性和表现力都很值得肯定。

四、核心成果

（一）初步探索了有效引导学生全面进步的策略

通过"任务驱动"教学模式，找准突破口因势利导，保持学生的学习热情，提高专业技术水平，激发创意审美能力，提升综合能力素养。

（二）初步形成了以"任务驱动"为核心的多小组合作模式

以适切学生能力为基础，通过多模式小组切换，确保在各项学习任务中，学生都能有所乐、有所得。

（三）初步平衡了传统技艺传承与创新体验

在设计活动时，根据学生的兴趣点，尝试了不同的主题；在实践过程中，逐步筛选出能在坚持传统盘扣工艺传承的同时，平衡好美育、劳育与智育的体验活动。

五、效果与感悟

（一）激发兴趣，扎实底蕴

盘扣传承人不仅在盘扣技艺上非常专业，也承担着发扬盘扣艺术的责任，中华盘艺课程延续学生兴趣，激发学生对盘扣技艺的热爱和更高艺术价值的追求。中华盘艺课程鼓励、引导、支持学生将作品展示出来，为学生装裱作品在校内展示，或者署名后作为学校的礼品赠送给其他友好学校。学生在兴趣和荣誉的助推下不断提升基本功、扎实底蕴，创作出越来越多的优秀作品，并在市区各级比赛中获奖。毕业后，有的学生还在其所在大学开设盘扣社团，继续将盘扣的魅力发扬、传承下去。

（二）多维创新，鼓励展示

中华盘艺课程在盘扣设计模块，为学生制定主题任务，在提供设计原理和创意辅助的同时，也给了学生更大的设计自由，例如，"四君子""破次元""中华纹样"等，有学生想要将感兴趣的元素亮点融入盘扣设计制作，也得到了专家的支持。这进一步鼓励学生从自身爱好出发，打破固有思路，结合对主题艺术的欣赏和分析，开展多维创新、大胆设计。学生天马行空的想象虽然在后续制作中需要大量调整，但他们的热情和创意也更有利于盘扣艺术的开拓创新。中华盘艺课程还鼓励学生不仅要展示自己的作品，还要将整个设计过程、设计图纸等收集、展示，学生在总结经验获得成就感的同时也让更多的人了解了盘扣艺术。

表3.5　中华盘艺课程实施方案

核心问题	学习资源	学习策略	核心素养
掌握盘扣技艺【文化践行】	盘扣制作材料、工具，专家辅导	主动探究，实践操作	热爱劳动，人文积淀，感悟鉴赏，文化自信
鉴赏艺术与盘扣设计【文化理解、文化认同】	辅导材料、资料查阅，专家指导	多感官参与，主动探究，实践操作，合作学习	人文积淀，感悟鉴赏，创意表达，文化自信，尊重差异
策划并参与盘扣展示活动【文化践行】	案例研究、活动文件资料、专家指导	合作学习，小组讨论	热爱劳动，人文积淀，创意表达，合作担当，文化自信

表3.6　中华盘艺课程结构与内容

实施年级	模块	课程模块	对应内容
高一、高二	文化理解	盘艺鉴赏	通过一定数量的中华优秀传统文化和艺术作品的鉴赏，形成关于中华优秀传统文化和艺术的系统认识，提升对中华优秀传统文化的感悟能力和表达能力
		盘艺设计赏析	具备较强的古诗文阅读能力和经典艺术作品鉴赏力，有时代使命感，对中华优秀传统文化有"古为今用"的深刻体悟，具有结合新时代背景进行再创造、再诠释的文化传承意识及理念；具备较强的文化鉴赏评价能力，在"洋为中用"中吸收借鉴外国艺术，尊重文化差异，在文化交融中实现非遗传承

续表

实施年级	模块	课程模块	对应内容
高一、 高二	文化认同	盘艺设计实践	对在学科学习和各类项目活动中接触到的中华优秀传统文化，表现出自觉性和一定程度的兴趣，能从中感受到中华优秀传统文化作品之美，从中获得情感浸润和审美体验；能辨识中国重要的、代表性的中华优秀传统文化成就，对比中西方不同艺术的特色，从各类社会和历史现象中辨识中国传统文化的特征及影响，并将所学融入盘扣设计之中，形成蕴含传统美学艺术的盘扣作品设计
		盘艺设计分享	在学科学习和各类项目活动中，表现出扎实的知识基础和积极主动的兴趣与热情；能在中华优秀传统文化的审美体验中获得情感上的震撼和满足，并为此感到骄傲和自豪，有积极的意愿向他人和社会表达自己的感受与观点
	文化践行	盘艺技艺传承	在学习盘扣技艺的过程中，能根据专家要求熟悉掌握盘扣制作各步骤并不断提高制作水平和能力，在劳动中感受中华优秀传统文化的魅力
		盘艺活动策划	在开展的课堂外实践活动中，能根据学校及相关活动要求，在专家指导下，结合个人兴趣爱好，开展活动设计和策展，感受中华优秀传统文化的魅力，并积极主动地持续面向同学、学校和社会公众分享学习成果，弘扬和传播中华优秀传统文化

表3.7 盘艺技艺传承、盘艺设计实践模块课程表现与评价量表

评价 内容	评价指标	评价参考指标	评价		
			学生自评 （20%）	小组评价 （20%）	专家评价 （60%）
项目 实践	1. 针脚整齐 2. 对称性好 3. 扣头饱满 4. 填塞协调 5. 艺术表现效果好	1. 符合5项指标者为优秀 2. 符合第1、第2、第3、第4项指标，第5项基本符合者为良好 3. 符合第1、第2、第3、第4项指标，第5项不符合者为合格 4. 5项指标都不符合者则为待合格			
总评					

表3.8 盘艺设计赏析、分享模块课程表现与评价量表

评价内容	评价指标	评价		
		学生自评（20%）	小组评价（20%）	专家评价（60%）
形式（15%）	1. 结构完整（5%） 2. 表达清晰（5%） 3. 用词准确（5%）			
内容（50%）	1. 艺术作品选择（10%） 2. 选取艺术元素阐释（15%） 3. 盘扣设计理念阐释（25%）			
汇报呈现（35%）	1. 表达完整流畅（10%） 2. 思想内容表达准确（10%） 3. 盘扣设计具有可操作性和吸引力（15%）			
总评				

表3.9 盘艺活动策划模块课程表现与评价量表

评价内容	评价指标	评价		
		学生自评（20%）	小组评价（20%）	专家评价（60%）
形式（15%）	1. 结构完整（5%） 2. 表达清晰（5%） 3. 用词准确（5%）			
内容（50%）	1. 定位准确，契合中华盘艺课程形象（10%） 2. 目标定位准确，能满足相关活动要求（10%） 3. 策划切实可行（10%） 4. 分工明确（10%） 5. 针对可能出现的问题，执行可行的解决方案（10%）			
汇报呈现（35%）	1. 表达完整流畅（10%） 2. 内容表达准确（10%） 3. 活动形式新颖、有吸引力（15%）			
总评				

（作者：朱鹂）

第六节 文墨为史 国韵为学
——"PBL"视域下墨韵社教学新模式初探

一、问题界定

上海市中国中学墨韵社成立于2018年。创建伊始，课堂教学只侧重书法技巧和笔画知识学习，情境教学与中华优秀传统文化体悟不足；教学形式老旧，侧重于"教师教，学生练"，缺乏师生互动；简单地认为，写字等于书法，无法通过传统书法教学提升学生的文化素养。

随后，在中国中学"新六艺"课程群的浸润下，墨韵社进行了大刀阔斧的改革。在社团活动开展中，不仅把书法和中华优秀传统文化相结合，设计具有针对性的衍生课程，还开展了丰富多彩的专项实践活动，借助合作、探究、体验等多样化的学习方式，激发学生对中华优秀传统文化的热爱；率先把传统与创新有机结合，形成独特的双师模式，并且依托线上QQ平台，创建了"线上＋线下"相结合的教学模式。现在的墨韵社已成为上海市徐汇区明星社团。

二、创意方案

首先，墨韵社通过道斯矩阵即"SWOT"分析法，对学校开发书法校本课程的内外部条件进行综合概括（见表3.10）。"SWOT"分析法包括优势（Strengths）、劣势（Weaknesses）、机会（Opportunities）和威胁（Threats），有助于对中国中学的现有资源进行汇总，让墨韵社课程的开发思路更加清晰。

表3.10　用"SWOT"分析法分析书法校本课程的内外部条件

资源	"SWOT"			
	优势	劣势	机会	威胁
学校	学校大力支持书法与信息技术的融合教学。以书法为主题布置校园，营造了浓厚的书法文化气息	书法课程课时少，一周只有一节课	"PBL"项目式教学有利于学校书法课程教学模式的创新发展，并丰富书法课程体系建设	教学资源缺乏，课程实施空间有限，每班的人数过多，实施困难
教师	青年书法教师占主流，有一定的信息技术素养，对新事物接受能力强	教师书法知识与技能的专业性不强，教学精力有限，教学方法单一且传统	教师工作踏实认真，愿接受新的教学理念，对书法教学有极高的热情	教师的校内事务繁杂，无法全身心投入书法校本课程开发
学生	对书法有热情，愿意参与书法项目合作探究	学生水平参差不齐	学生可塑性高，实践动手能力强	学生不能长时间集中注意力

　　其次，墨韵社基于项目的学习（Project-based Learning，PBL）教育理念，着眼于学生实际进行综合性的书法项目式实践探究，从而打造出"PBL"教育理念下的书法混合式创新课堂新模式。

　　"PBL"一般认为有七个步骤：提出有现实意义的问题—介绍终极挑战的形式—引入学科要点知识—展示终极挑战项目—点评终极挑战项目—回顾项目初设的问题—小结性评估。墨韵社根据学生学情和学校深度融合视域下的课程评价，设计了"PBL"书法教学模式。它以教师辅助为外部助力，以小组讨论为互动形式，以学生主体为基本要求。其流程如图3.12所示，主要包括下面五个阶段：项目问题的提出—制订方案和计划—探究实践—交流分享—反馈评价。课程最明显的特点可以概括为：项目主线、教师引导、学生主体。

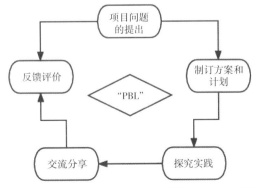

图3.12　墨韵社"PBL"书法教学模式的五个阶段

最后，墨韵社将"PBL"教学模式融入书法学习活动中，以问题为导向进行课程内容的顶层设计，即整个书法校本教材的设计以问题为导向，采用项目引入的形式开展，注重学生注意力和综合能力的培养。墨韵社把书法教学内容融入多个学习项目之中。所有章节的书法探究中心都是以某一节日为线索。书法项目主题活动是根据学生的知识储备、兴趣倾向进行整体设计的。项目阶段遵循"梯度渐进"，初阶、中阶、高阶是螺旋上升的关系。

表3.11　中国中学墨韵社课程内容

项目阶段	项目主题	项目名称	项目内容	预期成果	培养维度
初阶	中秋节	秋夕绘扇	以"中秋"为书法教学的核心，让学生独立创作书法作品	"中秋"个人作品	文化意识、书法技能、自主学习、过程设计
中阶	国庆节	二十四字核心价值观	以"二十四字核心价值观"为范例，让小组创作书法团扇作品	各种字体的核心价值观	书法技能、自主学习、合作学习、语言表达
高阶	春节	新年送祝福	以"乐"字和"福"字为书法教学的核心例字，小组进行大型书法作品创作	自主学习和探究"福"字的书写及创作，小组合作探究春联的创意作品设计	文化熏陶与审美、自主学习、合作学习、语言表达能力、创新能力、项目设计能力
特别活动	迎新	上海图书馆书法碑帖大展	观展学习，边走、边学、边悟	感悟中国文化，增强文化自信	实践能力，发现问题、解决问题的能力

三、实施要点

以墨韵社"线上+线下"相结合的混合式教学为例，总结我们的实施要点。

（一）课前基于QQ平台的自主学习

课前基于QQ平台的自主学习，是墨韵社创新课堂"线上+线下"教学模式的第一个模块。学生在QQ平台上完成书法基础课程、实践课程及拓展资源的自主学习。教师通过学生的信息反馈，记录学生在课前学习中的疑难问题和兴趣点，并及时调整教学。课前基于QQ平台的自主学习模块把知识提前渗透给学生，为实体课堂的精准教学打下知识技能基础。

（二）课中基于实体课堂的精准教学

在完成课前基于QQ平台的自主学习后，进入实体课堂的精准教学模块，在书法实践课程中，学生展示与分享自己小组的书法作品并进行作品评价。实体课堂的精准教学是书法创新课堂"线上+线下"教学模式的主体，也是学生进行书法自主探究学习和合作探究学习的核心。

（三）课后基于QQ平台的自主学习

课后QQ平台作为书法学习的辅助平台，起到巩固知识与学习反馈的作用。在课后基于QQ平台的自主学习模块中，学生与同组人员共同讨论书法项目，完成书法设计方案及作品的提交。教师利用QQ平台，跟踪学生书法作品的项目进展，对学生的作业及其作品进行记录与评测。课后基于QQ平台的自主学习重点是学生进行自主学习与提高，注重学生的自主成长。

（四）精准化指导与评估

在整个阶段的实践课程结束后，首先由教师对小组进行线上与线下的教学指导，其次进行多维度的精准化评估。线下采用学生互评、教师评价的方式，对小组的作品及汇报展示进行投票，填写成长记录卡，学生与教师点评。具体见表3.12中国中学墨韵社课程评价量表。

表3.12　中国中学墨韵社课程评价量表

评价内容		评价指标	评价	
			学生互评（40%）	教师评价（60%）
知识技能	用笔（5%）	笔法、笔顺正确，行笔流畅，能熟练写出各种字体的基本特征		
	结字（5%）	知道各种书体的结字特征，能合理书写		
	章法（10%）	知道各种书体的章法特点，能恰当布局		
	鉴赏（10%）	从书法的各个角度鉴赏各种书体		

续表

评价内容		评价指标	评价	
			互评（40%）	师评（60%）
实践过程	交流、传播能力（10%）	在学科学习和社会实践活动过程中，能根据学校的要求，结合个人兴趣爱好，选择性地学习并掌握多种文化形式，感受中华优秀传统文化的魅力，并积极主动地持续面向学校和社会公众分享学习成果，弘扬和传播中华优秀传统文化		
	审美能力（10%）	在学科学习和各类项目活动中，表现出扎实的知识基础和积极主动的兴趣和热情。能在中华优秀传统文化的审美体验中获得情感上的震撼和满足，并为此感到骄傲和自豪，有积极的意愿向他人和社会表达自己的感受与观点		
	创造能力（30%）	在学科学习和社会实践过程中，能结合传统文化和艺术的学习，对社会上常见的文化现象和相关观点，提出自己多角度、具有思辨性的想法，充分展现尊重多元差异的立场和开放包容的心态		
	评价能力（20%）	对他人和自己能做出合理的评价，对同学提出的疑问和见解能做出合理的解答与评价		

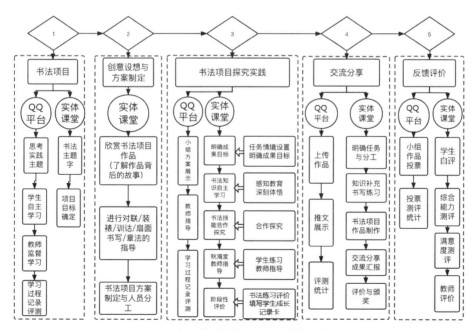

图3.13 中国中学墨韵社课程整体设计流程

新春贺岁送祝福

冬日里，墨韵社召集全校书法能手开展新春贺岁活动，为学校三个年级组师生献上自己的祝福，每位老师一个"福"字，每个班级一副新春对联，为全校增添了一份新春气息。

在活动前，墨韵社社员已经在线上阅读过校内指导教师下发的资料，对对联有了初步了解。校内指导教师记录学生自学中的难点，并反馈给专业教师。在实体课堂中，秋海堂的书法家就带领大家深入痛点，学习对联的设计。在课上，学生需要了解对联历史，掌握对联特点；积累相关对联，重点积累生活中常见的对联；明确对联的写作方法和对联的形式。

在学习活动的初始阶段，秋海堂的书法家通过展示自己手写的书法对联，成功调动起学生的学习积极性。在课上，重点讲解对联的写作方法：传统对联写作使用的方法有叠字、反复、复叠、顶真、析字（拆字、合字）、镶嵌、加减、翻造、双关、同音、回文、比喻、夸张、数字、方位、联绵等。秋海棠的书法家重点讲了两种。一是联想法，分为①相似联想，由花朵想到美人；②相反联想，如"旧习""新风""大""小"等；③相关联想，如"一代园丁乐——九州桃李香"。二是化用，即灵活变化运用诗文名言或成语典故制作对联的方法。例如，有志者事竟成、破釜沉舟、百二秦关终属楚、苦心人天不负、卧薪尝胆、三千越甲可吞吴。

师：学习了对联的相关知识，现在考考大家，请同学们把左右两列共四副对联进行匹配。

（学生七嘴八舌开始讨论，很快就完成了匹配）

A. 投身抗疫，龟山有雨皆成泪；　　　　a. 暖医暖世，不可复生却永生。

B. 难舍白衣，泼血为承肩上爱；　　　　b. 赤胆医师，成仁取义誉神州。

C. 悲泪悲天，岂知救死而先死；　　　　c. 滴血除魔，汉水无波亦载哀。

D. 白衣战士，救死扶伤彰大爱；　　　　d. 未圆婚约，思亲难报意中人。

师：刚刚只算是一个初阶任务，我们总结了写对联的四个注意事项：①字数相等，断句一致。②平仄相合，音调和谐。传统上习惯"仄起平落"，即上联末句尾字用仄声，下联末句尾字用平声。③词性相对，位置相同，结构相同。④内容相关，上下衔接，不能重复。进阶任务是请大家为自己的班级拟一副对联贴在班级的门上。

生：老师，拟对联没问题，那我们贴对联有什么讲究吗？

师：对联分为上联和下联，在贴对联时要分清上下。首先说说门的上下，古文都是竖排版，自右而左。这样一来，当我们面向门站立时，右手边自然就是上，左手边是下。其次给对联分上下，对联遵循的是仄起平收的规则。尾字仄声（三声、四声）的是上联，尾字平声（一声、二声）的是下联。

学生开始创作春联，教师边巡视边提醒学生，在作品写完后若墨汁未干，不要匆忙将其重叠收起，不要让墨汁纵横流淌，防止字迹模糊不清。

图3.14　中国中学墨韵社学生写"福"字及对联展示

四、核心成果

（1）墨韵社的社团活动为学生提供了展示书法的舞台，让学生的书法技能不断得到提升，从而促进学生的个性发展，为学生把书法兴趣转变为自己的特长提供了基础，全面推进学生素质的不断提高。

（2）墨韵社书法社团机制不断创新，让社团的活动组织做到有章可依，并落实书法社团管理实施的制度化、社团课程的体系化。

五、效果与感悟

墨韵社学生余琢非在此社团课程的模式下，不仅屡次获奖，作品还入选了"徐汇红河两地青少年书法作品联展"，另外，他还编写了书法讲稿，在自媒体平台上传自己的书法作品、创作书法的视频，赢得诸多好评。

通过一段时间的实践，对"PBL"教学模式的运用有如下几点感悟：

墨韵社自2018年成立，至今已有5年，将"PBL"教学模式融入书法学

习活动中，以问题为导向进行课程内容的顶层设计已经操作了两年。作为学校的老牌社团，在校内外开展了一系列书法活动，在促进学生身心愉悦、陶冶学生情操、提高学生综合素养等方面做出了极大贡献，并在2022年上海科学艺术教育中心举办的"高中梦想助力计划"中荣获优秀社团。但是，书法社团建设是一个漫长的过程，不能仅看现状，还应着眼未来，积极创新，努力探索，推进学校的书法社团更上一层楼。

（作者：黄梦娜）

第七节　问题驱动式教学在传统文化课程中的实施
——映客社案例

一、问题界定

中国中学以中华优秀传统文化为办学特色，开发中国传统影视教育课程既是丰富学校育人手段的重要举措，也是学校特色文化建设的新途径。在以"中国心、世界眼、未来梦"为主题的系列课程中，映客社项目课程属于菁莪雅韵文化中国系列课程之一，与"新六艺"课程模块中"美润中国"板块相融合，重点关注发展学生美育素质，帮助学生在赏析中国电影的过程中，感受中华优秀传统文化的魅力，弘扬中华优秀传统文化的精髓，提升审美水平，培养民族自信。由于文化包罗万象，涉及生活、艺术、礼仪等方方面面，以及语文、政治、历史等多学科知识，中华优秀传统文化学习的切入点成了项目设计的难点。同时，学生对文化的学习都是碎片性的，难以形成一个体系，而且，学生大多是被动接受知识，参与度和积极性不高，缺乏分析和解释理论知识的能力。因此，设计一个基于并综合学生所学的系统性项目课程对高中生的发展至关重要。

二、创意方案

问题驱动式教学是以某个学习主题为研究对象，以依据真实情境创设的一系列问题链为开端，以分析问题、解决问题和总体评价为线索贯穿整个课堂的一种教学模式。这种教学模式以真实情境问题为中心，学生围绕问题"学"、教师围绕问题"教"，从而实现学生自主合作探究，提升核心素养。

问题驱动式教学的前提是依据真实情境和学情创设一系列由浅入深、由简入繁的问题链，触发学生学习动机，激发学生自主研究的兴趣，训练其思维。本课程设计的整体思路采用了问题驱动式教学的理念，课程设计分为三个层次：文化理解、文化认同与文化践行，通过让学生自学、互学和展学，围绕问题链进行学习探究。

在前期的文化输入阶段，学生在观赏中华优秀传统文化电影之后，可根据教师提出的问题自行搜集影评资料，通过组内讨论、汇报评比的方式，对电影中的文化元素进行延伸学习；在后期的文化输出阶段，学生根据下一阶段的驱动问题进行思考和研究，学会判断、鉴赏电影制作在传播中华优秀传统文化上的有效性，对比编剧、自己和其他评论员对文化的理解与解读，从而培养批判性思维；在课程进入尾声时，学生利用课内和课外所学，肩负起弘扬中华优秀传统文化的责任，通过力所能及的方式，在校园内推荐一部值得品味的好电影，带领全校学生领略中华优秀传统文化的博大精深。

三、实施要点

（一）明确课程目标

在映客社教学课程中，学生需要达成以下目标：（1）系统了解中华优秀传统文化要素的分类，明确各要素的内涵，完善自身知识体系；（2）识别、梳理并整合电影中的中华优秀传统文化要素，提升自主学习能力和语言组织能力，培养探究精神和审美素养，为语文写作积累素材；（3）从中华优秀传统文化角度鉴赏一部完整的电影，增强团队合作能力，通过调查其社会意义和历史意义提升民族文化自信；（4）分析与评价电影体现中华优秀传统文化的准确性和有效性，激发求知欲和探索欲，锻炼信息检索与利用能力，促进思维能力的发展和思维品质的提升；（5）将研究的电影推荐给全校师生，利用校园、网络等平台进行宣传，思考并实施吸引新观众及弘扬中华优秀传统文化的方式，以切实行动传承中华优秀传统文化。

（二）设计驱动问题和子问题

依据映客社教学课程的教学目标与教学内容，教师将核心问题分解成以下几个既相对独立又互相关联的子问题，基本遵循"了解中华优秀传统文化元素—赏析中国电影传承的中华优秀传统文化—分析与评价中国电影传承文化的效果—弘扬优秀中国电影"的学习顺序，形成一组驱动问题链：中华优秀传统文化包含哪些方面？电影中的情景或人物行为反映了哪些文化元素？中国电影对中华优秀传统文化的体现是否有效？中华优秀传统文化在校园中如何传承和弘扬？在各驱动问题下，教师设计相关的、具体的、有逻辑性的子问题。

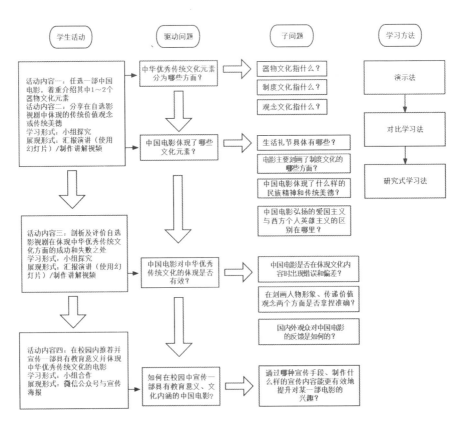

图3.15 学生活动与驱动问题

（三）细化教学内容

表3.13 映客社教学课程方案

实施年级	模块	课时	教学内容	知识与技能	核心素养
高二	文化理解	1	欣赏《十面埋伏》《长城》《红楼梦》《金陵十三钗》等影片片段，判断、学习并了解中国传统文化中的图腾祥瑞、书法艺术、功夫武术、服饰穿戴	器物文化	文化传承与理解，审美鉴赏，语言建构与运用
		1	欣赏《红楼梦》《孔子》等影片片段，结合语文课本知识，深入了解中国古代生活文化和礼仪文化，思考这些文化在当今社会的保留与传承		
		1	学生以小组形式分享自选影视剧中的器物文化元素，形式自选		
		2	欣赏《大红灯笼高高挂》《黄土地》《活着》等影片片段，批判电影中封建制度下的男权制度、地主土地所有制等文化糟粕，深入了解中国如何从封建社会向社会主义社会过渡，如何获得民族独立，让人民成为国家的主人	制度文化，封建旧社会的特点，地主土地所有制向农民土地所有制的转变，中国从封建社会向社会主义社会过渡的历史阶段	时空观念（在特定的时间联系和空间联系中对事物进行观察、分析的意识和思维方式），政治认同（确信发展中国特色社会主义是民族振兴的根本保障）
		1	欣赏《红高粱》《花木兰》《长城》电影片段，分析影片刻画的女性形象，学习中华民族"忠""孝""仁""义"传统美德	观念文化，传统价值观念和社会主义核心价值观，民族精神，爱国主义和新爱国主义，个人英雄主义	理性精神（理性分析问题，做出理性解释和选择），家国情怀（社会责任和人文追求），语言建构与运用，思维发展与品质，文化传承与理解
		1	欣赏《邪不压正》《建国大业》《建党伟业》《战狼》《流浪地球》电影片段，感受中国强壮和正义的硬汉形象，激发学生爱国情怀，理解个人英雄主义与爱国主义的区别		
		1	学生以小组形式分享自选在影视剧中体现的传统价值观念或传统美德，形式自选		

实施年级	模块	课时	教学内容	知识与技能	核心素养
高二	文化认同	2	教师以《花木兰》为范例，带领学生对比1998年动画版本和2020年迪斯尼版本中的人物形象、情节设置和主旨设置，结合《木兰辞》中的文字描述，评价电影反映和传递人物精神与文化元素的适切性、有效性	花木兰的故事原貌，中华文明中"忠""孝"的内涵	语言建构与运用，思维发展与品质，文化传承与理解
		3	学生通过查阅资料，以小组讨论方式对自选影视剧在体现中华优秀传统文化方面的成功和失败之处进行剖析，并将研究成果进行展示汇报	本课程教授的研究方法	语言建构与运用，思维发展与品质，文化传承与理解，创新思维和合作能力
	文化践行	2	以小组形式推荐并宣传一部具有教育意义并体现中华优秀传统文化的电影。以小组为单位制作宣传海报或视频，在社团微信公众号中进行整合发布，发起全校线上投票	文案撰写，视频剪辑，公众号制作	创新思维和合作能力，技术应用能力

（四）开展学习探究活动

教师依据"文化理解—文化认同—文化践行"的思路和顺序，设计从易到难的学习探究活动。

在第一阶段，教师从器物文化、制度文化和观念文化三个部分入手，带领学生认识并欣赏一些中国电影中含有的文化元素，了解其背后的历史渊源和文化内涵，思考这些文化元素对电影创设时代背景的意义和作用。学生通过欣赏教师剪辑好的电影片段，集中加深对某一类文化元素的认识，比如，《十面埋伏》中的武术文化，《红楼梦》中的礼仪文化，《战狼》和《流浪地球》中的民族精神与爱国主义等。涉及的影片有部分与学科知识具有直接关联，譬如，《红楼梦》中"刘姥姥进大观园"的电影片段，以及《活着》中体现旧社会制度转型的片段等。学生在接收了大量的文化输入后，需要通过小组合作的形式，完成两个学习任务：第一，选取一部自己感兴趣的影片，对其中重要的文化元素进行研究，并在班级进行介绍和普及；第二，就已选影片，继续从任务和情节入手，分析它体现的传统价值观念或传统美德。通过上述两个学习任务，学生能对中国传统文化形成一个知识体系，并在探究中巩固语文、历史和政治等相关学科知识，实现学以致用，融会贯通。

在第二阶段，为了提高学生对于中华优秀传统文化的认同感，切身体会电影传递的主流价值观，教师以《花木兰》为范例，引导学生广泛查阅资料，寻找相关信息与电影进行比对，分析并评价电影解读、呈现传统文化的有效性，从而提升自己的鉴赏水平。

在第三阶段，为了能将学生在课程中的所学所悟进行展示，教师发起一项校园活动，激励小组成员通过小组比拼的形式在校园里宣传一部有观影价值的电影，将此前所有小组研究成果进行整理和汇总，借助社交媒体向全校师生进行宣传，从而实现在校园内传承中华优秀传统文化和主流价值观的教学目的，同时，也锻炼了学生团队合作、运用现代技术和新媒体进行宣传的能力。

四、核心成果

学生选择了《花木兰》《红楼梦》《英雄》等影视作品进行深入赏析与研究，制作了汇报PPT，撰写了推荐电影的公众号文章。学生分享的作品中涉及中国武术文化、中医文化、礼仪文化等中国传统文化特色元素，他们的自主学习成果丰富了课程的知识体系。学生能洞察一些不为常人所知的细节，并愿意为此利用课余时间进行学习。从成果展现中可见，学生准备较为充分，经过资料查找和小组讨论，学生对文化元素的认识更加全面，知识面不断开阔，呈现的观点少了主观和感性，多了客观和理性，学会了利用多方资料印证自己的观点。同时，学生在评价和分析一些文化元素与价值观念时，能对其在现今社会中的作用和传承程度做简单介绍，并对自身担负的文化传承责任有进一步的思考。

作品1：从文化角度分析《花木兰》评分低的原因

人物设置：传统形象的颠覆

"唧唧复唧唧，木兰当户织"，《木兰辞》开篇就塑造了一个温顺贤良的中国传统女子形象，和普通家庭里的所有女孩一样，她也会织布女红、喂鸡务农。而在美版的《花木兰》中，电影开篇，木兰便在灌木中舞枪，展现出她不同于旁人的天赋——"气"，紧接着就是木兰上房拆瓦、损坏雕像、把媒婆的课堂弄得一团糟，**影片用一种极端外化的方式去暗示木兰的命运不该如此，她不属于深闺，战场才是她的天地。**对于中国人来说，木兰的出现是女子在父权社会的发声，她的故事之所以动人，是因为中华文明千年流传的"忠"与"孝"在情节中得到了完美缝合，普通人做出不普通的事才被称为"传奇"。

反观美版《花木兰》，用一些浮于画面的显性符号去勾勒形象，得到的也只会是存在于画面中的平面人物，编剧强加在人物身上的流水线化的超能力，也终究无法将美国精神"偷渡"进中国传统。

情节设置：叙事重点的偏离

木兰背井离乡、替父从军的故事之所以能在中国文化系统中流传多年，正是因为其故事核心传出的"忠、孝、节、义"对于任何一个时代的中国人都具备恒久的精神引导作用。"不闻机杼声，惟闻女叹息"，父亲年事已高、弟弟尚幼，现实情况将木兰推到了两难的位置上。她是家中的长女，应当担起维护这个家庭的责任；她遵从孝道，因此不忍看到自己年老体弱的父亲奔赴战场、有去无回。木兰当然珍惜自己现在作为女子的平淡生活，但是，为了父亲和家庭，她不得不做出牺牲。在出征前她的心情也是沉重的，并不是抱着大展宏图的希冀，而是带着担忧、恐惧和对家人的挂念，无奈却不后悔地奔赴战场。

在美版的《花木兰》中，木兰生来就有"气"，而她的父亲说"气"是属于战士的，这里也暗示了木兰生来就是个战士。在影片中木兰悄悄地拿走了父亲的铠甲和武器，没有告别便一路奔赴战场，作为一个普通女孩，能做出这样的决定已经勇气可嘉，担心和恐惧才是正常的反应。**显然，电影中的木兰并不是一个普通女孩，在后面情节中粉色凤凰的一次次出现也大有暗喻木兰是"天选之女"的意味。与原版故事相比，代父从军这个情节更像是这个具备超能力女孩的一次自我找寻与实现。**

主旨设置：东方文化的误读

"木兰从军"这个象征着中国文化中"孝和忠"的精神符号在美国个人英雄主义的影响和复述中丢失了中国的文化民族性，成为美国文化中喜闻乐见的超级英雄——她上天入地无所不能，与漫威宇宙中的主角共享一个英雄范式，东方文化精神在影片中变成空壳，沦为背景。木兰变成了西方战场上具备中国面孔的女战士，空有一副东方女性的皮囊，其精神和行为都被美国个人英雄主义指引与支配。

作品2:《红楼梦》中礼俗文化欣赏——生活礼仪

礼节性称谓

在人们日常生活中，人与人关系的不同产生了彼此间称谓的差异。"自卑而尊人"是中国人礼貌的一大特点，中国人日常生活中通常都会夸赞别人或者别家的孩子优秀，对于自己或者与自己相关的人或事物都表现出一种谦虚、谦卑的态度。当然，在称呼方面也一样，称呼对方的时候要"尊"、要"抬"，而称呼自己的时候要"谦"、要"贬"，因此就有了日常生活中初次见面问及称呼时所说的"贵姓"，自己回别人时称呼自己所说的"鄙人"。因此，在初次问及对方姓名时，尊称对方为"贵"，与贵相对应的便是"贱"，"贵"有抬高别人的意思，同时，也是对对方的一种礼貌与尊敬。

恰当的称谓不仅是人与人交流的前提，也体现了人与人之间的社会关系，因此，在中国传统社会，恰当的称谓是极为重要的，关于称谓的礼节也是与社会道德相辅相成的。这些礼节性的称谓是我们应该不断学习和传承的，若是完全失去了礼节用语，我们的日常生活或许就少了韵味与内涵。

礼貌用语

传统的中国社会，道德高于法律，十分维护道德的纯洁性，认为道德是社会建构的基石，因此，人的礼貌行为就包含了一个大的道德系统，把礼貌与道德融为一体，通过日常生活中的礼貌体现礼节，礼貌主要包含言语上的礼貌和行为上的礼貌，这里主要说一下言语上的礼貌用语。在如今的生活中，我们常常用到的礼貌用语有"感谢""请""你好""麻烦""过奖了"等；在古代，人们的礼貌用语更多，只是在当下的生活中我们用到的较少了，古代的礼貌用语在现代更多地出现在教科书及古装电视剧中，如"幸会""见笑""劳烦""久仰""留步""笑纳""冒昧""见谅""失敬"等。

见面礼

如今，日常生活中人们见面打招呼的礼仪简单化且多样化，有微笑示意的，有点头示意的，有用言语问好的，也有摆手示意的，还有在正式场合中互相握手示意的，等等。在古代社会中，人们的见面礼主要有跪拜之礼和作揖之礼，在平民的日常生活中，跪拜之礼多是晚辈对长辈行此之礼，以表示对长辈的尊重。跪拜时双膝跪地，叠手俯地，使头触碰到手。而作揖之礼根据双方的地位和关系，《周礼·秋官司仪》中记载，分为土揖、天揖、特揖、旅揖、旁揖。每种作揖的方式略有不同，根据见到的人的等级和身份的不同决定要行什么礼节。中国自古就是一个讲礼节、懂礼貌的国家，因此，见面礼就体现出了人与人之间的互相尊重，当然，在现代社会中，一些人第一次见面时除了行礼之外，有时也会互相赠送礼物，以表示友好。

作品3：微信公众号文章撰写——电影《英雄》的简介

感受中国传统文化魅力，
赏析电影——《英雄》

中国传统文化的融入

《英雄》是张艺谋执导的武侠电影，由李连杰、梁朝伟、张曼玉、陈道明、章子怡及甄子丹主演，于2002年12月14日上映。

武功与书法。通过人物对话，展开书法与剑术的讨论。书法、剑术，境界相通，奥妙全靠领悟。书法与剑法原理相同，都讲究手腕的力度。从一个"剑"字中可以看出一个人的武功高低以及剑法的走向，无名试图从残剑的"剑"字找击败残剑的方法。书法，琴韵，与剑法产生联系，这样的表现手法，创新大胆，恰当融入中国传统文化元素，实在是高明。这些都是向世界观众展示中国的独特文化，也是征服国外观众的重要原因。

武功与中国传统文化的完美结合

武功与中国传统文化的完美结合，堪称"武侠文艺片"。张艺谋导演的这部《英雄》在快意武侠的同时，在影片中加入中国传统文化因素，武功与琴韵，在棋馆内，先是长空与秦舞七大高手对战，无名大战长空，两人以意念交手，堪称时尚前沿，武功、琴韵，虽不相同，但原理相通，都讲求大音希声之境界。影片中老者的古琴演奏，与武打同时展开，在琴弦崩断之时，打斗也戛然而止，无名击杀长空。

《英雄》的功夫里也融入了古中国琴棋书画的文化元素。于是，打斗便不再是单纯意义上的格斗技能而是展现一个人精神上的境界、意念和信仰，是一种艺术。

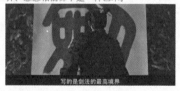

写的是剑法的最高境界

《英雄》之所以能给人很深的印象，是因为里面鲜明的用色。人物的服饰和画面的背景都采用了纯色，品蓝的山和水，淡曙红的衣和衫，水绿的帐和袍，调叶棕的树和景，每种颜色在影片中也都各自代表着不同的含义，如梦如画。

五、效果与感悟

本课程以电影为教学材料，极大地提升了学生学习积极性，学生按照任务要求，有计划地完成了每个阶段的学习。在学生的成果展示中可以感受到，学生的语言表达能力、辩证思维能力，以及学科知识都得到了显著提升；在完成课程目标的同时，学生对中国电影的研究产生了浓厚的兴趣，他们会自发地向同学和老师推荐有价值的学习材料与视频资源，体现了学习的自主性。此外，通过微信公众号的制作及小组间的汇报和展示，学生的多媒体信息技术应用能力也随之得到提升。

　　作为映客社的指导教师，我初出茅庐，缺乏经验，只能在摸索中实践，在实践中反思，一开始也是怀着忐忑和担忧的心态开启了课程。如今，社团成立已满一年，看到社团成员每次都心怀期待地来到课堂，看到他们在汇报展演时自信和成熟的模样，看到他们对中华优秀传统文化有了自己独到的思考和理解，我感受到了社团创立的意义。非常感谢学校的支持和信任，也非常感谢勇于尝试的自己。

表3.14　映客社课程学期评估量表

学期总评分数构成＝活动表现（80%）+课堂表现（20%），总分100分 活动表现＝活动1（20%）+活动2（30%）+活动3（40%）+活动4（10%）		
活动1、活动2、活动3的评估方式		
评价内容	评价指标	评价分数构成
		小组互评（35%） ｜ 教师评价（65%）
形式（15%）	1. 使用多媒体设备进行展示（5%） 2. PPT制作精美（5%） 3. 使用视频素材加以辅助（5%）	
内容（60%）	1. 论点具有思辨性（15%） 2. 论据具有说服力（15%） 3. 论证具有逻辑性（15%） 4. 论据来源丰富（15%）	
汇报呈现（20%）	1. 语言表达清晰（10%） 2. 用词具有文学性（5%） 3. 多媒体使用与汇报内容有机结合（5%）	
创意（5%）	1. 主题内容新颖（3%） 2. 吸引观众（2%）	
活动4的评估方式：线上投票的百分比		

（作者：张宇）

第八节　中草药成分提取：
融合中华优秀传统文化的校本课程实践探究

一、问题界定

在课程改革背景下，课程建设是学校教学基本建设的重要内容之一，加强课程建设是有效落实教学计划，提高教学水平和人才培养质量的重要保证。[1] 根据国务院办公厅《关于新时代推进普通高中育人方式改革的指导意见》及《普通高中课程方案》（2020年修订）等要求，我校构建了"新六艺"校本课程群，旨在培养学生具有理想信念和社会责任感，具有科学文化素养和终身学习能力，具有自主发展能力和沟通合作能力。学科素养是综合素养的基石。高中化学课程提出以下五大学科核心素养：宏观辨识与微观探析，变化观念与平衡思想，证据推理与模型认知，科学探究与创新意识，以及科学态度与社会责任。结合学校办学目标、育人目标和学科核心素养，以高中化学为学科背景，设计了"中草药成分提取"的选修课程及与之匹配的"中草药成分提取"社团课程，旨在让学生在学习过程中从化学学科角度了解中国传统文化，树立文化自信，培养科学观念及综合素养。

二、以"中草药"为主题的设计

（一）融合学科核心素养与传统文化培育的课程目标

结合学校"中国心、世界眼、未来梦"的育人目标及高中化学学科核心素养，本课程以"中草药"为主题，旨在让学生在学习过程中了解生活中一些常见中草药的基本化学知识，能科学看待生活中关于一些常见中草药的观点，并且能通过小组合作的方式设计方案和制作成品。首先，以主题为

---

① 朱彦铭.《你身边的化学》慕课开发和应用研究 [D].上海：上海师范大学，2019.

抓手培养学生的"中国心"——爱国情怀；其次，通过学科科学观念的建立，培养学生的健康生活理念及"世界眼"——放眼世界的大格局；最后，通过自身的学习热情，培养学生的责任担当及唤醒学生心中的"未来梦"——展望未来、贡献社会。

（二）围绕综合素养培育的课程结构

本课程由三个单元构成，分别是单元一"历史寻源"、单元二"科学认知"和单元三"探寻之旅"。

根据学习内容，设计方案、制作成品，培养学生探索科学精神合作意识。

单元三 探寻之旅

单元二 科学认知

学生学习、收集资料，了解我国中医药的历史与现状，了解中医药目前在我国，以及世界上普及的现状。以小组汇报的形式进行陈述，培养学生的社会责任感，增强学生的人文素养，培养学生的思辨能力。

单元一 历史寻源

基于学生已经了解了中医药相关的历史与问题，在本单元中，学生通过社会调查，了解现在人们生活中的一些中医药相关观点，并通过小组分享自己的观点。培养学生的社会责任担当与健康生活的理念。

图3.16 "中草药成分提取"高中选修课程结构

（三）课程内容

本课程以"中草药"为主题，设计了历史寻源、科学认知、探寻之旅三个层层递进的课程单元。在三个单元中，学生将初步了解我国中草药的发展历史，从而了解我国的一些传统文化，体现一颗"中国心"；了解并评价现在生活中人们关于沿用至今的一些常见中草药观点的科学性，培养学生健康生活的理念和科学态度，并根据查阅的资料和先进中草药的发展趋势，展望中草药在国际市场的未来情况，培养学生的"世界眼"；初步能从微观结构角度理解一些常见中草药的用途和价值，理解并会运用基础实验方法提取物质中的成分，培养宏观辨识与微观探析的化学学科核心素养，并通过小组

合作设计方案和制作最终相关成品，培养学生科学探究与创新意识的化学学科核心素养，激发学习热情及社会责任担当，唤醒学生心中的"未来梦"。

三、实施要点

在本课程中，主要采用了文献研究法、社会调查法、实验探究法和项目式学习法。

图3.17　多元化的课程实施方法

在本课程中，既有学生个人进行文献检索的学习，培养学生独立学习、整理概括的能力，也设置了学生以小组合作学习方式进行的社会调查、实验探究和项目式学习，促进学生之间的沟通，培养学生团结合作、换位思考、贴近生活的学习能力，使学生学会运用知识设计路径以解决实际问题。

（一）提升科学认知的文献研究法

文献研究法主要指查找、整理文献，并通过对文献的研究形成对事实的科学认知的方法。学生通过校内提供的正规文献资源"超星期刊"平台，查询关于中草药发展史的相关文献，学会科学查找文献资料整理文献资料，能形成自己的科学认知，而非人云亦云地谈论观点。

在本课程单元一"历史寻源"中，学生个体自主在"超星期刊"平台上查阅关于中草药发展史的相关文献，并以小组形式做成PPT进行汇报交流。

图3.18　小组汇报交流中草药发展历程

在小组整合材料、制作PPT的过程中，学生分三人一组共同完成汇报过程，在人数少的群体中，学生通常会因为同伴压力较为积极地参与活动，从而避免"甩手掌柜"的出现。同时，在合作过程中，学生需要交流各自的想法，整理出互相认可的汇报思路；在演讲过程中学生互相补救扮演不同的角色。整个过程既体现学生个性又使他们融为整体，可以帮助学生科学认识现代中草药的发展历程，以及中草药在中华优秀传统文化中的积极作用。

（二）提升逻辑思维的社会调查法

本课程中主要采用的是问卷调查法。问卷调查法也称"书面调查法"或"填表法"，是用书面形式间接搜集研究材料的一种调查手段。问卷调查法通过向调查者发出简明扼要的征询单（表），请示填写对有关问题的意见和建议间接获得材料与信息。学生通过选题、设计调查问卷、统计分析问卷结果等环节培养小组沟通合作、提取数据分析等学习能力。

学生根据单元一的学习已经对我国中药草文化有所了解，并且认同许多中草药沿用至今，且在生活中非常常见。在本课程的单元二中，学生需要通过设计调查问卷，了解身边人对中草药的了解程度、看待观点，并且分析问卷数据得出自己的观点。

（三）培育科学研究的实验探究法

化学属于自然科学，通过实验进行观察、分析等。在本课程中，以高中化学为学科背景，学生根据已学知识设计实验、合作实验，并完成实验报告，以发展科学探究、小组合作、实验操作等综合素养。

图3.19　精油蒸馏实验　　　　　图3.20　精油蒸馏改进实验

在实验探究过程中，当遇到实际问题时，学生会主动参与小组讨论，提升了合作意识；并且能根据实际问题提出假设、思考解决方案，最后一起尝试合作解决问题，也提升了学生解决实际问题的能力。整个实验探究的过程有利于提升学生科学探究的素养、大胆质疑的科学精神。

（四）提升创造力的项目式学习法

"PBL"是一种动态的学习方法。其不同于传统学习模式，通过"PBL"，学生会主动地探索现实世界的问题，在这个过程中领会更深刻的知识和技能，有助于培养创造力，团队合作和领导力，动手能力，计划及执行项目的能力。除此以外，对项目的选择也让学生更早和更深入地面对与解决现实生活中的问题。在本课程最后阶段，学生会在之前的基础上综合运用各种学习方法完成项目式学习。

常见的中草药通常含有不同的颜色，古代常用中草药提取、制作各种染料。以社团活动中进行的项目式学习"你知道色素提取的方法吗"为例，学生据此开展有关植物染料项目的自主学习。在该项目式学习中，学生需要经历以下过程。

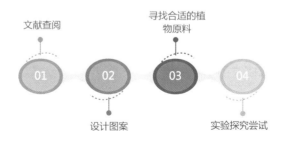

图3.21　学生项目式学习经历过程

四、核心成果

（一）提升学生综合素养

在小组合作设计调查问卷的过程中，学生需要根据调查问卷的目的设计问题及多个问题之间的逻辑关联性，通过互相提问检验问题形式是否合理，问题的题干是否指向明确，问题之间的逻辑关系是否清晰畅顺等，只有通过小组成员之间的互相提醒和帮助，才能最终完成调查问卷的设计编撰。这一过程强化了学生的合作意识和能力，提升了学生的沟通交流能力及逻辑思维能力。在课程中，及时反馈学生知识掌握、演讲、动手操作、艺术审美、领导力、合作协调等各方面的培育情况，让每位学生都能在学习的过程中感受到自我价值与成就感；培养学生的兴趣爱好和责任意识，吸引并促使学生更愿意学习，增强学生的学习动力；在多样性的作业完成过程中，能评价学生各方面的学习能力水平，包括学生的认知能力、协调动手能力、注意力、思维能力及情绪管理能力。

中医药文化调查问卷

一、个人基本情况

1.您的性别[单选题]
○男
○女

2.您的年龄段[单选题]
○10～18岁
○19～30岁
○31～50岁
○51～80岁
○80岁以上

3.您的职业是否和医学相关[单选题]
○是
○否

二、中医药文化了解

4.自认为为中医药的认识[多选题]
○有过研究
○略知少许
○毫不关心

5.你是否认为学习中医药知识对改善自身健康有帮助？[单选题]

○非常有帮助
○比较有帮助
○一般
○没有

6.您认为肯令中医药文化的传播是否有必要[单选题]
○是，很有必要
○一半一半
○不是，没什么必要

7.能否接受在基础教育阶段学习中医相关知识[单选题]
○能
○否

8.下列中医药的治疗方法您接触过哪些？[多选题]
○中草药
○针灸
○推拿按摩
○接骨
○刮痧
○都没接触过
○其他_____

9.您是否参加过中医药文化传播的活动？（例如，中医药文化讲座、义诊等）如果没有，那么您愿意参加吗？[单选题]
○A.参加过几次 ○B.经常参加
○C.没参加过，因为当地没有举办，但很愿意参加
○D.没参加过，因为不愿意参加

图3.22　学生调查问卷设计

（二）加强了师生的文化认同感

在小组自主学习的过程中，学生自己设计图案、搭配原料，并通过一次次的失败与改进，最终完成了植物染——颜料提取的作品。学生的创造力、科学探究等核心素养得到发展，同时，他们也在学习过程中浸润中华优秀传统文化的教育。

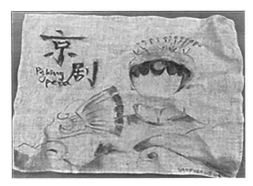

图3.23 学生项目式学习作品（1）

图3.24 学生项目式学习作品（2）

五、效果与感悟

（一）本课程内容贴近生活，激发学生化学学习热情

本课程关注学生已有的生活经验，将与生活相关的中草药话题和高中

化学知识有机融合，使之成为课程内容。这不仅拓宽了学生的化学学科视野，而且使学生能学以致用。在课程学习过程中，学生既对化学学科有了新的感悟，也对中草药传统文化有了更多的了解，还可以学习辩证地看待化学及化学的发展对人类健康生活的影响和重要意义。①

（二）本课程的评价方式多元，挖掘学生的潜能和优势

本课程运用了思维导图、小组互评、实验报告等多种评价方式。这些评价方式可以让学生在课程学习中有所收获，更多地与自己比较，帮助学生树立自信。评价内容关注学生的学习表现，着眼于学生的发展，强调学生的成绩和进步而非失败。学生通过本课程的学习，能发现自己的长处，体会到只要认真投入、多与他人合作，就会有新的提高，就有可能取得成功。

（三）本课程融合中华优秀传统文化，培养学生爱国情怀

本课程以中草药为学习线索贯穿始终，在学习过程中，学生除了掌握一定的知识与技能以外，还能浸润在中华优秀传统文化的氛围中，不断深入了解中华优秀传统文化中的中草药文化，并培养起自己的科学认知和健康生活的理念及态度。

但是，"中草药成分提取"校本课程仍存在需要改进的地方，在课程开展了一段时间后，有以下体悟：本课程虽然在学生评价方面进行了多元化设计，旨在培育学生的综合素养，但是缺乏学生对本课程的体验感受反馈。如果能设计类似"用户参与感受反馈"的问卷，一方面学生可以定期进行感受反馈，另一方面教师也可以根据学生的每次反馈进行课程的动态微调，甚至根据学生需求进行新的活动创新，让课程可以随学生变化而动态调整，那么将有利于课程长远发展。

虽然本课程是以高中化学为学科背景，但是当学生进行实际问题研究或项目化学习时，遇到的真实问题都是复杂的，其中包含的学科问题也是交错的。如果从问题出发，逐步构建支撑课程的跨学科教师团队，就可以创设更加复杂、贴近生活的长时段项目化学习内容，有利于学生更深层次的综合素养培育。

（作者：杨艺）

---

① 高启威.基于核心素养的高中化学作业设计与评价[J].中学课程辅导（教师教育），2019（20）：96.

第九节　中中之声广播社：
融合中国传统文化的校本课程探索

一、社团课程开发背景

（一）设计背景

1. 研究层面——多维能力诉求下的设计背景

爱因斯坦曾说："教育无非将一切已学过的东西都遗忘后剩下来的东西。"遗忘掉的东西就是所学的具体知识和内容，而剩下来的东西就是正确的价值观、品格和能力（素养）。学生发展核心素养指学生应具备的能适应终身发展和社会发展需要的必备品格与关键能力，是关于学生知识、技能、情感、态度、价值观等多个方面要求的综合表现。而在"双新"大背景下，不仅是国家课程需要关注学生核心素养的培养，校本课程、社团课程的开展与设计同样也要将学生的综合能力提升放在一个知识之上的位置。

2. 政策层面——基于核心素养的教学设计意图

国务院办公厅《关于新时代推进普通高中育人方式改革的指导意见》指出，加强美育工作，积极开展舞蹈、戏剧、影视与数字媒体艺术等活动，培养学生艺术感知、创意表达、审美能力和文化理解素养。

尤其是社团课，作为学生自主性与兴趣都要更高一些的课程序列，历来受到学生的欢迎与追捧，在这种基础上，通过社团课程设计帮助学生提升综合能力，自然是一件双赢之事。广播社不仅营造学校的氛围，还是校园宣传体系的一环，希望通过广播社形成有体系的课程设计，并通过课程的落地开展提升学生的人文底蕴，提升学生自主发展的意识和能力，并能理解广播技术的应用与内容的产出，建立起校园文化的有机认知，从而提升综合素养、发展核心素养。

3. 学校层面——基于传统文化教育融合的教学设计意图

中国中学深度融合视域下的课程评价体系和具体指标中明确提到，通过一定数量的传统文化和艺术作品的鉴赏，形成关于中华优秀传统文化和艺术的系统认识，提升对中华优秀传统文化的感悟能力和表达能力。因此在核心素养的发展基础上，中国中学历来重视中华优秀传统文化的传承与渗透，力求让学生在潜移默化中能成为中华优秀传统文化的继承者与传承者，继而能做一名发扬者与宣传者。广播社作为传媒的一道窗口，不仅要播送学生喜闻乐见的校园广播节目，还要思考如何渗透中华优秀传统文化教育，在设计并播送广播节目的同时，能融入并强化文化理解与传承素养培养，甚至在校园或是更大范围内进行宣传，让学生能在中华优秀传统文化的审美体验中获得情感上的震撼和满足，并为此感到骄傲和自豪，积极向他人和社会表达自己的感受与观点。

希望学生能在课程学习中，结合中华优秀传统文化和艺术的学习，尊重不同时代、不同地区的文化差异，对社会上常见的文化现象和相关观点，能大胆提出自己的想法，识别地域和多元文化差异引起的冲突及对自己的影响，形成正确认知传统文化的方式，也能基于传统文化的脉络对当代传统文化的继承形成基本的认知。

（二）对标中华优秀传统文化教育的相关教学内容

表3.15　广播社课程内容

实施年级	模块	课程模块	对应内容
高一、高二	文化理解	经典节目鉴赏	通过一定数量的传统文化和艺术作品的鉴赏，形成关于中华优秀传统文化和艺术的系统认识，提升对中华优秀传统文化的感悟能力和表达能力
		节目文稿撰写训练	对接触到的中华优秀传统文化表现出自觉性和一定程度的兴趣
	文化认同	节目的策划讨论	识辨中国重要的、代表性的传统文化成就，从各类社会和历史现象中辨识中国传统文化的特征及影响。在节目的选题策划中，会表现出扎实的知识基础和积极主动的兴趣与热情
	文化践行	节目文稿的撰写与录制	在社团活动中，结合个人兴趣爱好，选择性地学习并掌握多种文化形式，感受中华优秀传统文化的魅力，并积极主动地持续面向学校和社会公众分享学习成果，传播和弘扬中华优秀传统文化

（三）学习目标

1.培养学生综合素养，提升自身的语言表达能力

在节目、仪式的制作流程中，能做到全程参与，培养良好的身心素养。

2. 核心素养

（1）人文底蕴。在设计并播送广播节目的同时，能融入并强化文化理解与传承素养培养，提升学生的人文底蕴。一是获得古今中外人文领域基本知识和成果的积累；二是在实践过程中，学会尊重、维护人的尊严和价值；三是具有艺术知识、技能与方法，理解和尊重文化艺术的多样性，具有发现、感知、欣赏、评价美的意识和基本能力，具有艺术表达和创意表现的兴趣与意识。

（2）自我发展。在节目的录制与实践中，能学会自主学习，具有终身学习的意识和能力；勤于反思，善于总结经验，能根据不同情境调整节目的内容。能自觉、有效地获取、评估、鉴别、使用信息；主动适应"互联网+"信息化发展趋势，进行节目宣传与中华优秀传统文化传播。

（3）社会参与。在节目制作中，能尊重世界多元文化的多样性和差异性，积极参与跨文化交流；理解技术与人类文明的有机联系，具有学习掌握技术的兴趣和意愿。

3. 建设目的

中中之声广播社旨在召集对声音的表现有天赋或有独到见解的学生，为学校提供自己的"声音"，并在不断的实践中提升自身的综合素养。

4. 育人方向

中中之声广播社旨在培养采、编、播三位一体的全能广播人才；培养"泰山崩于前而色不变"的主持人才。

二、教学环节和设计思路分析——中中之声广播社课程设计

（一）核心问题

1. 中华优秀传统文化的传承与弘扬

中国中学历来以传承中华优秀传统文化为核心发展诉求，如何在社团课程中，传承中华优秀传统文化自然是一项核心问题。广播社的社团活动一方面涉及社团成员本身，他们参与的社团活动本身应该是为传统文化所渗透的，在这个过程中达到继承中华优秀传统文化的目的；另一方面也涉及广播节目产出之后对外的宣传，在这种浸润下产出的广播节目应该是自带传统文化烙印的，在这个过程中达到对外宣传的目的。

2. 个人能力的提升与进阶

在节目的策划与设计中，每位社团成员能得到个人能力的培养，包括在节目的策划与文稿的撰写中提升自身的人文底蕴；在与社员沟通、节目的主持与录制中，学会发声及播音技巧，得到自我表达能力的提高及临场反应能力的锻炼；在进行节目后期调整、制作与宣发中，得到新媒体技术的训练。在整个过程中，学会自我发展的意识，并在这个基础上进一步基于兴趣与成就感主动要求提升自我，最终实现个人能力的成长。

3. 新媒体技术的学习与应用

在节目的后期调整、制作过程中，能掌握音频录制和处理的方法，学会音频的基础剪辑技巧，录制设备的使用与基本维护；在节目的后期宣发过程中，掌握基本的流媒体平台的上传与宣传手段，能为节目的宣发提供自己的思路与想法。

（二）学习资源

1. 校园仪式资源

校园内各项活动的主持都由本社承接，各类活动主持稿的撰写、升旗仪式的筹备与谋划都是来之不易的学习资源。

2. 文化传承底蕴

中国中学非常重视中华优秀传统文化，传统文化课程、非遗课程，包括校史剧、历史剧等，都是社团可鉴赏、可利用的学习资源。

3. 广播录制空间

学校准备了专门的教室和各种专业设备以供社团课程的展开。

4. 文献资料、媒体资源

网络上的学习资源和多媒体渠道中可利用的资源同样十分丰富。

三、设计要点与教学策略

（一）学习策略

1. 社团底蕴的铺垫与培养

在社团日常活动中渗透播音发声技巧、中华优秀传统文化传承等相关

内容,有意识地为社团发展铺垫人文素养的底蕴,培养具有文化素养的社团成员,在前期的知识储备与鉴赏环节中,营造有文化气息的社团文化氛围。

2.核心凝聚力的凝结与提升

通过社团名称的全体大讨论、民主推选,社团标志的集体创作与投票确定方案等一系列活动,社团成员对社团与学校产生更多的归属感,从而形成核心凝聚力。

3.自主策划的尝试与实践

在已有一定知识储备的情况下基于兴趣进行节目策划,在和谐自由的氛围中进行小组分工、讨论,形成初步的策划方案并尝试撰写节目文稿;通过小组讨论进一步修改,最终审核定稿,进行节目录制与后期制作。

4.节目成型后的反馈与改进

在节目播放后,征集社团成员及其他学生的意见,统一进行自我反馈和集体反馈,针对同一问题进行讨论思考,共同设想解决办法,并加以改进,从而形成良性循环。

(二)活动安排

表3.16　社团活动安排表

社团活动	活动重点	学生目标	评估方法
播音基本知识与技巧（6）	广播、主持基本播音与发声技巧	掌握规范普通话发音规则,熟练掌握规范普通话的诵读,并且掌握一定的发声技巧,学会在不同情景与场合用不同的情感和技巧以迎合节目、仪式需求	活动1:绕口令接龙练习 活动2:生僻字、常用字读音大赛 活动3:如何唤醒嗓子 活动4:气运丹田之气息练习 活动5:诗词分享诵读沙龙 活动6:配音秀之情感练习 评估:积分与互评等结合
综合素养采编播能力提升（4）	节目策划、采编播能力提升	在节目准备中能结合自身兴趣,自己策划并制作、呈现广播节目,通过制作的过程锻炼自身的综合能力,力争成为采编播三位一体的全能人才	活动1:私人播单分享之介绍自己最喜欢的一档节目 活动2:吐槽大会之中中广播站 活动3:头脑风暴之优化大师——为小伙伴设计优化节目的方案 活动4:我的一份策划书——为自己的节目写一份策划书 评估:策划案的书写及展示评分

续表

社团活动	活动重点	学生目标	评估方法
实践与表达提升（定期）	日常广播及主持实践	通过日常实践锻炼能力	活动1：每周表现的自评与互评 活动2：交流分享广播稿、主持稿 活动3：交流近期节目策划 活动4：每个节目出一个制作短视频
"急智商"与"大心脏"（4）	身心素质的培养与提升	培养学生的反应能力和应变能力，强化自身应对突发状况的"急智商"和"大心脏"	活动1：故事接龙之故事王大赛 活动2：开盲盒之直播事故你会怎么做 活动3：我是演员之无脚本表演 活动4：即时主持之当你的主持稿只有节目名

四、经验成果、感悟与问题反思

（一）经验成果

1. 初期成果

（1）参与社团的学生获得能力提升。在社团成立之后，经过群体讨论及民主投票，最终决定以"中中之声"为名，并由社团成员设计了社团标志。除了正常广播播报及主持活动之外，广播社的成员在经过培训后，自主策划并设立了"风流人物看今朝""看，中国""Friday Rhyme"等几档原创节目，其中，"风流人物看今朝"与"看，中国"便是以中华优秀传统文化为主题策划的节目，尽管产量不高，但在这个过程中，确实能看到学生发自内心的兴趣。与此同时，广播社还联系校戏剧社团将校史剧改编成广播剧，让学生能多维度地了解学校历史。

图3.25　中中广播社标志（由学生自主设计）

（2）校园文化氛围获得了提升。学生制作的节目定期在校园中播放，无论是介绍中华优秀传统文化的"风流人物看今朝"还是"看，中国"，都在潜移默化中帮助学生提升了文化素养，让学生在校园中获得中华优秀传统文化的浸润。

（3）师生协力，共同成长。在社团课程中，指导教师与学生共同交流，一方面促进了学生的成长，另一方面教师也能获得成长的契机——与学生共同学习音频制作软件、共同录制节目等，所有节目都是师生同心协力产出的结果。同时，部分节目会涉及学科内容，会请学科教师进行参与，进一步打破了师生交流的壁垒。

（4）主持舞台社交能力的提升。除了广播节目之外，社团课程还给予了学生走上舞台的机会，让他们自信地展现自我；学校也培养了经过训练的主持人团队，能应对各种场合。

（5）丰富了学校课程群序列。社团课程的实施既能在文化课程序列中提升学生文化素养，也能在新媒体序列中占有一席之地。

2. 反响与问题

中中广播社在运转了一段时间后，得到了学生的普遍好评。社团内部会定期组织反思会，就近期社团活动、节目存在的问题进行讨论。在将近一学年的运营后，仍存在的问题有：节目内容不够丰富，收听渠道比较单一，制作节目耗费时间较多。

3. 未来设想

（1）建立线上收听渠道，拓展收听受众。

（2）完善节目责任制度，定期收取节目文稿，定期设置节目效果讨论环节。

（3）继续渗透中华优秀传统文化内容，策划更多具有传统文化特色的节目。

（二）感悟与问题反思

1. 中华优秀传统文化的浸润提升

在社团活动的设置中，有意识地融入一些中华优秀传统文化的内容，但目前还停留在表层。学生中华优秀传统文化知识的积淀是明显的，兴趣与热情在节目中也可见一斑，但素养的提升是需要时间积累的。初期只能在形式上先打好基础,形成完善体制之后,再不断在内容上进行打磨与完善。

建议改进措施:聚焦传统文化中的一些核心概念设计课程,例如,多元文化的价值观差异与冲突,从中外作品的鉴赏到传统文化概念的背景课程、文稿撰写、节目策划,都围绕这个概念进行持续深入的研究。

2. 内容有进一步深化的空间

节目的产出势必迎合听众的需求,校园广播的录制与播出更需要在内容层面做好设计和把关。显然,目前点歌类节目的收听量是最高的,这就提示我们思考如何将听众喜闻乐见的内容以广播的形式进行产出。广播剧或许是一条出路,但题材、脚本与录制后期所需的时间又是一道道难题。

建议改进措施:进行更加深入的节目策划,在现有节目体系下设计更有深度的节目。

3. 学业与社团的平衡需求

学生本职毕竟是学习,高考的压力在前,如何平衡繁重的学业与社团活动对于师生来说,都是需要考量的问题。

建议改进措施:思考在有限的时间内,让学生"尽兴"地去做好每件事。

4. 学生能力的提升

社团活动的最终落脚点,是学生自身能力的提升。怎样在有限的时间内更高质量地提升学生的能力,目前要实现这一目标还有很长的路要走。我们不是要培养专职广播人才,而是要培养有此兴趣的"多面手"。

建议改进措施:做好核心素养在课程设计中的落地实现。

新节目策划选题会

经过一段时间的基础培训与铺垫,社团成员共同决定要进行新节目的策划讨论,故以此为契机,召开一次选题会。

社长:今天,我们社团最主要的活动就是讨论我们周二、周三的节目空位填补。之前已经有几位同学踊跃报名了,现在我们就一起听听他们的节目设想。

师:上节课我们通过一次小型沙龙让大家有机会展示了自己感兴趣的内容,有同学喜欢海子的诗,有同学钟情于美漫,有同学爱F1,我也很欣慰有同学对中国的地理、历史很感兴趣,希望我们钟爱的内容最终都能以节目的形式呈现出来。上周我们的录音已经存好了,在剪辑后发给大家。上节课最后大家讨论先指向地理和历史两档节目，今天就来听听大家的设想。

生：我想做的是一档讲述历史人物的节目。

生：我对旅游比较感兴趣，我想带领同学们领略中国各地方的美景。

社长：可以感受到我们两位同学的热情，但热情不能只存在于一个想法中。接下来，请其他同学自主选择，临时加入两位同学麾下，且当一回临时策划组成员，帮助两档节目顺利产出。

师：一档成熟的节目应当包括哪些内容，我们想想在策划里面怎么体现出来。标题怎么取？主播谁去上？前期怎么选？后期怎么做？我一手包办，还是我们联合抱团来做？请我们的智囊团一起谋划一下，社长会发两张表格，请大家一起帮忙填写。

图3.26　学生讨论策划新节目选题组图

生：经过大家的讨论，我们组成了一个小团队来推进这档节目，我是主策划也是主要主播，还有两位同学也对这档节目很感兴趣，愿意以主播的身份加入其中。最后讨论下来我们决定用"风流人物看今朝"作为我们的标题，具体内容是介绍历史人物故事的。嗯，就这样。

社长：好，大家有没有什么疑惑啊？

师：我有一个问题，你们这个节目打算做多长呀？一个历史人物准备讲一期还是很多期呢？你们是准备讲一个历史人物还是几个历史人物呢？

生：时间我们控制在5～7分钟，因此，内容不会很多。我们不想把具体的节目形式定下来，而是想各自按照自己的主要想法做，统一就框死了。

师：这个当然是可以的，但是，就算你们想有内容播送的自主决定权，也应该在策划中有所体现，特别是内容，本就是节目的重中之重。

你们的名字起得很漂亮，但如何在有限的时间内把内容呈现出来，是需要思考的。因此，我建议，你们几个主播各自设定一个风格，你是连续剧，我是单元剧，我们做一档一个主题下不同风格的节目，这是可以的，但在策划阶段就要想清楚。一步一步来可能能走到一个不错的结局，但更多的可能是走上了一条不归路，一档好节目我可不想就这么看着走错了。

生：好的，老师。我们突然有个想法，就分为不同的主题板块，我来讲雄才伟略，她来讲优秀美德，这样就能做好不同的分工了，我们的主题也能确定下来……

师：很好！很高兴看到我们同学在策划时已经不仅仅是在思考"形"的东西了。我们是在做一档节目，一档播送给大家听的节目，我们要播送自己喜欢的东西，这很重要，但更重要的是，这些声音在播送出去之后会给听众带来怎样的感想。销售要做市场调研，我们也要考虑我们的听众群体是怎样的一群人，我们又是以怎样一种身份进行节目的策划与播报的，很高兴我们开始思考这些了。

…………

（作者：毕仕旻）